欧亚历史文化文库

总策划 张余胜

兰州大学出版社

胡僧东来

——汉唐时期的佛经翻译家和传播人

丛书主编 余太山

尚永琪 著

图书在版编目（CIP）数据

胡僧东来：汉唐时期的佛经翻译家和传播人 / 尚永
琪著 . —兰州：兰州大学出版社，2012.11
（欧亚历史文化文库/余太山主编）
ISBN 978-7-311-03994-3

Ⅰ.①胡… Ⅱ.①尚… Ⅲ.①僧侣—人物研究—世界
—古代 Ⅳ.①B949.91

中国版本图书馆 CIP 数据核字（2012）第 261388 号

总 策 划　张余胜

书　　　名　胡僧东来
　　　　　　　——汉唐时期的佛经翻译家和传播人
丛书主编　余太山
作　　　者　尚永琪　著
出版发行　兰州大学出版社　（地址：兰州市天水南路 222 号　730000）
电　　　话　0931-8912613（总编办公室）　0931-8617156（营销中心）
　　　　　　　0931-8914298（读者服务部）
网　　　址　http://www.onbook.com.cn
电子信箱　press@lzu.edu.cn
印　　　刷　兰州人民印刷厂
开　　　本　700 mm×1000 mm　1/16
印　　　张　17.75
字　　　数　245 千
版　　　次　2012 年 12 月第 1 版
印　　　次　2012 年 12 月第 1 次印刷
书　　　号　ISBN 978-7-311-03994-3
定　　　价　52.00 元

出版说明

　　随着20世纪以来联系地、整体地看待世界和事物的系统科学理念的深入人心，人文社会学科也出现了整合的趋势，熔东北亚、北亚、中亚和中、东欧历史文化研究于一炉的内陆欧亚学于是应运而生。时至今日，内陆欧亚学研究取得的成果已成为人类不可多得的宝贵财富。

　　当下，日益高涨的全球化和区域化呼声，既要求世界范围内的广泛合作，也强调区域内的协调发展。我国作为内陆欧亚的大国之一，加之20世纪末欧亚大陆桥再度开通，深入开展内陆欧亚历史文化的研究已是责无旁贷；而为改革开放的深入和中国特色社会主义建设创造有利周边环境的需要，亦使得内陆欧亚历史文化研究的现实意义更为突出和迫切。因此，将针对古代活动于内陆欧亚这一广泛区域的诸民族的历史文化研究成果呈现给广大的读者，不仅是实现当今该地区各国共赢的历史基础，也是这一地区各族人民共同进步与发展的需求。

　　甘肃作为古代西北丝绸之路的必经之地与重要组

1

成部分,历史上曾经是草原文明与农耕文明交汇的锋面,是多民族历史文化交融的历史舞台,世界几大文明(希腊—罗马文明、阿拉伯—波斯文明、印度文明和中华文明)在此交汇、碰撞,域内多民族文化在此融合。同时,甘肃也是现代欧亚大陆桥的必经之地与重要组成部分,是现代内陆欧亚商贸流通、文化交流的主要通道。

基于上述考虑,甘肃省新闻出版局将这套《欧亚历史文化文库》确定为2009—2012年重点出版项目,依此展开甘版图书的品牌建设,确实是既有眼光,亦有气魄的。

丛书主编余太山先生出于对自己耕耘了大半辈子的学科的热爱与执著,联络、组织这个领域国内外的知名专家和学者,把他们的研究成果呈现给了各位读者,其兢兢业业、如临如履的工作态度,令人感动。谨在此表示我们的谢意。

出版《欧亚历史文化文库》这样一套书,对于我们这样一个立足学术与教育出版的出版社来说,既是机遇,也是挑战。我们本着重点图书重点做的原则,严格于每一个环节和过程,力争不负作者、对得起读者。

我们更希望通过这套丛书的出版,使我们的学术出版在这个领域里与学界的发展相偕相伴,这是我们的理想,是我们的不懈追求。当然,我们最根本的目的,是向读者提交一份出色的答卷。

我们期待着读者的回声。

总 序

　　本文库所称"欧亚"(Eurasia)是指内陆欧亚,这是一个地理概念。其范围大致东起黑龙江、松花江流域,西抵多瑙河、伏尔加河流域,具体而言除中欧和东欧外,主要包括我国东三省、内蒙古自治区、新疆维吾尔自治区,以及蒙古高原、西伯利亚、哈萨克斯坦、乌兹别克斯坦、吉尔吉斯斯坦、土库曼斯坦、塔吉克斯坦、阿富汗斯坦、巴基斯坦和西北印度。其核心地带即所谓欧亚草原(Eurasian Steppes)。

　　内陆欧亚历史文化研究的对象主要是历史上活动于欧亚草原及其周邻地区(我国甘肃、宁夏、青海、西藏,以及小亚、伊朗、阿拉伯、印度、日本、朝鲜乃至西欧、北非等地)的诸民族本身,及其与世界其他地区在经济、政治、文化各方面的交流和交涉。由于内陆欧亚自然地理环境的特殊性,其历史文化呈现出鲜明的特色。

　　内陆欧亚历史文化研究是世界历史文化研究中不可或缺的组成部分,东亚、西亚、南亚以及欧洲、美洲历史文化上的许多疑难问题,都必须通过加强内陆欧亚历史文化的研究,特别是将内陆欧亚历史文化视做一个整体加以研究,才能获得确解。

中国作为内陆欧亚的大国,其历史进程从一开始就和内陆欧亚有千丝万缕的联系。我们只要注意到历代王朝的创建者中有一半以上有内陆欧亚渊源就不难理解这一点了。可以说,今后中国史研究要有大的突破,在很大程度上有待于内陆欧亚史研究的进展。

古代内陆欧亚对于古代中外关系史的发展具有不同寻常的意义。古代中国与位于它东北、西北和北方,乃至西北次大陆的国家和地区的关系,无疑是古代中外关系史最主要的篇章,而只有通过研究内陆欧亚史,才能真正把握之。

内陆欧亚历史文化研究既饶有学术趣味,也是加深睦邻关系,为改革开放和建设有中国特色的社会主义创造有利周边环境的需要,因而亦具有重要的现实政治意义。由此可见,我国深入开展内陆欧亚历史文化的研究责无旁贷。

为了联合全国内陆欧亚学的研究力量,更好地建设和发展内陆欧亚学这一新学科,繁荣社会主义文化,适应打造学术精品的战略要求,在深思熟虑和广泛征求意见后,我们决定编辑出版这套《欧亚历史文化文库》。

本文库所收大别为三类:一,研究专著;二,译著;三,知识性丛书。其中,研究专著旨在收辑有关诸课题的各种研究成果;译著旨在介绍国外学术界高质量的研究专著;知识性丛书收辑有关的通俗读物。不言而喻,这三类著作对于一个学科的发展都是不可或缺的。

构建和发展中国的内陆欧亚学,任重道远。衷心希望全国各族学者共同努力,一起推进内陆欧亚研究的发展。愿本文库有蓬勃的生命力,拥有越来越多的作者和读者。

最后,甘肃省新闻出版局支持这一文库编辑出版,确实需要眼光和魄力,特此致敬、致谢。

余太山

2010 年 6 月 30 日

目 录

3

导言:负笈东来的西域胡僧

汉唐时期,有大批来自古印度和西域国家的佛教僧人和居士、商人,为传播佛教,不远万里来到中国的敦煌、张掖、武威、洛阳、西安、南京、扬州等城市,在皇帝和王公贵族的支持下,翻译佛经,讲经说法。在他们的努力和推动下,佛教迅速在中国扎根发展,日益走上了中国化的历程。

西域胡僧来自不同的地区和国家,随着时代的不同其构成稍有变化。汉晋之际,来自古代月氏、康居和安息等地的僧人在大江南北活跃,一些小乘经典被节录性地翻译出来;东晋五胡十六国以来,罽宾(今克什米尔地区)和龟兹地区的僧人发挥了重要作用,说一切有部的学术系统传入,大乘经典和印度佛学思想文化体系开始系统地输入;隋唐之际,来自中印度和南印度等地的僧人增多,密教典籍被系统地翻译出来,中国佛教的本土宗派开始形成,并深刻地影响了日本、韩国等东亚国家。

胡僧东来传教,有陆路和海路,海路一般是从扶南(今柬埔寨)或师子国(今斯里兰卡),搭乘商船转道而来;而陆路则是越过帕米尔高原,通过丝绸之路南道、北道或中道,经过和田、库车、伊宁等地,辗转到敦煌,然后沿河西走廊东向中原或江南。

负笈东来的胡僧们到底是怎样的一个形象,这是令人感兴趣的问题。敦煌藏经洞所出唐代纸本绘画《行脚僧图》[1]中(图0-1),描绘了一位背负经卷、疾步前行的西域胡僧,为我们了解这一群体提供了鲜明生动的实例。

---

〔1〕马炜、蒙中:《西域绘画9》,重庆出版社2010年版,第21页。

图 0-1 《行脚僧图》,唐,9 世纪,纸本

这位西域胡僧头戴宽边折沿的斗笠状遮阳帽,身穿裤、裙、衫配套的短打扮僧服,脚踏行脚凉鞋,背着高高的经架,经架的几层格子里装的是丝带捆扎起来的卷轴状佛经。显然,这是一位东来传法胡僧的形象。之所以说他是东来的传法胡僧而不是汉地的取经僧,是因为他的鼻子的特征。

在9世纪唐代画家的笔下,这位行脚僧鼻子的鼻根下凹幅度很大——这是眼眶高、眼窝深的表现;侧视他的鼻背,鼻背线与面部倾斜角度较大,鼻突异常尖锐而有非常突出的鹰钩尖,鼻柱部分的线条是从鼻突到鼻翼沟方向扬起;鼻翼沟曲线回环程度非常明显。这些都是高鼻胡人的特征。此外,我们还能注意到,此位行脚僧左手持一柄用来驱赶蚊虫之类功用的拂尘,而右手却牵着一个张口龇牙、随其奔驰的小老虎。这是很有意思的,伏虎罗汉是中原佛寺罗汉中常见的形象,但是将伏虎罗汉同背负经书、匆匆赶路的行脚僧形象结合在一起,就具有比较特殊的意义了。

在隋唐之前的僧史文献中,只有一位僧人是作为行脚僧而驾驭老虎一同赶路的,那就是耆域。耆域是晋代僧人,晋惠帝末年自天竺经扶南来华。据说在从襄阳过江后到洛阳的途中,耆域迎面碰到了两只老虎,本来八面威风的兽中之王见到耆域竟两耳收敛、尾巴下垂,一副乖乖虎的模样,伴随他一起前行。耆域后来摸摸虎头,两只老虎就乖乖地下道而去。

僧史文献中用驾驭虎的实例来神话西域僧人的法力,是开展传教的一种手段。但也不能否认,作为行脚游方的西域胡僧,长期在野外的生活经验积累,有可能会使得他们具有一些技能,可以保持在短时期的情况下跟大型野兽作到和平共处。在这幅《行脚僧图》中,画家画出来的这个小动物不可能是狗之类的,因为其耳朵跟狗等犬科动物不一样,且身上明显是虎斑纹;腿上有表现大型野兽常有的刚毛。在隋唐时期的胡人三彩骑马俑中,有带小狗或小猎豹的形象(图0-2)[1],也可

---

〔1〕乾陵博物馆:《丝路胡人外来风——唐代胡俑展》,文物出版社2008年版,第190页。

能这只老虎就是正在被西域高僧驯养的、尚未完全成熟、野性尚可制服的小虎崽。

图 0 - 2　唐彩绘胡人骑马携豹俑(高 30.5cm),1960 年陕西乾县唐永泰公主墓出土

虽然文献和文物中留下的记载和写实的绘画、造像极少,我们无

法——将之对应到这些来自不同地区和国家的僧人身上,但是东来胡僧的主要类型及大致形象,我们还是可以找到一些比较生动的资料的。

《魏书》卷 102《西域传》在讲到于阗人的形象时,对于西域胡人有一个非常简练的概括:"自高昌以西,诸国人等,深目高鼻。唯此一国,貌不甚胡,颇类华夏。"根据这个概括,天竺及西域其他国家的胡人可以分为"深目高鼻"与"颇类华夏"这样两种。

我们结合图像和其他文献记载,以鼻型、脸型、眼睛和嘴唇等面部特征,将胡僧的形象大致分为比较细化的 5 类:(1)方圆脸、直鼻、厚嘴唇的天竺系僧人;(2)以于阗僧人为代表的直鼻、细长眼,接近中原汉人形象的西域僧人;(3)以康居僧人为代表的高鼻深目的西域僧人;(4)以龟兹僧人为代表的直鼻、团团脸僧人;(5)以月氏僧人为代表的体形细长、眼珠发黄的西域僧人。

天竺系僧人以"厚唇"为最典型的特征。古印度人的典型形象有出土的隋唐写实陶俑为证,现藏于甘肃省博物馆的唐代陶印度人俑[1],其面部的纵横比例接近方圆,整个面部突出,脸、腮、颧骨、额头等部分都近乎一个个的单位圆(图 0-3)。在龟兹等地区的佛教造像中,印度式佛弟子绘画有克孜尔石窟第 60 窟上方窟后室后壁右侧的大迦叶壁画形象[2],其特征就是面部方圆、鼻背线较直、鼻突不尖、鼻柱平直、嘴唇厚、大胡子(图 0-4)。其实隋唐以后所塑造的南天竺僧人菩提达摩的画像或塑像,往往也都是这样的形象。

这种"直鼻、厚唇"的印度河流域人种

图 0-3 陶印度人俑,唐代

---

[1]甘肃省博物馆编、韩博文主编:《甘肃丝绸之路文明》,科学出版社 2008 年版,第 119 页。
[2]《中国石窟·克孜尔石窟3》,文物出版社 1997 年版,图版 186。

·欧·亚·历·史·文·化·文·库·

图0-4　大迦叶头像,克孜尔石窟第60窟上方窟后室后壁右侧

的特征,在早期印度河文明造像中就有典型的反映,如现藏于卡拉奇国家博物馆的公元前2500年的一个"僧侣—国王"形象的造像(图0-5)[1],其最突出的特征就是方圆形面孔、直鼻、厚嘴唇。所以,来自罽宾地区的僧人,其面部特征也应该是鼻子不会很高,但是在面貌上肯定也多少会有一些比较引人注目的特征,如罽宾高僧佛陀耶舍,他在中原僧人眼里是一个仪表风姿俱美的男人,说明其体貌特征完全符合中原人的审美标准,并且由于红色的短髭,被中原僧众称为"赤髭毗婆沙"[2]。在巴基斯坦斯瓦特博物馆所藏1—3世纪的片岩浮雕《修习经文的僧人》中[3],有手捧梵夹佛经认真诵读、讨论的僧人,虽然可以看出其眼眶较高,但是鼻子却不是那种高鼻带尖的鼻型(图0-6)。这说明罽宾僧人的形象可能也介于直鼻与高鼻之间——比中原民族的鼻子要高,但是跟康居僧人相比,又可以被中原人的审美标准所接纳。

于阗系僧人或接近于阗人形象的僧人,我们在现存石窟寺壁画中

〔1〕Marilia Albanes:《古印度——从起源至公元13世纪》,中国水利水电出版社2006年版,第18页。

〔2〕《高僧传》卷2《佛陀耶舍》。

〔3〕穆罕默德·瓦利乌拉·汗:《犍陀罗——来自巴基斯坦的佛教文明》,陆水林译,五洲传播出版社2009年版,第210页。

图 0 - 5　公元前 2500 年的僧侣—国王

图 0 - 6　修习经文的胡僧,片岩浮雕,1—3 世纪,斯瓦特博物馆藏

可以得到一些珍稀的图像。首先是敦煌莫高窟285窟的西魏壁画《高僧山中坐禅》[1](图0-7),画面以青、赭、绿色块相配,表现了一个高僧坐在高脚胡床上——这也是僧史文献中常说的"绳床",在群山环绕的地方修禅。从画面上还可以看出在胡床上铺了编制的席子之类的坐垫。这个高僧我们还不能完全判断就是"胡僧",但是在胡床上打坐修炼,也可看出胡人文化对僧人的影响。

这方面最典型的图像是炳灵寺169窟西秦壁画中的绘于建弘元年的《昙摩毗等供养人像》[2],这组供养人像在169窟的第6龛(图0-8)。

第6龛北侧菩萨的顶部又彩绘一尊菩萨,旁墨书题名"弥勒菩萨"。弥勒菩萨的东侧彩绘立佛,旁墨书题名"释迦牟尼佛"。释迦牟尼佛东侧,在宽0.87米、高0.47米的白底长方形框内墨书造像铭文,其后有"建弘元年岁在玄枵三月廿四日造"的字样。建弘元年即402年,正值西秦伏乞炽磐统治时期,也是西秦国力较盛的时期。这则铭文是目前国内各石窟中最早的有纪年的造像铭文。在龛内彩绘弥勒菩萨和释迦牟尼佛的下面,墨书题名者有"清信女妾王之像"、"乞伏罢集之像"。建弘元年造像铭文下方,绘两排供养人,并有墨书题名,能识别者有上排第一个旁墨书"护国大禅师昙摩毗之像"、"必丘道融之像"。这个昙摩毗在《高僧传》卷11《玄高传》中有记载:"乞佛炽槃跨有陇西西接凉土,有外国禅师昙无毗,来入其国,领徒立众训以禅道。"两相对照,可知《高僧传》所说的"昙无毗",实即炳灵寺169窟第6龛建弘元年造像题记中的"护国大禅师昙摩毗"。这组造像脱落得非常严重,只有"昙摩毗"的造像还可以看出面部形象来,这个浓眉大眼、气宇轩昂的"护国大禅师",是我们今天唯一可以见到的佛教在魏晋南北朝时期中国北方传播的胡族高僧写实形象。

---

〔1〕中国敦煌壁画全集编辑委员会:《中国敦煌壁画全集·西魏》,天津人民美术出版社2002年版,图版184。

〔2〕中国敦煌壁画全集编辑委员会:《中国敦煌壁画全集·麦积山炳灵寺》,天津人民美术出版社2006年版,图版75。

图 0 - 7 《高僧山中坐禅》，莫高窟 285 窟，西魏

图 0-8　昙摩毗之像,西秦,炳灵寺 169 窟 6 号龛左侧

令人感兴趣的是,这个昙摩毗的形象,同巴米扬石窟壁画中一个胡僧的形象非常相像,他们都是细长的眼睛、直鼻,鼻根与额头几乎在一个平面线上,鼻翼沟回环很小,鼻柱与面部几乎呈90°直角垂立(图0－9)。

图0－9　佛弟子,巴米扬石窟壁画

这种形象,可能跟于阗僧人有点接近,是"貌不甚胡,颇类华夏"的形象。如在丹丹乌里克佛寺遗址出土的木版画中,具有高贵身份的于阗地区佛教供养人的面部形象的轮廓线条柔和、鼻背线曲度很小、鼻突浑圆,就跟中原汉人较为接近(图0－10)[1]。

以康居僧人为代表的高鼻胡僧,是来自西域的胡僧中最引人注目的,"高鼻深目"与华夏蒙古人种在面貌上的巨大反差,使这一个群体成为历代描绘"胡僧"或"西域罗汉"形象的一个原始模板。文献记载中,作为在长安出生、中原长大的康居人,东晋成帝时期(325—342)传

---

〔1〕奥雷尔·斯坦因:《古代和田——中国新疆考古发掘的详细报告》第2卷,巫新华等译,山东人民出版社2009年版,图版59。

11

·欧·亚·历·史·文·化·文·库·

图 0 - 10　供养菩萨,丹丹乌里克佛寺出土的木版画

道江南的康居僧人康僧渊的面相是鼻子高、眼窝深。王茂弘曾以之来戏谑他，康僧渊很机智地为自己的相貌辩护说："鼻者面之山，眼者面之渊。山不高则不灵，渊不深则不清。"[1] 这种高鼻胡僧的形象，在隋唐以后的罗汉造像中非常多，但那已经完全是一种约定俗成的模式化创作，不具有认识早期来华胡僧实际形象的标本价值。我们能见到的最形象的一个高鼻胡僧的形象是在麦积山石窟第 87 窟右壁前部西魏时期塑造的佛弟子形象（图 0 - 11）[2]。从这个佛弟子的鼻子的高、尖程度及其与面部的大小比例来看，他完全可能就是以康居僧人为模样而绘制的。

从文献记载来看，传教胡僧中康居人的形象是中原的审美原则最不能接纳的。如释法平是寓居建业（今江苏南京）的康居僧人，他可能也是出生在江南的康居人后裔。他与弟弟法等一起出家，到白马寺做高僧昙籥的弟子。后来兄弟二人又共同移住到了祇洹寺。[3] 释法平兄弟俩从白马寺移居祇洹寺，可能就是因为这个寺中西域僧人较多的缘故，因为他们兄弟俩的相貌跟中原汉人差别较大。尤其是释法平的弟弟，文献记载他"貌小丑"。文献中的这种描写，恰好反映了当时人们对他们相貌的心理接受程度。

与康居僧人有同样高鼻深目特征的，可能还有月氏僧人。中国文献中的大月氏就是贵霜王朝，而贵霜货币上有其国王的肖像，其形象是高额隆鼻、鼻梁勾曲、唇厚多须，有学者认为这是突厥人的特征。此外，从贵霜钱币上国王迦腻色伽的肖像来看（图 0 - 12）[4]，还有一个特征就是长鼻，而同样的长鼻子形象也在斯基泰文物上有发现，所以也可能月氏人就是这种长鼻胡人。

但是在《高僧传》的描写中，来自月氏的僧人支谦的形象是"体形

〔1〕《高僧传》卷 4《康僧渊》。
〔2〕天水麦积山石窟艺术研究所：《中国石窟·麦积山石窟》，文物出版社 1998 年版，图版 186。
〔3〕《高僧传》卷 7《释慧义》。
〔4〕穆罕默德·瓦利乌拉·汗：《犍陀罗——来自巴基斯坦的佛教文明》，陆水林译，五洲传播出版社 2009 年版，第 140 页。

图 0 - 11　佛弟子,麦积山石窟第 87 窟右壁前部,西魏

细长黑瘦,眼白多而眼珠子发黄",时人在描写支谦的种族特征时,注意的是他眼睛的颜色,而不是鼻子的长短,这是否又表明,来自大月氏的僧人也可能不是尖鼻子而是黄眼珠的。因为贵霜王国的统治阶层与境内的民族并不是一体化的,虽然贵霜王是高鼻胡人,但是到中原来传教的姓"支"的那些月氏僧人,却不一定就是高鼻深目。

　　壁画中的龟兹僧人是典型的团团脸(图 0 - 13)[1],这是否就是当时龟兹地区僧人的写实形象,我们不得而知,但是龟兹造像的祥和与线条柔和程度确实是一个典型特色。

---

〔1〕《中国石窟·克孜尔石窟3》,文物出版社 1997 年版,图版 32。

图 0-12　贵霜君王迦腻色伽金币,1 世纪,塔克西拉博物馆藏

图 0-13　供养比丘像,克孜尔石窟 175 窟西甬道内侧壁

1 汉晋时期的月氏僧人

月氏是与丝绸之路上的河西走廊及祁连山草原有着密切联系的部族,在中国古代文献中,他们在战国时期已经见于记载,秦汉时期居住在今甘肃省敦煌市和青海省域至甘肃兰州的祁连山脚下的草原地带,有强大的实力。但是随着匈奴的崛起,月氏频频受侵凌,不得已开始逐步西迁。

西汉文帝四年(公元前176)匈奴右贤王领兵进攻月氏,攻破其部落,杀掳无数,月氏人不得不逃离河西走廊以避开匈奴骑兵的兵锋,他们先到达了今天的伊犁河上游一带。在月氏到达后,原来居住在这一带的塞种人又不得不西迁,但是,月氏人在这里也没有停留多久,比其势力强大的乌孙人原本就同月氏是在祁连山草原上争雄的宿敌,此时也连续进攻月氏。

汉文帝后三年(公元前161),月氏被乌孙击溃后,再次向西迁徙。他们先是到达了今中亚阿姆河流域一带建立了自己的王庭。过了20多年,又攻占了今阿富汗北部的大夏国,在这片地域开始了发展。到公元1世纪,月氏人建立了显赫一时的贵霜王朝,都城在蓝氏城。《后汉书》将这个月氏人建立的王朝称作"大月氏"。

大月氏人是佛教早期东传中原地区的主要传播者,据三国时期魏国人余豢所撰《魏略·西戎传》[1]的记载,西汉哀帝元寿元年(公元前2),来到中原的大月氏王使者,曾经口授《浮屠经》给博士弟子景卢,《魏书》卷130《释老志》也有相同的记载。这个《浮屠经》是什么经典?既然浮屠是梵文 Buddha 的音译,那么《浮屠经》可能就是记述佛陀传记的《本起经》之类的经典。这类经典故事性强,既生动形象地介绍了

---

〔1〕《三国志》卷30《魏书乌丸鲜卑东夷传》。

佛陀,又传达了佛教教义,最适合向对佛教一无所知的人作宣传。虽然这个大月氏王使者口授佛经的记载比较模糊,但这表明大月氏是印度佛教传入中原地区最早的中转站之一。

从地理交通来讲,丝绸之路自玉门、阳关出西域有北道和南道两道:自车师沿北山南路直达疏勒,此为北道,北道向西越葱岭就到达大宛、康居、奄蔡等小国;从鄯善沿着南山北麓而行,直通莎车,此为南道,由南道向西越过葱岭则就到达大月氏和安息等国。[1] 所以,在东汉到南北朝时期的漫长岁月里,通过南北二道而来的数量不少的安息人、康居人和月氏人,他们或经商或传教,在大江南北的中心城市活动。

1.1　大月氏僧人支娄迦谶与支谦

传教的大月氏僧人有两部分:一部分是沿着南道来到中原的贵霜王朝的沙门,另外一部分则是早就定居在中原地区或西北边陲如敦煌等地的月氏人。出身月氏的僧人及其弟子的法号往往以"支"为姓,如支娄迦谶、支谦、支亮、支昙龠等。

文献记载中最早也最有名的月氏僧人是东汉时期的支娄迦谶(Lokaraksa),[2] 他在汉桓帝(147—167)末年游于洛阳,汉灵帝光和、中平年间(178—189)译出《般若道行》、《般舟》、《首楞严》等经10余部,被认为是佛教大乘经籍系统译入中国之始。

支娄迦谶,也可直接称作"支谶",据说他是一个操行纯深的人。虽然来到了当时佛教实力微弱的中原文化圈中,但是他对于佛教僧人的戒律坚持还是一如既往,诵经勤奋,立志要在中原地区传播佛教。

在当时的洛阳城,从事佛经翻译的当然不止支谶一个人,来自天竺的沙门竺佛朔,来自安息国的居士安玄,可能也是来自大月氏的沙门支曜,来自康居国的康巨与康孟详,来自西域但国别不明的昙果、竺大力等人,在洛阳城都以"慧学"而驰名。他们与当地的一些文士、信

---

〔1〕《汉书》卷96《西域传》。
〔2〕《高僧传》卷1《支娄迦谶》。

·欧·亚·历·史·文·化·文·库·

徒小规模地翻译带来的佛教经论,如安玄与沙门严佛调合作译出《法镜经》,支曜译出《具定意小本起经》,康巨译出《问地狱事经》,康孟详与昙果译出《中本起经》,康孟详与竺大力译出《修行本起经》。支谶同他们之间也有合作关系,如光和二年(179),竺佛朔在洛阳翻译《般舟三昧经》,支谶就为他做传言人,由当时的河南洛阳文士孟福、张莲记录。

支谶一方面翻译经典,一方面也要收徒传道、延续法脉,但是在他译经传教的时期,汉族人出家为僧者如凤毛麟角般稀少。因为儒家文化讲求孝道,从身体上讲,身体发肤受之父母,不可轻动,而出家就须剃发,此乃不孝之举;出家为僧要皈依佛陀,就要离开家庭,既不能孝养父母,又脱离了血脉宗族,更为不孝。正是因为这些,当时的汉族文化圈内不能接受出家为僧也就非常正常了。所以支谶所传授的弟子可能也主要是"非汉民族",至少从现有的记载来看,可能都是月氏人。支谶的弟子叫支亮,这个支亮的种族国别身份不清,但是跟随支亮学习的支谦——也就是支谶的再传弟子,是个典型的月氏人。

支谦,也被称作"支越",三国时期的著名佛经翻译家。据《出三藏记集》记载,支谦字恭明,祖籍月氏,祖父法度在汉灵帝时期率国人数百人归附东汉,被任命为"率善中郎将"。支谦从小学汉胡二书,备通六国语言,跟支亮学习之后,博学之名大盛。也可能正是因为是在中原地区长大的月氏人,这个支谦虽然跟支亮学习佛法,但也没有剃发为僧,而是以居士的身份传扬佛教(图1-1)[1]。

汉献帝末年,天下大乱,支谦为避战乱渡江南下,来到东吴,吴主孙权闻其博学之名,召见他,拜为博士,使辅导东宫。自吴黄武元年(222)到建兴年间(252—253),译出的《维摩诘经》、《大明度无极经》、《阿弥陀经》、《瑞应本起经》等30余部佛经,为早期意译经典的代表作。他还擅长文辞音颂,曾制《赞菩萨连句》和梵呗三契。

支谦的形象跟中原人差别非常大,他长得细长黑瘦,眼白多而眼

---

〔1〕金申:《海外及港台藏历代佛像珍品纪年图鉴》,山西人民出版社2007年版,第217页。

图 1-1　胡僧礼佛图,唐,日本京都藤井有邻馆藏

珠子发黄,当时的人形容他说:"支郎眼中黄,形躯虽细是智囊。"[1]可见这个细高个子胡人的博学多才是公认的。

1.2　"敦煌菩萨"竺法护

汉晋以来,洛阳一直是西域僧人传教的主要目的地之一,大批的异域僧侣和本土信徒都活动在这个当时的都城。西晋时期,长安已成为佛教中心之一,世居敦煌的月氏人法护在一些出生在长安的文士的协助下翻译佛经。

竺法护(Dharmaraksa,约239—316)是在古代敦煌地区土生土长的月氏人,他的名字按音译应该是"昙摩罗刹"或"竺昙摩罗刹",法护是他的法号。他家世居敦煌郡(今甘肃敦煌),因为译经弘法的光辉业绩,而被世人称作"敦煌菩萨"。他8岁出家,拜外国沙门竺高座为师,之所以不像前代月氏僧人一样在法号前加以"支"姓,是因为他的老师高座法师是天竺人,因而随师姓竺。

[1]《高僧传》卷1《康僧会》。

·欧·亚·历·史·文·化·文·库·

法护这个人记忆力非常好,据说日诵经万余言,有过目能诵、诵而即解的本领。

晋武帝时代,竺法护曾随其老师竺高座到西域求法,取得多种胡本佛经东归,自敦煌至长安,沿路传译。从太始二年(266)到永嘉二年(308)的42年中,法护辗转于长安、洛阳、敦煌等地翻译佛经,在敦煌翻译佛经的助手主要有法乘[1]、月氏人法宝及李应荣、承索乌子、剡迟时、通武、支晋、支晋宝、荣携业、侯无英等30余人,[2]而在长安、洛阳译经的"笔受人"及"劝助者"先后主要有安文惠[3]、帛元信、聂承远、张玄泊、孙休达、竺德成、竺文盛、严威伯、续文承、赵叔初、张文龙、陈长玄、竺力、孙伯虎[4]、聂道真、折显元[5]、赵文龙[6]、刘元谋、傅公信、侯彦长[7]等。以上参与译经者的具体身份虽然文献中没有非常明确的记载,但是从姓名来看,他们中的大多数都是世俗信仰者而不是出家僧人。

在敦煌译经的时代,法护所依靠的主要是当地的世俗信仰者的力量,所以在长安译经时这些人没有出现,这就说明竺法护并没有形成一个随其流动的固定僧团。他在长安、洛阳译经,依靠的也是以聂承远、聂道真为代表的长安当地的世俗知识阶层。

法护在长安译经有以下几种:太始二年(266)译出《须真天子经》,太康七年(286)译出《持心经》、《正法华经》、《光赞般若经》,元康七年(297)译出《渐备一切智德经》。

法护所译经籍,《祐录》记载为154部共309卷,《开元录》定为175部354卷,其中91部尚存。竺法护所译佛经,主要是流传于西域的"胡本",包括后来计入《阿含》的小本单行经,而主要是大乘经典。其中有

---

〔1〕《出三藏记集》卷7《阿维越致遮经》。
〔2〕汤用彤:《汉魏两晋南北朝佛教史》,北京大学出版社1997年版,第111页。
〔3〕《出三藏记集》卷2《新集撰出经律论录第一·须真天子经》、卷7《须真天子经记》。
〔4〕《出三藏记集》卷8《正法华经记》。
〔5〕《出三藏记集》卷7《魔逆经记》。
〔6〕《出三藏记集》卷7《贤劫经记》。
〔7〕《出三藏记集》卷7《文殊师利净律经记》。

般若类的《光赞般若经》,也有大集类的《大哀经》、宝积类的《密集金刚力士经》,还有华严、法华类经典。他的译文风格不一,有些很流畅,有些就译的语意不清晰,很难读懂。竺法护翻译的这些经典,后来都有了重译本,但重译者往往拿他的译本作参照。

竺法护虽然不是那种所谓的神僧,但是关于他的事迹中也有一些神秘的成分。据说在晋武帝末年,他在深山隐居的时候,山中有清泉,是他经常取用水的地方。后来进山采薪的乡民把泉源处给污染了,水渐渐干枯。这时候,前来取水的法护在泉源边独自徘徊叹息说:"人之无德,遂使清泉辍流。水若永竭,真无以自给,正当移去耳。"据说话音未落,而泉涌满涧。[1] 连泉水都留恋法护,不忍其离去。这当然只是神化法护的一个说法而已。

译经授徒的法护在长安青门外修建了自己的寺院,精勤行道,德化遐布,声盖四远,僧徒达到数千人。

然而,随着"八王之乱"的爆发,关中地区失去了往日的宁静,竺法护的译经传教事业也受到了影响。"八王之乱"是晋惠帝时期一场从宫廷斗争到疆场厮杀的政治混战,起于291年,终于306年,是西晋王朝走下坡路的一个拐点。卷入这场斗争的以汝南王司马亮为代表的8个诸侯王率领几十万地方重兵,先后到洛阳兵戎相见、篡夺帝位,闹得尸横遍野、民不聊生。无奈之下,法护与门徒为躲避兵灾只好东下,来到渑池,不久就在这里因病去世,时年78岁。[2]

据羽溪了谛的研究与统计,从来自大月氏国的僧人所翻译的佛经来看,大月氏的华严、般若、法华、涅槃等大乘经典很齐备,而小乘经典如《中阿含经》、《增一阿含经》也很流行,并且还有为数不少的秘密部经典。换言之,早期来自大月氏的僧人的译经传教活动,已经为中原地区带来了种类丰富的佛教经论(图1-2)。[3]

---

〔1〕《高僧传》卷1《竺昙摩罗刹》。
〔2〕《高僧传》卷1《竺昙摩罗刹》。
〔3〕中国敦煌壁画全集编辑委员会:《中国敦煌壁画全集·麦积山炳灵寺》,天津人民美术出版社2006年版,图版31。

欧·亚·历·史·文·化·文·库·

图1-2 佛陀说法图,西秦,炳灵寺佛爷台

1.3 汉晋时期来华的其他大月氏僧人

　　大月氏僧人孜孜不倦地到中原地区传播佛教,同以犍陀罗为中心的贵霜王国的佛教支持政策有一定关联。在贵霜王国,国王迦腻色伽

和迦腻色伽二世都是佛教的庇护者(图 1 - 3)[1],他们不但大规模建造寺院,而且在克什米尔召集了说一切有部的一次佛经结集,并派遣僧侣到其他地区传教。正是在这一背景下,才有众多的僧人越过葱岭,不远万里来到中原地区译经传教。

图 1 - 3　迦腻色伽"佛陀"字样金币,1 世纪,波士顿美术馆藏

显然,历史文献中能记录下来的大月氏僧人毕竟有限,而名声赫赫的更为稀少。我们在文献中能找到的可能来自大月氏的僧人还有以下几位,他们是支昙龠、支法度、支道根、支法领、支施仑、昙摩难提、浮陀跋摩、支法存。

支昙龠,据《高僧传》卷 13 载其为月氏人,寓居于建业,晋武帝敬以师礼,并从其受五戒。善于梵呗转读,曾制六言梵呗新声。

支法度与支道根,经录虽没有明确记载此二人的国别,但从其所

[1]穆罕默德·瓦利乌拉·汗:《犍陀罗——来自巴基斯坦的佛教文明》,陆水林译,五洲传播出版社 2009 年版,第 217 页。

从事的译经事业和"支"姓来看,应该是月氏人。支法度于西晋惠帝永宁元年(301)译出《逝童子经》等经典;支道根是东晋僧人,于咸康元年(335)译出《方等法华经》等经典。

支法领是同佛驮跋陀罗同时代的僧人,他曾在于阗得《华严》前分三万六千偈,带回中原后一直没有翻译。直到义熙十四年,才有佛驮跋陀罗手执梵本,与沙门法业、慧严等百余人在道场寺译出。[1]

支施仑是东晋成帝年间来到凉州的月氏居士。东晋成帝咸和三年(328),凉州刺史张天锡组织僧俗翻译《首楞严经》,就是月氏优婆塞支施仑手执胡本主译。支施仑博综众经,专志于大乘学。[2]

支法存是东来传教的月氏僧人中医学知识最为丰富的一位医僧。孙思邈在《备急千金要方》中记载说,自永嘉南渡之后,到南方的北方贵族生脚气病的人比较多,但是又没有什么有效的治疗方法。这时在江东的支法存与仰道人等一并留意经方,对脚气病的治疗作了深入研究,获得了良好的疗效。[3]

脚气病是自西晋南渡之后由于北方人迁居南方,随着生存条件的变化而产生的新的病种。这种病只有支法存和仰道人能治疗,他们在这方面是处在最前沿的专家。

支法存其人,《高僧传》没有记载,这至少说明在外来僧人中,他在佛教界的影响力是相当有限的。我们能见到的关于支法存的完整记录来自南朝宋刘敬叔的《异苑》:

> 沙门有支法存者,本自胡人,生长广州,妙善医术,遂成巨富。有八尺口口,光彩耀目,作百种形象。又有沈香八尺板床,居常香馥。太原王琰为广州刺史,大儿邵之屡求二物,法存不与。王因状法存豪纵,乃杀而籍没家财焉。法存死后,形见于府内,辄打阁下鼓,似若称冤。如此经日,王寻得病,恒见法存守之,少时遂亡,邵

---

〔1〕《高僧传》卷2《佛驮跋陀罗》。
〔2〕《出三藏记集》序卷7《首楞严后记》。
〔3〕《备急千金要方》卷22《风毒脚气方》。

之比至扬都亦丧。[1]

根据这个记载，我们知道支法存是生长在广州的外来僧人，他依靠医术成为巨富，可见他同一般僧人是不一样的。因为支法存拥有稀世珍宝，引起了广州刺史王琰之子王邵之的垂涎，在多次索要不果的情况下，王琰居然以"豪纵"为借口，构陷支法存，将之杀害并且被抄没了财产。

以上这些来自月氏的出家僧人或居士，大都以"支"为姓，跟他们学习佛法的中原弟子或居士，也随他们姓"支"，如晋代僧人支敏度、支孝龙、支昙兰就应该是月氏高僧的传人。

但是，也有一些来自大月氏的僧人，其法号并没有以"支"为姓。如南朝宋齐间僧人昙迁，俗姓支，本为月氏人，寓居于建康，据《高僧传》卷13载，他游心佛义，善谈老庄，巧于梵呗转读之事。范晔被诛时，无人敢为其营葬，昙迁乃抽贷衣物，悉心为其安葬。齐建元四年（482）卒。而另外两位僧人昙摩难提和浮陀跋摩据羽溪了谛的考证，也应该是来自大月氏地域。昙摩难提（Dharmanandi）是东晋十六国时期僧人，据《高僧传》卷1、《出三藏记集》卷9等载，本为兜去勒（吐火罗）人，前秦建元（365—384）中来长安。武威太守赵正请道安在长安召集义学僧人，由昙摩难提译出《增一阿含》、《中阿含》，又译有《三法度》、《阿毗昙心》等。后因战乱，辞还西域。浮陀跋摩（Buddhavarman）是南北朝时期僧人，据《高僧传》卷3载，本为西域人，善《毗婆沙论》，宋元嘉（424—453）中至凉州。北凉承和五年（437），应沙门道泰之请，在凉州城内闲豫宫与道泰、慧嵩、道朗等译出《毗婆沙论》100卷。不久因北魏西伐，亡佚40卷，尚存60卷。跋摩避乱西返，不知所终。

1.4 大月氏僧人的种族问题

关于大月氏的种族问题，相对比较复杂一点。月氏西迁后，留在祁

---

[1]《异苑》卷6。

25

连山区的那部分未迁走者被称作"小月氏",这当然是针对于那部分占据了大夏的、建立了贵霜帝国的"大月氏"而言的。那么在汉晋之际来到中原地区传播佛教的"支"姓僧人是否就一定是从祁连敦煌间移居而去的月氏人?

学界倾向于认为,大月氏的种族主要是伊兰种中的塞种。也有学者认为,灭亡大夏的主要是吐火罗人,所以4世纪以后大夏地区又被称作吐火罗,而两晋时期来到中原的该地区的僧人也被记载为吐火罗人。

要准确地界定这些"支"姓僧侣的种族和形貌,存在一定难度。

贵霜货币上有其国王的肖像,其形象是高额隆鼻、鼻梁勾曲、唇厚多须,有学者认为这是突厥人的特征。此外,从贵霜钱币上国王迦腻色伽的肖像来看,还有一个特征就是长鼻,而同样的长鼻子形象也在斯基泰文物上有发现,所以也可能月氏人就是这种长鼻胡人。

但是在《高僧传》的描写中,来自月氏的僧人支谦的形象是"体形细长黑瘦,眼白多而眼珠子发黄",时人在描写支谦的种族特征时,注意的是他眼睛的颜色,而不是鼻子的长短,这是否又表明,来自大月氏的僧人也可能不是尖鼻子而是黄眼珠的。

2 传道中原的安息国僧人

安息就是西亚古国帕提亚王国,地处伊朗高原东北部,公元前 4 世纪曾被马其顿亚历山大占领,公元前 3 世纪独立,建阿萨息斯王朝。米特拉达悌一世对外扩张,占领整个伊朗高原及两河流域,一跃成为西亚大国。初都尼萨,后西迁至赫卡顿比勒和忒息丰,为丝绸之路必经之地。97 年,汉西域都护班超遣甘英使大秦(罗马),行抵安息西境。国势强盛时,东与贵霜、西与罗马帝国抗衡。2 世纪末转衰,226 年为波斯萨桑王朝所取代。

遥远的地方总是令人向往,甘英曾到达的安息,因为是中原与大秦等更远的地域交往的中介,且从此国传来幻术、安息雀等神奇的物品和技术而在中原留下玄幻色彩,所以唐代传奇中也总把安息描写成像仙境一样的地方。如《集仙传》中的《太真夫人》就有太真夫人与具有安息背景的仙人安期共同"游安息国西海际,食枣异美,此间枣殊不及也"[1]的神异传说。

安息靠近古印度北部地区,该地区是说一切有部的学术中心,所以安息国在很长时间内流行小乘佛教。东汉汉桓帝到汉灵帝年间,有来自安息的僧人安世高和安玄到洛阳传道译经;此外,在三国时期还有安法贤、昙帝等来自安息的僧人;而南朝陈、隋、唐间的著名高僧、中国佛教三论宗创始人吉藏,其祖上也是安息人。

来到东方的安息国僧人被译为姓"安",是帕提亚帝国中一个族名阿萨克(Arsak)的音译。就东汉时期的著名安息僧人安世高而言,当时在中原的西域人既不称呼他为"安清",也不称呼他为"安世高",而是直接就呼之为"安"。

---

〔1〕《太平广记》卷 57《太真夫人》。

欧·亚·历·史·文·化·文·库

2.1　东汉末年的译经家安世高

安世高是东汉末僧人,他是有史记载以来,最早以汉文系统翻译佛经的著名译经家。据《出三藏记集》卷 13、《高僧传》卷 1 等载,安世高名叫安清,本为安息国太子,故号"安侯"。后来让国与其叔叔,出家为僧。博通三藏,尤精阿毗昙学。汉桓帝(147—167)初年来汉地译经,先后译出《阴持入经》、《人本欲生经》、《大十二门经》、《小十二门经》等 39 部经典。汉灵帝(168—189 年在位)末年,因避战乱而到江南,后来在会稽被斗殴者误伤而亡,在江南各处留下许多传说。

安世高幼年的时候就以孝行见称,并且勤奋好学,对于当时的经典知识和七曜五行医方异术,都非常精通。尤其令人称异的是,他居然精通鸟兽之声。据说有一次在路上,当一群燕子飞过时,安世高听懂了燕子的叽叽喳喳,说前面有人来迎接他们,果然不久就见到了迎接他们的人。他的这项能力令当时的人都非常惊奇,当然这只是传说。

安世高舍弃王位出家修道,四处游方弘化,遍历西域诸国。147 年左右到达洛阳后,用了不长时间,他就学会了汉语言,开始佛经的翻译。可以想见,在当时印度文化与汉文化交流的初级阶段,粗通汉语的安世高所翻译的佛经,水平肯定有限,但是僧史文献中赞扬安世高翻译的佛经义理明晰、文字允正,达到了辩而不华、质而不野的水平,可能有点言过其实。应该说,安世高的翻译,开创之功至伟。

安世高留给后人的,更多的是一些神奇的传说,这些传说涉及他的来世今生的很多方面,在江南地区流传较广。

刚来到中原的时候,安世高就宣称他在前世就是个出家僧人。有一个与其同修的僧人性格暴怒,总是同供养人和施主闹别扭。虽然安世高对他规劝有加,但这个修道者就是改不了这个坏毛病。就这样磕磕碰碰地一起修道 20 余年之后,前世的安世高乃与同学辞别道:"我要到东方的广州去,你在明解佛经与学习精勤方面都不比我差,但是性格过于暴躁易怒,这就决定你来世会成为那种具有丑恶外貌的动物。我如果来世成道了，一定会去度化你，让你脱离那受惩罚的丑恶形貌。"

据说在洛阳译经结束的安世高，在汉灵帝末年乃振锡江南，说是要到庐山去度化他前世的那个同学，果然在一座庙中遇到一条大蟒蛇，正是他那个性格暴躁的前世同修者，安世高便度化他脱离了蛇形（图2－1）[1]。

图2－1　蟒蛇显身见安世高，宋，莫高窟454窟甬道顶

后来，安世高在会稽（今浙江绍兴）游方时，正值市中有乱，相打者误击中安世高的头部，他顿时毙命。

安世高在洛阳译经、在广州和会稽传教的时期，正是佛教传入中

欧·亚·历·史·文·化·文·库

国的滥觞期,在大多数人的观念里,佛也是一种神仙而已,所以对于佛理的理解自然就非常浅薄。安世高所传的主要是小乘经典,既包括一些禅修的方法或概念,也包括对佛经某些基本概念的分类和解释。

2.2 "骑都尉"安玄、安法贤与昙帝

在安世高之后在东汉都城洛阳翻译佛经、传播佛教的安息人最著名的有安玄。

安玄是来自安息国的佛教居士,而不是出家僧人。东汉灵帝末年,安玄到洛阳经商,不知道什么原因他立下了功勋,被东汉朝廷封赐为"骑都尉"。在汉代职官系统中,骑都尉属光禄勋,秩比二千石,是掌监羽林骑的官员,由此可见这个安玄立的可能是军功,而"骑都尉"可能也只是个虚的封号,而不会是实职。

安玄这个人性情温和,待人恭敬,在经商之外,把传播佛教、翻译佛经当做自己的事业来做。显然,刚到洛阳的时候他主要也是学习汉语和汉文化,等慢慢语言熟练、文字稍通之后,他就开始同在洛阳的那些佛教沙门一起讲经论义。

跟安玄在一起讲经论义的沙门,根据记载可能主要有3位月氏人:支娄迦谶、支曜和支亮,2位康居人:康孟详和康巨,3位印度人:竺佛朔、竺大力和昙果。当然,最重要的是还有一位中原人士、安世高的弟子严佛调,严佛调是临淮人,他是当时在洛阳的出家僧人,这是不容易的,在当时的华夏地域,能剃发易服出家为僧的犹如凤毛麟角般稀少。

安玄与沙门严佛调共同翻译出《法镜经》,当时由安玄口译梵文,严佛调笔受,译出的经文无论在佛理的表达还是词语的音译等方面,都达到了当时的最高翻译水平。所以当时译经沙门中传颂说,王子安世高、骑都尉安玄与严佛调三人传译的佛经,是别人无法超越的。这个严佛调当时还撰写了《十慧》,流传于世。安世高对他的这个弟子严佛调非常欣赏,认为由严佛调合作翻译出来的佛经,省而不烦,全本巧妙。

当然,跟安玄同时在洛阳活动的这些印度、康居、大月氏等地的高

僧们,他们也相互合作,译出了很多经典。如支曜译成《具定意小本起》等,康巨译《问地狱事经》,康孟详与竺大力译出《中本起》及《修行本起》。[1]

到三国时期,有两位来自安息国的沙门安法贤和昙帝。安法贤,三国时期僧人,据《开元录》卷1载,他本为西域人,魏时来汉地,译出《昙摩迦经》(为《华严经·入法界品》的部分初译)、《大般涅槃经》的一部分。昙帝(Dharmasatya),三国时期安息国僧人,据《高僧传》卷1载,其人善律学,魏正元年(254—255)中来洛阳,译出《昙无德羯磨》。[2]

2.3　三论宗创始人胡吉藏

"三论"是印度龙树所著《中论》、《十二门论》和提婆所著《百论》三部论典的总称,因其阐扬"一切皆空"、"诸法性空"而名空宗。后秦鸠摩罗什将"三论"翻译出来,盛倡龙树、提婆之学。到南朝陈与隋朝间,安息僧人吉藏集鸠摩罗什、僧肇、僧诠、法朗等人的三论学说的大成,创立了佛学宗派三论宗。

吉藏(549—623),南朝陈、隋、唐间僧人,中国佛教三论宗创始人。他俗姓安,祖先为安息人,所以吉藏说的虽然是汉语言,相貌却是典型的安息胡人,故有"胡吉藏"之称。

吉藏的祖上为躲避仇家,举家移居到南海,在交州与广州间活动经商,后来又搬迁到金陵做生意。当吉藏童年的时候,他的父亲就带他去拜见著名的高僧、佛经翻译家真谛大师,真谛跟童年的吉藏谈论理想志向,认为这个小孩子胸中所怀抱负犹如吉祥经藏,所以此后就以"吉藏"为名。

吉藏家族历代都崇奉佛教,他的父亲后来也出家为僧,法号道谅。道谅经常带年轻的吉藏到兴皇寺听道朗法师讲经说法。可能是因为出于世代佛教之家,所以吉藏对于佛经的理解力极高,到他7岁的时候

---

[1]《高僧传》卷1《支娄迦谶》。
[2]《高僧传》卷1《昙柯迦罗》。

就追随法朗出家做沙弥。

吉藏所跟随的这个高僧释法朗,俗姓周,是徐州沛郡沛人,他曾从军做过军卒,在 21 岁的那年,也就是南朝梁大通二年(528)在青州出家为僧,曾受业于大明寺宝志禅师,并多方游学,广采博收,学问出众。南朝陈永定二年(558)十一月,法朗奉敕入京城建康住兴皇寺。[1] 按时间计算,可能是在法朗入住兴皇寺之前,吉藏就已经跟他做沙弥了。

吉藏 14 岁就开始学习《百论》,到 19 岁的时候,吉藏不但显示出了惊人的记忆力,而且其佛学修养已经很高,无论是同高僧硕儒交往,还是在讲经论道的论辩机锋,都已经非常出众,在佛学界有了相当的声望。21 岁,吉藏受了具足戒。具足戒又称大戒,是有别于沙弥、沙弥尼受的十戒。十戒为不杀生、不偷盗、不淫、不妄语、不饮酒、不涂饰香鬘、不听视歌舞、不坐高广大床、不非时食、不蓄金银财宝。具足戒的戒条要比十戒烦琐细致得多。按《四分律》的记载,比丘具足戒一共有 250 条戒律,比丘尼具足戒有 348 条戒律。正是因为戒律如此全面、详细,所以才称之为具足戒。这一年,为吉藏取名的高僧、著名的佛经翻译家真谛大师在广州王园寺去世。

南朝陈桂阳王敬佩吉藏的风采,对他崇敬有加。南陈后主陈叔宝祯明二年(588),隋文帝率兵伐陈,为避免佛教经论文献毁于兵火,吉藏率领他的弟子在建康等地的寺院中奔走,收集佛经文献,放置在一起妥加保管。589 年,隋灭陈,战争平息,吉藏广读收集来的经论文疏,采各家之说,因而当时能像他这样纵览多种经论注释、佛学眼界宽广的人不多。正是由于这个原因,吉藏对佛教经论的注释,作到了旁征博引。此外,他还为僧俗信众弟子讲《三论》100 余遍、《法华经》300 余遍,《大品》、《智论》、《华严》、《维摩》等各数十遍,在此基础上才有了后来撰写的著名的《三论玄义》。

隋朝军队攻占浙江一带后,吉藏也离开金陵,东游吴越,住在会稽嘉祥寺,在此讲经说法达 15 年之久,所以后人又把他称为"嘉祥大

---

[1]《续高僧传》卷 7《释法朗》。

师"。开皇末年,隋炀帝做皇太子,一心向佛,在全国建了4座著名道场:扬州的慧日寺,长安的清禅寺、日严寺和香台寺。隋炀帝即位后,吉藏奉敕住在扬州的慧日寺,不久又移住日严寺,著名的《三论玄义》就是在日严寺完成的。

据说吉藏到京师长安的时候,跟随他学习的僧俗信众很多,声望极高。隋文帝仁寿年间(601—604),在曲池造大佛像,举高百尺,工程拖延日久,但是大佛的身子也没能完工。在这种情况下,吉藏接手住持曲池,开始四处化缘,继续修造佛像,构筑庙舍。据说半日之间,就有很多达官贵人、富商信士前来施舍钱财、百物,佛像、佛寺工程很快完工。由此可见吉藏当时在长安的影响力和感召力。

吉藏在京城名寺大地讲论佛法,听讲者中很难有人能与其辩论对话。隋炀帝杨广的儿子齐王杨暕是个超帅的人,他精通经史,而且鞍马功夫了得,史书说其"尤工骑射",他同吉藏一直有很密切的书信往来。当吉藏到达京城的时候,杨暕迫不及待地领着一帮能说会道的"论士"去拜见他,发起一场立义论难的学术活动。当时跟随而去的长安的官僚与文化精英有60多人,可谓浩浩荡荡。吉藏在这次论难活动中做"论主",出言不凡,随行而去的一代名士傅德充赞叹吉藏的论难风度说:"动言成论,验之今日。"齐王杨暕及僚友更是自叹弗如。有名的沙门僧粲,自号"三国论师",此人雄辩的口才如黄河之水滔滔不绝,他跟吉藏曾往返辩论40余番。只见吉藏对答如流,引经据典,知识渊博。辩论之间,其神态与肢体语言配合默契,发言辞藻华美,极富感染力,令听众如痴如醉、融入佛理大义。此次论辩,随行齐王而去者都觉意犹未尽,于是齐王杨暕不得不宣布这次论难活动又延续了2天,方才各陈其义,一一同吉藏交手,尽数被辩倒。

这次论难活动,使得齐王杨暕当面领略了吉藏的知识渊博与善于辩论的能力,心服口服地皈依吉藏,学习佛法,并厚赐名贵的吉祥麈尾及衣物等礼品。

隋大业初年,吉藏已50多岁,他亲写了2000部《法华经》;618年,隋炀帝在江都(今江苏扬州)被杀,那个同吉藏关系交往密切的齐王杨

·欧·亚·历·史·文·化·文·库·

睐及其两个儿子也遇害,隋历告终。身在长安的吉藏造了25尊佛像,把它们一一安置在佛寺,自处卑室,竭诚礼忏。又别置普贤菩萨像,躬对坐禅,观实相之理。

唐朝建立后,吉藏先后居住在长安的实际寺、定水寺和延兴寺。唐高祖曾选择在长安的10位高僧,称之为"十大德",以之来统率天下僧众,以整顿僧制的混乱,肃清僧界世俗化引起的种种有污佛教的弊端,吉藏就是这"十大德"之一。

唐高祖李渊的儿子齐王李元吉也久闻吉藏的大名,自己去住在吉藏所在的延兴寺听闻佛法,供养丰厚。然而,此时的吉藏已是暮年体衰、百病缠身。虽然唐高祖曾屡屡赐下医药,但也无济于事。吉藏知道自己已入灯枯油尽之期,于是上表唐高祖,既表示感谢唐高祖赐良药减轻病痛,又陈述其"风气暴增,命在旦夕"的身体情况,也算是一个告别吧。

唐武德六年(623)五月,吉藏去世,享年75岁,唐太宗李世民赞扬吉藏"道济三乘,名高十地"。[1]

吉藏在逝世前写有著名的论文《死不怖论》,指出生命之规律是"见其初生即知终死,宜应泣生不应怖死"。[2]就是说生命之诞生之初,就固定了会有死亡之一日,所以不应该怕死,而应该怕生,因为有生必有死——这是一篇了悟参透生命轨迹的慧明至论。

吉藏有很多弟子,著名的有慧远、智拔、智凯、智命、硕法师、慧灌等。其中,慧灌是高丽(今朝鲜半岛)僧人,他在隋朝的时候到嘉祥寺跟随吉藏学习"三论",到625年的时候学成远渡日本,在著名的飞鸟元兴寺弘扬"三论",创立了日本的第一个佛教宗派——三论宗。

像吉藏这样在中原地区出生、长大的安息人在汉唐时期应该有很多,如唐代大将李元谅就是安息后裔,他的相貌"长达美须",曾在潼关领军十多年,声威极高。[3]

〔1〕《续高僧传》卷11《释吉藏》。
〔2〕《续高僧传》卷11《释吉藏》。
〔3〕《旧唐书》卷144《李元谅传》。

唐代还有个叫安静的西域僧人,可能也是安息人。释安静在开元十五年(727)振锡东游,曾到定陶传经说法。[1]

[1]《宋高僧传》卷19《唐西域安静》。

3 随商队东来的康居僧人

西域古国康居,在安息东北方、大月氏北方,约在今巴尔喀什湖和咸海之间,王都卑阗城,故址可能在今乌兹别克斯坦东境塔什干一带。自锡尔河下游,至吉尔吉斯平原,是康居疆域的中心地带。康居人擅长经商,常常到各地去进行贸易,往返于中亚全境,因此康居也成为中亚各国交换国情及传播文化的媒介站。

张骞通西域以前,汉朝已传闻遥远的西方有康居人。张骞从西域归国后说,康居还很弱小,虽然在中亚部众不少,但仍然向南羁事月氏,向东羁事匈奴。公元前后,康居强盛,曾威胁其南邻大月氏。1世纪中叶,贵霜统一大月氏,国势转盛,康居则渐趋衰败。晋武帝泰始中(265—274),遣使献善马,南北朝时,役属于嚈哒。至3世纪时仍游牧于锡尔河中游,其后益弱,势力远不如两汉时代。到隋唐,康居一地由昭武九姓胡占据,有康国、米国、石国等,唐代历史学家认为"康国,即汉康居之国也",[1]可见,隋唐之康国人,跟汉晋时期的康居人有密切关联。

不过,康居人既然善于经商,其流动性必然极强。如三国时期的康僧会,其家族就是因为躲避仇家而移居南海经商。而南北朝时期的康绚也是移居中原的康居人。康绚字长明,华山蓝田人。其先祖出自康居。后汉时期,康居国遣侍子待诏于河西地区,因有一批康居人留下来成为河西百姓,其后即以康为姓。晋代陇右乱,康氏迁于蓝田。[2]由此可见,善于经商的康居人也善于流动。

佛教是何时传入康居的,目前尚没有明确的资料可供我们来断

---

[1]《旧唐书》卷198《西戎传》。
[2]《梁书》卷18《康绚传》。

定。不过,学者们一般认为,至迟在 2 世纪时,康居的佛教已经非常流行了。自东汉时期佛教传入中原地区开始,直到隋唐时期,就有一批康居僧人活动在以洛阳、长安为中心的中原与江南地区。他们或翻译佛经,或讲经说法,促进佛教的东传与进一步本土化。

3.1　康僧会与东汉三国时期的康居僧人

在东汉时期,佛教刚刚传入中国,就有一批康居僧人在洛阳翻译佛经。康巨、康孟详是东汉时期最早来中原地区的康居国传教僧人。

康巨,亦作"康臣",东汉末僧人,生平不详。据《高僧传》等载,本为康居国人。汉灵帝时曾译出《问地狱事经》,"言直理直,不加润饰",在当时有"慧学"之誉。

康孟详,东汉末僧人,据《高僧传》、《出三藏记集》等载,康居国人,东汉灵、献之世,曾与竺大力合作译出由沙门昙果从迦维罗卫国(今尼泊尔境内)带来的《中本起经》、《修行本起经》。此外,尚译有《游四衢经》(《开元录》)等。

到三国时期,传教的康居僧人有康僧铠、康僧会等人。康僧铠原籍康居国,于魏嘉平年间(249—254)来到洛阳,译出《郁伽长者经》、《无量寿经》等 4 部佛经。

三国时期在江南地区传教的康居僧人康僧会是在中国南方佛教史上发挥了巨大作用的人物。

康僧会(? —280),祖籍康居,世居天竺。其父因商贾移居交趾。10 余岁父母双亡,即出家。三国吴赤乌十年(247)至建业,因请得舍利而令孙权叹服,为之立建初寺,是为江南佛寺之始。又以善恶报应之说劝谕孙皓。曾译出《阿难念弥陀经》、《镜面王经》、《察微王经》、《六度集经》等,又注《安般守意》、《法镜》、《道树》等三经。相传曾制作泥洹呗声,清靡哀亮,为一代模式。卒于吴天纪四年(280)。其佛学思想主要表现在两个方面:一是将大乘六度的菩萨行同儒家仁政学说相结合,改造为佛家的"仁道"理论,以之为改良现实社会和国家的指导原

欧·亚·历·史·文·化·文·库

则;二是继承了安世高所传的禅数学,推动了"安般禅"的发展。

三国时期的孙吴地区,虽然早有来自月氏的佛教居士支谦译经,从吴黄武元年至建兴年间(222—253),译出《维摩经》、《大般泥洹经》、《法句经》、《瑞应本起经》等经,其博学深得孙权赏识,但是佛教本身并未得到弘扬和认可。

在这样的背景下,康僧会于三国吴赤乌十年(247)至建业,打算在此建立佛寺、弘扬佛教。当然其时的东吴地区还没有现成的佛寺,康僧会就建立茅茨,设佛像开始行道。

但是东吴地区的人以前从没见过剃发易服的僧人,对康僧会的形象与作为都很吃惊,大概觉得这很不正常,可能是假的传道人。于是地方官员就将此情况上报吴主孙权,孙权当面质证康僧会,康僧会为取得孙权的信任和支持,在静室中设置几案,洁斋烧香,祈请舍利。经过三七二十一天,终于在最后那天的五更天,听到了陈列在几案上的铜瓶里叮当作响,这表明请得了"感应舍利"。第二天,康僧会就将这枚舍利呈上孙权,孙权亲手将这枚舍利倒出来,结果冲碎了接着的铜盘,光耀夺目。康僧会用 21 天请来金刚不坏、光色耀目的舍利,这个神奇的具有魔幻色彩的事情征服了孙权,他即为此舍利建塔,并为康僧会传教修建佛寺。因为这是东吴地区建立的第一座佛寺,所以被命名为"建初寺",该寺所在的这个区域也被叫做"佛陀里"。从此之后,江南地区的佛教开始生长起来了(图 3 - 1)[1]。

但是,后期的孙吴政治更多的是悲剧,从孙权赤乌十三年(250)废除太子孙和之后,孙吴政治就陷入了不断废立与内部残杀的事件之中。上层政治结构的不稳定,也使得康僧会传播佛教的路途变得艰难。

264 年,孙权的孙子孙皓即位,此人残暴凶狠、骄奢淫逸。他在东吴做了 16 年的皇帝。在这 16 年里,他闹得东吴国不泰民不安,人民负担沉重,生活困苦。

---

[1]敦煌研究院:《敦煌石窟全集 12·佛教东传故事画卷》,商务印书馆(香港)1999 年版,第 137 页。

图 3－1　兴建建初寺,中唐,莫高窟 323 窟北壁东

　　江南地区尤其是东吴地区多神崇拜盛行,各种所谓的"淫祀"较多,孙皓打算废除这些五花八门的"淫祀",也打算一并将佛寺给废除了,可是又找不到现成的借口,于是就派遣大臣张昱到建初寺诘问康僧会,想为难、驳倒康僧会,为废除佛寺找个理由。张昱此人辩才出众,纵然千般刁难,但康僧会都能一一对答,实在找不出什么要废除佛寺的借口来,这才暂时作罢。

　　据说此后不久,孙皓派宿卫兵丁在其后宫开园圃,发掘出一座数

·欧·亚·历·史·文·化·文·库·

尺高的金佛像来,兵丁们将这尊佛像进呈孙皓,孙皓恶作剧地将佛像放在如厕的地方,撒尿浇灌佛像,同臣下们一起以此而取乐。但是时间不长,孙皓全身肿胀,阴处尤痛,叫呼彻天。太史占卜说是因为冒犯了大神。于是孙皓在能想得起来的那些神庙里去祈求,但这个全身肿胀的病就是好不了。宫中有个婇女是佛教信徒,她问孙皓:"陛下到佛寺中求福了吗?"孙皓举头问道:"佛神大耶?"婇女回答说:"佛为大神。"孙皓心中遂有所醒悟,于是婇女即迎佛像置皇宫殿上,用香汤沐浴了数十遍,烧香忏悔。孙皓也在病榻上向佛叩头,自陈罪状,只一会儿,就觉得身体的肿痛有所减轻。于是又遣使者到建初寺向康僧会致意,请他入宫说法(图 3-2)[1]。

图 3-2 孙皓礼迎康僧会,中唐,莫高窟 323 窟北壁东

康僧会入宫后,孙皓向他请教罪孽与福报的缘由所在,康僧会一一为之讲解,不出半日,孙皓的病痛就好了,于是他也敬心佛教、供养事佛了。

晋武太康元年(280),孙皓降晋,九月,康僧会因病而终。

康僧会在东吴传教的事迹,在僧史上可谓赫赫有名,以至于在 360

---

〔1〕敦煌研究院:《敦煌石窟全集 12·佛教东传故事画卷》,商务印书馆(香港)1999 年版,第137 页。

多年后的唐高宗永徽年间（650—655），居然产生了一位模仿康僧会的僧人"后僧会"。[1]

后僧会也是康居国人，唐高宗永徽年间在江南活动，自称是游方僧人。他的相貌据说是"眉高隆准，瘦露奇骨"，一看就知道是来自西域的胡僧。当寺院因为不知其来由而驱逐他时，这位胡僧自称："吾康僧会也。苟能留吾真体，福尔伽蓝。"随后这位自称是转世的康僧会就气绝身亡，遗体如生，留在了永欣寺。此后在吴越之地，兴起了对他的信仰，将之称为"后僧会"。传说吴越之地一家妇人夜晚生孩子，家中没有火烛，正危难中，忽然有一僧人秉烛而入，救助母子平安。第二天这家的男主人到有后僧会遗体的永欣寺，才发现昨晚秉烛救产妇的就是这个已经谢世的后僧会。自此之后，民间多到寺中向后僧会求子女。会昌年间，由于朝廷灭佛，永欣寺被毁，后僧会的遗体又被移到了开元寺。[2]

3.2　东晋时期的康居僧人康僧渊

东晋十六国时期来到中原的著名康居僧人有康僧渊、佛调、昙谛等人，其中以康僧渊最为有名。

康僧渊的家世，文献记载不是很清楚，但是他本人肯定没有在西域生活过，《高僧传》说他出生在长安，这说明至少他的父亲这一代就在长安定居了。所以康僧渊虽然是西域人，口里说的也是当时的长安官话，但是长得却是康居人的相貌。他经常念诵《放光》、《道行》这两部般若类经典。

大约在东晋成帝时期（325—342），康僧渊与康法畅、支敏度等一起过江南下。这个康法畅是个才思敏捷的僧人，善于谈论对答，著有《人物始义论》等文章，但是他是否也是康居人，文献中没有明确交代。不过到江南后，康法畅倒是很能适应当时那些儒道名士们对坐清谈的

---

〔1〕《宋高僧传》卷18《唐会稽永欣寺后僧会》。

〔2〕《宋高僧传》卷18《唐会稽永欣寺后僧会》。

41

场合,自己也经常手执麈尾,同来访的文人雅士、达官贵人终日清谈,乐此不疲。据说当时的江南名士庾元规曾经戏问康法畅:"此麈尾何以常在?"康法畅回答说:"廉者不取,贪者不与,故得常在也。"[1]这样的对答,确实表现出康法畅反应敏捷、善于对答的特点。至于那个与康僧渊、康法畅一起过江的支敏度,据说也是个聪明有加、善于同权贵名流周旋的僧人。

与康法畅、支敏度相比,康僧渊就没有他们那样长袖善舞了。僧界一致认为康僧渊德行高洁,远在康法畅之上,但是康僧渊却不喜好那种与达官贵人、贤达名流交往清谈的热闹应酬,自然也就很难得到他们的供奉和吹捧,因而常常是自己出门去化斋度日,名气自然很低。

康僧渊在江南传道的转机与殷浩的帮助有关。殷浩(? —356)是东晋陈郡长平(今河南西华东北)人,字渊源,曾任过扬州刺史等官职。殷浩这个人也擅长于坐而论道、机敏对答,所以有一次康僧渊化斋化到了他的府上,好谈佛论道的殷浩免不了要向康僧渊讨教一番,问康僧渊佛理有什么高深之处。康僧渊回答这个问题不但引证佛典,而且将儒道典籍的"性情"等问题谈得头头是道。这样,从白天一直辩论到了天色昏黑,殷浩也没能辩过康僧渊,于是大为叹服。康僧渊的博学善辩由此也得到江南名士们的敬仰。

作为在长安出生、中原长大的康居人,康僧渊的面相是鼻子高、眼窝深,王茂弘曾以之来戏谑他,康僧渊为自己的相貌辩护说:"鼻者面之山,眼者面之渊。山不高则不灵,渊不深则不清。"[2]这真是一个饱含智慧的回答,当时善于谈论的人都对此津津乐道,认为是不可多得的"名答"(图3-3)[3]。

康僧渊后来在豫章山建立了佛寺,那个地方带江傍岭,林竹郁茂,名僧贤达,响附成群。康僧渊就在这个风光优美的地方讲经说法,来追随他学习的僧徒和醉心佛理的名士贤人来来往往,使得这个佛寺车马

---

〔1〕《高僧传》卷4《康僧渊》。

〔2〕《高僧传》卷4《康僧渊》。

〔3〕金申:《海外及港台藏历代佛像珍品纪年图鉴》,山西人民出版社2007年版,第340页。

图 3-3　龙门石窟莲花洞大迦叶,北魏,法国吉美博物馆

不断,异常热闹。后来,康僧渊就是在这里去世的。[1]

3.3　十六国时期的康居僧人

十六国时期,有为数不少的康居僧人在中国北方翻译佛经、传扬佛理。

后赵时期,佛图澄先后得到后赵统治者石勒、石虎的支持,在华北地区建立了一批寺庙,建立了自己的僧团。在佛图澄的僧团中,有佛调、须菩提等数十名僧,都是来自天竺和康居的僧人。他们不远万里,越过西域大沙漠,来跟随佛图澄传教华北。[2]

---

〔1〕《高僧传》卷4《康僧渊》。
〔2〕《高僧传》卷9《佛图澄》。

这一时期,在北方传教的康居僧人中,比较有名的是昙谛。

昙谛虽然俗姓康,但他同康僧渊一样,并没有到过康居,而是在江南地区出生、成长的康居人后裔。他的祖先在东汉汉灵帝时期移居中原,东汉汉献帝末年,天下大乱,他的祖上为逃避战乱又移居到了吴兴。

昙谛的父亲叫康肜,曾经做过冀州别驾,别驾全称为别驾从事史,也叫别驾从事,汉代设置,为州刺史的佐吏,可见其父亲是个无关紧要的小官。

对于昙谛的出生,僧传中有一个很玄幻的记载,说他的母亲黄氏白天在家睡觉,梦见一僧人前来称呼她母亲,要在她那儿寄存一柄麈尾和两枚铁镂书镇。等她一觉醒来,见梦中僧人寄存的麈尾和两枚铁镂书镇就在身边,并且自此就怀上了昙谛。等到昙谛5岁的时候,他的母亲黄氏拿出那柄麈尾和铁镂书镇让他看,昙谛一见就说:"这是秦王赠送给我的。"母亲问道:"你把它放到哪里去了呢?"昙谛回答说:"不记得了。"这个玄幻的故事也可能流传的时间比较早,所以梁代僧人慧皎惟妙惟肖地记下了这个故事,意思是预示着昙谛命中注定就是要出家做僧人。

10岁的时候,昙谛出家为僧人。据说他是学不从师,全靠自己领悟佛理。当然,关于昙谛的事迹,不像其他僧人那样师有所出学有所宗,从其出生的故事开始,关于这个僧人的行迹就同神神怪怪的一些前世后世的因缘故事联系在一起。

最神奇的故事是,昙谛随父亲到樊邓去,遇见了关中有名的僧䂮道人,这个僧䂮后来是鸠摩罗什的弟子,并且深受后秦统治者姚兴的赏识,做了后秦的大僧官。据说昙谛在道上忽然大声招呼僧䂮,僧䂮觉得很奇怪,问道:"小童子,为什么大呼我老头子的名字呢?"昙谛回答说:"你是曾经跟随我的小沙弥啊,你以前为众僧采菜,被野猪所伤,难道你忘了吗?"僧䂮过去跟随弘觉法师做小沙弥,确实在为僧人们采菜时被野猪伤过。但很奇怪昙谛这个10岁的童子怎么会知道这件事情,等他向昙谛的父亲康肜问清原委,就明白了。康肜回家拿出了黄氏梦中得到的麈尾、书镇等物,僧䂮恍然大悟,喜极而泣道:"这正是先师弘觉法师的旧物啊。法师曾经为大秦王姚苌讲《法华经》,我跟随师傅做都讲。姚苌赠送我师父的这两件物品,原来都在您家啊。"僧䂮仔细一算,黄氏梦中得到这两件物品的那天,正是弘觉法师去世的那天。

昙谛记忆力很好,据说他是过目不忘。晚年的时候,昙谛入居虎丘寺,开讲《仪礼》、《周易》、《春秋》各 7 遍,讲《法华经》、《维摩经》等各 15 遍,并撰有 6 卷本的文集行世。昙谛性爱林泉,后来又返回吴兴,在山寺中住了 20 余载,在宋元嘉(424—453)末年仙逝于山舍,享年 60 多岁。[1]

3.4　南北朝时期的康居僧人

南北朝时期,南朝佛寺众多、佛教大盛,有大批的康居僧人在江南地区传经讲道,但是这些康居僧人大多都不是来自康居地区,而是从其祖上起就从康居移民到中原或南方的康居后裔,文献中有记载的这一时期的康居僧人有宝意、释慧明、释法平、释明达、释道仙等人。

宝意是来自天竺的康居僧人,据《高僧传》记载,宝意的梵文名字叫阿那摩低,本姓康,康居人,世居天竺。在南朝宋孝建(454—456)中来到京城建康的瓦官禅房,他长年累月在瓦官寺内的树下坐禅。由于他对于经律都很精通,所以当时的人们称呼他为"三藏"。宝意也算是一个"神僧",据说他能测度凶吉,善于神咒。像龟兹高僧佛图澄那样,也能以异香抹在手掌上,看到过去未来的事情。他有一把皇帝赐的铜唾壶,经常放置在床前使用,有一天忽然被盗了。宝意找来了一领席子,就那么空荡荡地卷了起来,对着它念了一通咒语。结果过了没几天,打开那卷空席子,他丢的那把铜唾壶居然好好地卷在席子里,众人都很惊异,莫测其然。大概在齐永明末年,宝意在所住寺中去世。[2]

释慧明是在江南出生的康居人后裔,他的祖上就移居到了东吴地区,他在少年时期就到章安(今浙江台州)东寺出家为僧。齐建元

---

[1]《高僧传》卷 7《释昙谛》。
[2]《高僧传》卷 3《求那跋陀罗》。

欧·亚·历·史·文·化·文·库·

(479—482)中,他与同修沙门一起登上赤城山(在浙江天台山南)上的石室,修建佛堂,栖心禅诵。据说经常有白鹿、白蛇、虎在他的禅室石阶前出没,但从不伤人。齐武帝的第二子、竟陵文宣王萧子良听说释慧明修道精进,频频派遣使者敦请,于是释慧明来到京师,萧子良敬以师礼。但是时间不长,释慧明就执意要返回山中,萧子良一再苦留不止,只好给他丰厚的供养,送他回了赤城山。齐建武末年,释慧明在赤城山去世,享年70岁[1]

释法平是寓居建业的康居僧人,他可能也是出生在江南的康居人后裔。他与弟弟法等一起出家,到白马寺做高僧昙籥的弟子。后来兄弟二人又共同移住到了祇洹寺,这个祇洹寺是宋永初元年(420)车骑将军范泰建立的,到了元嘉初年,范泰还将自己家的果竹园60亩施舍给该寺。来到南朝的一些西域名僧大多投止此寺,或传译经典,或训授禅法[2]。释法平兄弟俩从白马寺移居祇洹寺,可能就是因为这个寺中西域僧人较多的缘故,因为他们兄弟俩的相貌跟中原汉人差别较大。尤其是释法平的弟弟,文献记载他"貌小丑",但是他在佛界的声望却超过了哥哥,尤其是善于转读佛经,因为佛经的转读强调抑扬顿挫、韵味悠扬,所以转读佛经是一门技巧性很高的技艺。有一次,宋大将军在东府设斋,释法平的弟弟当然也参与,以前因为都不太了解他,而且他人又小、相貌又丑,所以一向不大重视他。在这次斋会上听到他转读佛经三契,才发现他是个出色的僧人。宋大将军对此扼腕而叹道:"以貌取人,失之子羽,信矣。"到宋元嘉末年,释法平兄弟先后谢世[3]

释明达也是移居中原的康居人的后裔,童稚之年就在"西戎"地区出家为僧,他可能是出生在秦陇(今甘肃东部一带)地区的人。梁天监初年,释明达从"西戎"地区来到四川。当时的三峡地区,那些被称作"蛮夷"的少数民族正四出劫掠,州郡正准备发兵征讨他们。在这当口,释明达独自一人来到"蛮夷"们所在的堡垒,说服了他们走人间正

[1]《高僧传》卷11《释慧明》。
[2]《高僧传》卷7《释慧义》。
[3]《高僧传》卷13《释法平》。

道。后来,释明达在梓州牛头山修建了九层的佛塔,并营构精舍,在此住持修道。他生活节俭,穿的都是粗布衣服,睡的是绳床。天监十五年(516)冬十二月,释明达在江陵去世。[1]

释道仙,又被称作“僧仙”,他是来自康居国的商人,往来于吴蜀之间经商。从长江上游的蜀地到沿海的江浙一带,地理差异大,物产丰富。释道仙在两地兴贩各种物产,积聚了无数的珠宝财物,据说有满满两大船,有人估计这些要值钱数十万贯。然而,人心不足蛇吞象,腰缠万贯的康居商人释道仙仍然不满足,还想赚取更多的金钱财宝。

于是,释道仙带着这两大船的珠宝财物沿江东去,想做更大的买卖。当船行至梓州新城郡牛头山的时候,正碰上僧达禅师说法,他讲到了人的生命长短与恩爱感情时说:“生死长久,无爱不离。自身尚尔,况复财物。”释道仙听到这句话,内心感触极深,陷入沉思,认为自己一生贪念太多,把积聚财物作为人生的志向。现在听到释道仙关于人生、恩爱与财富之间的这个论述,觉得说得非常精辟。于是决定沉宝于大江之中,出家为僧。当他将一船珠宝财物沉入江水之中,正准备将另一船也沉入时,随行的人都纷纷劝阻。释道仙不为所动,仍然坚决地将之沉入大江,断了自己心中那一丝尚存的贪恋荣华富贵的念头。

随后,释道仙便辞别妻子,投灌口山竹林寺出家为僧。在剃发易服那一天,他对众发誓说:“不得道者,终不出山!”开始了与世隔绝,在深山危岩结庐修禅的生活。道仙禅学入定的工夫极深,有时候坐禅入定常常一坐就四五天。但是一旦有客人到他禅庐门口拜访,他马上就会有感觉,结束坐禅起身跟客人交谈。

梁文帝萧顺之第十一子、始兴郡王萧憺,一向以师礼敬奉释道仙。天监元年(502),当萧憺为荆州刺史时,曾带释道仙同行。天监十六年(517),释道仙到荆州青溪山修道,有终老于此山的想法。那时候,佛寺山庙众多,一些稍有名声的僧人们都纷纷讲论佛理,并且相互斥责,

[1]《神僧传》卷5《释明达》,《大正新修大藏经》第50册《史传部二》;《续高僧传》卷29《梁蜀部沙门释明达》,《大正新修大藏经》第50册《史传部二》。

道场扰乱,但是身在青溪山的释道仙心灵宁静、不涉纷争。

释道仙在山中隐居 28 年后,曾到成都静众寺短期说法,举城恭敬,号为"仙阇梨"。隋代开皇年间又返回清溪山佛寺,到 100 多岁高龄端坐而卒,安葬于清溪山中。[1]

3.5　华严宗三祖法藏与隋唐时期的康居僧人

隋唐时期来到长安等地有记载的康居僧人也有好几位,但有意思的是,这几位中居然既有康居国国王之后,如释智巚;又有康居国丞相之后,如华严宗三祖法藏。

释智巚,据说是康居王的后代,因康居国灭亡,其祖上不得已向东归顺中原政权,到智巚这一代已经在襄阳居住了 10 余世。智巚 7 岁初学,无师自悟佛理,13 岁即拜辞双亲,剃发易服出家为僧,24 岁受具足戒,追随慧远法师学习《十地》和《涅槃》。后来到关中,住静法寺。直到唐代初年去世,享年 70 余岁。[2]

法藏俗姓康,据说祖先世代为康居国丞相,他祖父的时候迁来长安定居,所以,法藏其实是在中原长大的康居人后裔。他生于唐太宗贞观十七年(643),17 岁皈依佛教,曾入太白山(在陕西眉县南)修行,学习佛经,回京后从云华寺华严大师智俨听讲《华严经》,深受智俨赏识。总章元年(668)智俨临终时留下遗言,认为法藏专心钻研《华严经》,是振兴华严法门的希望所在。两年后,武则天的生母杨氏去世,武则天将母亲的府邸改为太原寺,下诏剃度僧人,法藏获准剃度,在太原寺出家。

此时,法藏只受了沙弥戒,上元元年(674),法藏奉诏在太原寺讲《华严经》。后来,又在云华寺开讲。皇上下旨命京城十大德为法藏授具足戒,并把《华严经》中贤首菩萨的名字赐给他做称号,称为贤首国师。自此以后,法藏经常参加翻译、广事讲说和著述,大振华严的宗风。

---

〔1〕《续高僧传》卷 25《隋蜀部灌口山竹林寺释道仙》。
〔2〕《续高僧传》卷 26《释智巚》,《大正新修大藏经》第 50 册《史传部二》;《法华经传记》卷 4
《隋京师静法寺释智巚》,《大正新修大藏经》第 51 册《史传部二》。

高宗永隆元年(680),中印度沙门地婆诃罗来到长安,法藏请地婆诃罗在西太原寺译出《大方广佛华严经(续)入法界品》。此后,法藏又奉诏和地婆诃罗及道成、薄尘等同译《密严》、《显识》等经论 10 余部,合共 20 卷。

武后天授二年(690),于阗沙门提云般若在魏国东寺译经,法藏也列席译场。提云般若译出《大乘法界无差别论》,法藏特为该书作疏,发挥新义。

证圣元年(695),于阗沙门实叉难陀在洛阳大遍空寺重新翻译《华严经》,法藏奉诏笔受。武后圣历二年(699),重新翻译的《华严经》告成,诏令法藏在洛阳佛授记寺宣讲。他曾为武后讲新《华严经》,讲到"天帝网义十重玄门"、"海印三昧门"、"六相和合义门"、"普眼境界门"等,武后听了茫然不解。法藏于是指着殿旁的金狮子作譬喻,武后于是豁然领悟。法藏把当时所说集录成文,叫做《金狮子章》。

长安三年(703),义净等华梵 14 人先后在洛阳福先寺及长安西明寺共同翻译《金光明最胜王经》等 21 部,法藏奉诏证义。中宗神龙二年(706),南印度沙门菩提流志在大内林光殿翻译《大宝积经》,法藏也奉诏为证义。

法藏前后讲新旧《华严经》30 余遍,中宗、睿宗都曾请他做菩萨戒师。睿宗先天元年(712),法藏在长安大荐福寺圆寂,享年 70 岁,葬在神禾原上华严寺的南边。秘书少监阎朝隐为其作碑文,概略地陈述了他一生的事迹,这就是现存的《大唐大荐福寺故大德康藏法师之碑》。[1]

法藏是华严宗的实际创立者,华严宗是唐初继法相宗之后成立的又一佛教宗派,它以《华严经》为宗经,主要发挥"法界缘起"的意旨。

华严宗以隋唐之际的法顺为初祖,唐初的智俨为二祖,法藏为三祖。其实,法顺和智俨只是华严宗的先驱者,法顺是一位禅僧,曾劝人读《华严经》,他的弟子智俨著述较多,大力阐述《华严经》思想,并提出

---

[1]阎朝隐:《大唐大荐福寺故大德康藏法师之碑》,《大正新修大藏经》第 50 册《史传部二》。

了"十玄门"这一华严宗思想的重要方面。但是华严宗思想的核心是由法藏阐明的;华严宗的判教学说也是法藏提出的;在全国各地建立华严寺院,并普遍缔结宗奉《华严经》的香社,也是由法藏推动促成的。所以,华严宗的实际创始人是法藏。

4　龟兹国帛姓僧侣与佛教东传

佛教之东传中国,西域诸国是主要中介,其中古龟兹国僧侣与居士是传教、译经的主要力量之一,尤其是帛姓的龟兹王族成员,更是其中的主力。三国时期参与佛经翻译的帛延、两晋时期在敦煌等地参与佛经翻译的龟兹居士帛元信、后赵时期的著名神僧佛图澄及后秦时期的译经高僧鸠摩罗什,他们要么是身份很明确的龟兹王族成员,要么就是与龟兹王室有密切关联的人物。龟兹国"帛姓"僧人及王族成员对于佛教东传发挥了至为关键的作用。

4.1　龟兹王族与帛姓僧侣的关系

龟兹国是西域中路上的重要国家,在汉代就成为西域的五大国之一,在鸠摩罗什时代,它同焉耆一样是周边很多小国的宗主国,国力处在一个比较鼎盛的阶段。龟兹是佛教东传的主要驻足地,3世纪后期,龟兹的佛教已相当流行,《晋书·西域传》载龟兹国"俗有城廓,其城三重,中有佛塔庙千所"。《出三藏记集》也说龟兹国中"寺甚多,修饰至丽。王宫雕镂,立佛形象,与寺无异"。[1] 在龟兹王宫中,装饰的佛像与所进行的佛事活动已经同寺庙没有什么差别了。

僧传中来自龟兹王族的佛教信仰者也很多,如三国时期参与佛经翻译的帛延、两晋时期在敦煌等地参与佛经翻译的龟兹居士帛元信、后赵时期的著名神僧佛图澄,他们要么是身份很明确的龟兹王族成员,要么就是与龟兹王室有密切关联的人物。今新疆库车、拜城一带古龟兹国境内有多处开凿于三四世纪的石窟,就是当时龟兹佛教兴盛的

---

[1]《出三藏记集》序卷11,《大正新修大藏经》第55册《目录部全》。

最好证明。

关于佛教传入龟兹国的时间,由于资料的缺乏,很难取得一致的看法,但可以断定,在佛教传入中国的汉明帝时代,龟兹国已经是西域佛教的一个重要传播地。对于龟兹佛教发展的情况,不同文献中的记载差别很大,据《晋书》卷 97《西戎传》记载,龟兹这样一个小国家,仅仅在都城就有塔庙 1000 所,确实有些不可思议。唐玄奘在《大唐西域记》中记载龟兹国有 100 多所佛寺、5000 多僧人,[1]这个数目应该比较切合实际。正是因为具有如此众多的寺庙和僧侣,才会有大批龟兹的佛教高僧东来中原传教。

来自龟兹的传教者中,龟兹王族与帛(白)姓僧侣最为引人注目。僧史材料中记载的有帛延、帛元信、帛尸梨蜜多罗、帛法巨、佛图澄、鸠摩罗什等人。

从东汉时期的公元 81 年帛(白)霸登上龟兹王位开始,直到唐代帛(白)环为止的 800 多年中,龟兹王室的帛(白)姓是一脉相承的。但是龟兹帛(白)姓并不仅限于王族,史料记载中有很多龟兹乐人、农民、战士、武官也都姓帛(白)。[2] 可能这个帛(白)姓是龟兹大姓,也可能由于受龟兹王室姓帛(白)的影响,所以我们今天能追溯其事迹的东来传教的龟兹僧人,基本都是姓帛(白)的,这是一个很有趣的现象。

4.2 汉晋之际在凉州、洛阳等地的龟兹译经僧

凉州是汉唐时期丝绸之路上的重要城市,有大批的中亚商人、传教者或使者在这个城市居住或经过,而洛阳作为中原地区的大都市,毫无疑问则是这些形形色色的西域胡人要到达的终点站或重要中转地。其中,帛延、帛元信和帛法巨是比较早来到中原的龟兹人。

来自龟兹国的叫帛延的有两人,一为三国时期到中原洛阳译经,一为东晋时期在凉州译经,文献中关于这两个同名译经僧人的记载非

---

〔1〕《大唐西域记》卷 1《屈支国》,《大正新修大藏经》第 51 册《史传部三》。
〔2〕苏北海:《丝绸之路与龟兹历史文化》,新疆人民出版社 1996 年版,第 66 - 67 页。

常混乱。

三国曹魏时期来到洛阳的帛延,我们据《出三藏记集》传上卷第13《安玄传第三》、录上卷第2 和《高僧传》卷1《昙柯迦罗》的记载,知道这个帛延也被称作"白延"。他在三国魏曹芳正始末年(249)到高贵乡公甘露年间(256—260),停留在洛阳,所译经典有《无量清净平等觉经》《首楞严经》《须赖经》《除灾患经》等6 部。

东晋时期在凉州译经的帛延据说是龟兹国王子,《出三藏记集》序卷第7《首楞严后记第十一》有记载,他是在东晋咸和三年(328),同月氏居士支施仑及赵潇、马奕、来恭政及僧人释慧常、释进行,在凉州合作翻译《首楞严经》《须赖经》等佛经,当时的凉州刺史张天锡也参与了此次译事。奇怪的是,此"帛延"所译经典居然同三国曹魏末年到洛阳译经的"白延"所译经典完全相同。

正是由于文献记载中曹魏"白延"与东晋"帛延"所译经典完全相同的原因,所以造成了后世文献记载的进一步混乱,研究者亦据此认为二者乃同一人。但是,既然《出三藏记集》将二人并列记载,可以相信,三国时期在洛阳的白延与东晋时期在凉州的帛延,是两个不同的传道译经者,他们都是来自龟兹国,前者可能是一般"沙门",而后者是龟兹国王子出身。

帛元信与帛法巨都是著名译经高僧"敦煌菩萨"竺法护译经僧团中的主力成员,竺法护作为早期译经僧人,他的译经僧团成员中有相当数量的来自天竺、西域的传道者,现有文献中记载的就有天竺沙门竺力[1]、来自龟兹的帛元信[2]、帛法巨[3],来自安国的安文惠,来自康国的康殊。

帛元信是来自龟兹的居士而不是僧人,在晋武帝泰始二年(266),帛元信已经在长安翻译佛经,可见帛元信在此之前就已经来到了中

---

〔1〕《弘赞法华传》卷2,《大正新修大藏经》第51 册《史传部三》;《出三藏记集》序卷8《正法华经记》第6《出经后记》。

〔2〕《弘赞法华传》卷2,《大正新修大藏经》第51 册《史传部三》。

〔3〕《出三藏记集》序卷7《普曜经记第六》。

欧·亚·历·史·文·化·文·库·

原。帛元信最早参与的译经活动是对《须真天子经》的翻译,据《须真天子经记》记载,此次翻译盛事,由天竺僧人昙摩罗察口授梵文,帛元信作为龟兹居士作"传言",可见帛元信对天竺语言与汉语都已经相当精通。到了西晋武帝太康七年(286),也就是帛元信参与翻译《须真天子经》之后的20年,他又参加了竺法护翻译《法华经》的工作,据蓝谷沙门惠详撰《弘赞法华传》卷2的记载,竺法护此次所译的《法华经》是一种西域语言所写就的,[1]可能是龟兹文字,所以对"外国异言三十六种"非常精通的竺法护自己担任了翻译的主要工作,帛元信只是作为参校者,担负了对译文作拾遗补缺、斟酌经义的辅助性任务。

至于帛法巨的身份,其是否是来自龟兹的僧人,尚存疑问。他的资料很少,较清晰者只有一条,据《普曜经记》的记载,可知帛法巨之活动时间在西晋永嘉时期(307—313),在竺法护翻译《普曜经》时担任笔受者,这种角色一般都是由文字修养较好的中原人来担任,所以我们初步判断,帛法巨可能并不是龟兹人。《出三藏记集》序卷第9《渐备经十住胡名并书叙第三》说"帛法巨亦是博学道士",那么此人显然是出家僧人,而不是像帛元信一样的在家居士。

当时的中原僧界,僧人随着其所受师教的不同,往往会追随西域僧人的姓,如当时前后姓"帛"的中原僧人就有帛法祖[2]、帛昙邃、帛法桥、帛道猷、帛僧光等,这些中原僧人既然都以西域龟兹王族姓帛为姓,显然是深受来自龟兹僧人的影响。

4.3 高傲的龟兹国王子帛尸梨蜜多罗

帛尸梨蜜多罗是龟兹王子,他的汉语名字叫吉友,是在西晋永嘉年间(307—313)来到江南地区的,当时人们把他称呼为"高座"。僧传

---

〔1〕《弘赞法华传》卷2,《大正新修大藏经》第51册《史传部三》。

〔2〕《高僧传》卷1《帛远》:"帛远字法祖,本姓万氏,河内人。父威达,以儒雅知名,州府辟命皆不赴。祖少发道心,启父出家,辞理切至,父不能夺,遂改服从道。"

中说他是龟兹国"国王之子,当承继世,而以国让弟"。[1] 对于僧传中这种东来传教僧人王族身份的记述,其可信度并不是很高,如前面我们讲过的东晋时期的帛延,也是"归慈王世子"[2]。但是有一个问题我们也应该注意到,西域是一个小城国林立的地区,并且佛教在西域的传播同西域各国王室力量的支持密切相关,因而,不能排除东来传教的僧人中有部分确实是西域国家的直系王族成员。

晋咸康(335—342)中帛尸梨蜜多罗以 80 多岁高龄在江南去世,而"归慈王世子"帛延在东晋咸和三年(328)尚在凉州译经;如果说他们两人都是龟兹王族的话,那么二人必有亲缘关系。如果这种王族身份的表述不是一种"托大"的借口,那么在同一时段有这样两位自称为"龟兹王世子"的人来到中原传教,必有其特定的历史背景(图 4 - 1)[3]。

据目前可查的世袭,永嘉(307—313)前后之间的龟兹国,国王是白山,但是在 285—326 年之间,也就是东晋咸和六年(328)之前,[4]龟兹被焉耆征服,国王白山被焉耆王龙会所杀,龙会在自此之后的很多年做龟兹国王。那么自焉耆王龙会破龟兹国始,龟兹王族尤其是国王直系子弟之外逃,则是其必然选择。

由此事件来推断,帛尸梨蜜多罗如果真是"国王之子",那么在时间段上可能是龟兹国王白山同辈,至于其东来中原,就同龟兹被焉耆灭国的事件有关。当然这样的推断未必严密,但至少可知帛尸梨蜜多罗、帛延同当时的龟兹王白山及其后的龟兹王白纯具有较近的亲缘关系。

僧传文献中对于帛尸梨蜜多罗的记载,似乎隐隐表明,他到中原并没有努力传播佛教经典的积极意愿,倒是善于摆贵族架子,所以连王导这样的上层人物一见面,就发出了"吾之徒也"[5]这样的惊叹,意

[1]《高僧传》卷1《帛尸梨蜜多罗》。
[2]《出三藏记集》序卷7《首楞严后记第十一》。
[3]曹永军:《龟兹壁画临摹集》,新疆人民出版社 2004 年版,第 36 页。
[4]刘锡淦、陈良伟:《龟兹古国史》,新疆大学出版社 1996 年版,第 68 页。
[5]《高僧传》卷1《帛尸梨蜜多罗》。

图 4-1 龟兹国国王、王后与僧侣,克孜尔 205 窟,7 世纪

思是帛尸梨蜜多罗跟他一样是高贵富有气度的贵族人物,这是一种相互间"人以群分"的"同类"的认同感。不过帛尸梨蜜多罗的一些行为做派确实不像一个努力传教的人,他架子大,精通咒法,但是却很顽固地不学汉语,僧皎用"性高简"来为帛尸梨蜜多罗"不学晋语"作解释,

其所透露的恰恰是帛尸梨蜜多罗此人并没有将在中原地区传播佛教作为一项主要追求的信息。在当时的背景下,任何一个以传教为己任的外来僧人,努力掌握本土语言都是能在最大程度上传教的最基本需求,而帛尸梨蜜多罗在从永嘉(307—313)到咸康(335—342)的30多年时间里,居然拒绝学习汉语言。因而,可以推断,帛尸梨蜜多罗是帛(白)氏龟兹亡国后迫不得已而避地中原的龟兹王族,是江南地区最早的密教咒法传播者之一。

4.4　神僧佛图澄在后赵的传教

在早期佛教传播史上,龟兹高僧佛图澄是至为重要的人物,正是由于他的努力,佛教才在后赵王室的支持下,在北方获得了迅速发展。佛图澄又被称作竺佛图澄,但这并不是说他是印度人,传记明确说他是西域人,并且"本姓帛氏",显然就是龟兹人了。他很小的时候就出家为僧了,并且曾到小乘中心罽宾跟名师学习佛法,是西域地区著名的得道高僧。据说他善诵神咒,能役使鬼物,是有名的神僧。[1]

佛图澄是永嘉四年(310)来到中原的,正好在我们前面所讲的龟兹国被焉耆灭国的时段内(285—326),是否佛图澄的东来,也同龟兹王白山被焉耆王龙会所杀的国内变故有关?这是一个值得探讨的问题,可惜资料有限,只能聊存一说。但是,佛图澄来到中原地区传教,对于中国佛教的早期发展却发挥了关键性的、不可替代的作用。佛教作为一种信仰被北方胡族广泛接受,始于佛图澄传教于后赵。

佛图澄先是到达了洛阳,当时的洛阳是国际大都会,外来胡人很多,既有西域以远的各国派来的使节,也有大批西域商人,形形色色的传教者自然也不会少。这种具有多元文化意味的环境是最适合外来文化或宗教的传播了,而佛图澄东来中原、驻足洛阳的意图也就是想

---

〔1〕《高僧传》卷9《竺佛图澄》。

建立寺院、传播佛法（图 4 - 2）[1]。

图 4 - 2　佛图澄故事全图,初唐,莫高窟 323 窟北壁

　　然而,他来的不是时候,永嘉五年(311)六月,匈奴人刘曜与石勒、王弥联军攻破洛阳,晋怀帝被俘,后被掳到平阳斩杀。刘曜等破洛阳时,纵兵烧杀抢掠,洛阳宫殿官府被纵火烧毁,王公百姓被杀者 3 万余人,繁华文明的洛阳城,在旦夕之间全部化为灰烬。佛图澄立寺的愿望也就没法实现,只好“潜泽草野以观世变”,[2]也就是仓仓皇皇地逃出洛阳城,在周边的荒村野店避开兵锋、权保性命。

　　此时黄河流域的乱象非言语所可尽述,真是人命如草芥、胡兵即死神。

　　灯枯油尽的西晋朝廷轰然倒台,骑马驰骋于黄河流域的匈奴各种族部落兵锋所及,血流成河。其中,羯人石勒所率胡兵的杀戮最为疯狂,很多僧人都倒在他的屠刀之下。

　　这个杀人成性的石勒是羯人,所谓“羯人”,名义上也是匈奴的一支,其实他们是西域胡人与匈奴及其他杂胡融合而成的一个部族,他们可能有白种人的血统。魏晋时期,羯人主要散居在上党郡(今山西

―――――――――――

〔1〕敦煌研究院:《敦煌石窟全集 12 · 佛教东传故事画卷》,商务印书馆(香港)1999 年版,第 140 页。

〔2〕《高僧传》卷 9《竺佛图澄》。

壶关)一带,与汉族人杂处。他们主要从事农业,受汉族地主的奴役,被称为"羯胡"。

石勒的祖父、父亲都是羯胡部落的小帅,他本人出生在上党武乡县(山西榆社北),年轻时往返于洛阳做过小商贩买卖,也做过替人耕种的力工。后来他被并州刺史司马腾掠卖到山东做了耕奴,后又乘乱逃脱做了"骑盗",估计免不了打家劫舍,并进而积蓄力量。

其后,他啸聚王阳、桃豹、郭黑略、支屈六等18人,号之为"十八骑",成为一支不可小觑的武装力量,投靠了匈奴人刘渊,屡立战功。在前赵政权武力国运全盛时期,石勒就已经脱离刘渊在华北地区独立发展。329年,石勒灭了前赵,于330年称帝,建都襄国(今河北邢台西南),史称后赵。

后赵的建立者石勒是不信佛教的,当时的羯人可能信的是祆教的"胡天",所以石勒追随刘渊逐鹿中原的时候,很多佛教僧人都遭到了他军队的杀害。

大概在永嘉五年(311)年底,在荒村野店游荡了一阵子的佛图澄开始向石勒靠近,试图说服石勒停止对僧人的无辜杀戮。当然,聪明的佛图澄绝不会把自己贸然送到石勒的刀口下,他先投奔到了石勒的大将郭黑略帐下,在他家住了下来。

这个郭黑略是石勒起兵患难的"十八骑"之一,据陈连庆先生考证,郭氏是匈奴姓氏,也是屠各姓氏。[1] 那么就是说,郭黑略这个人跟石勒的西域白人血统是有差别的,他不信祆教,而是个佛教徒。佛图澄住到他家,正是求之不得,所以郭黑略很快就受了"五戒",成为佛图澄的第一个有权势的弟子。

自此之后,郭黑略追随石勒南征北战,再也不像以前那样就是个一股劲的猛将,而是变得有勇有谋,对每次战争的胜负都预先了然在胸,这让石勒很是吃惊。石勒探问缘故,郭黑略就乘势讲出他对战局的判断都来自西域神僧佛图澄。由此开始,佛图澄接触到了石勒,并以其

---

〔1〕陈连庆:《中国古代少数民族姓氏研究》,吉林文史出版社1993年版,第31页。

在军事和政治活动中的智慧和谋略、疗效显著的西域医术和神奇的法术表演,逐步取得了石勒的信任,使石勒也开始信奉佛法,最终打开了让佛教成为国家佛教的大门。

在佛教传扬的前期,教义的明朗化本身并不重要,关键是怎么能得到信徒的信服,所以早期传教僧人的个人知识储备和智慧程度就显得相当重要,像佛图澄这样的所谓"神僧"就为后来专门译经讲经的义学僧人开辟了道路。

《高僧传》说佛图澄"以麻油杂胭脂涂掌,千里外事皆彻见掌中如对面焉",这显然都是虚饰夸大之词,但是他的医术和劝谏统治者的技巧还是相当高的。石勒好杀成性,正是因为佛图澄的及时劝谏,使得不知多少人免于被杀。正是这一点,使得中原的胡人、汉人感念于他的慈悲,开始信奉佛法,而他的医术更为其传播佛教,尤其在一般民众中传教发挥了很大的作用。

及至到了石虎当政的时期,佛教在后赵已经非常兴盛,以致引起了传统汉族士大夫的注意和排斥情绪。石虎的中书著作郎王度上书要求禁止老百姓出家为僧,[1]王度陈述其理由是为了要遵从华夏典礼,所以不让百官百姓到佛寺中烧香拜佛,禁止出家。针对王度的这份表章,石虎的态度倒是蛮可爱的,他先说明佛教确实不适应于"天子诸华",而后就欣欣然说自己生在边疆,正好可以供奉佛这种"戎神",也算是保留了自己的一点本地风俗。[2]并且认为那些"夷赵百蛮"只要自己乐于信仰佛教,就只好让他们自由选择了。这真是给了王度一个不大不小的软钉子,此诏一下,"慢戒之徒因之以厉",[3]佛教在北方之发展,在胡族统治者的鼓动下,自此一发而不可收,并进而传遍大江南北。

此后相继建立的北方诸胡人政权,都开始在国家提倡下信仰佛教,尤以凉州为中心的河西诸小国及北魏等北朝政权为代表,使中国

---

〔1〕《高僧传》卷9《竺佛图澄》。
〔2〕《高僧传》卷9《竺佛图澄》。
〔3〕《高僧传》卷9《竺佛图澄》。

佛教走上了一个兴盛时期。

4.5　帛姓僧侣与中国尼寺的建立

　　来自龟兹国的帛姓僧侣之"帛"姓,[1]可能跟 Buddha 在龟兹语中的读音有关,是由 Buddha 读为 PudnaKte,汉译为"白"、"帛"或"佛图",如佛图澄,僧传中就直接说他"姓帛",可见,"佛图"与"白"、"帛"是同词的不同译语。

　　佛教传入龟兹、焉耆地区后,无论僧俗都在名前冠以 Buddha,表示自己为佛教信仰者,因而来到中原的龟兹僧人就冠以"帛"、"白"或"佛图"。当道安倡导"以释为姓"之后,来到中原的龟兹僧人就不再冠以"帛"、"白"、"佛图",但是龟兹王族和俗人在名前冠以"白"姓仍然保留了下来。[2]当然,对于龟兹小乘高僧佛图舌弥之"佛图"也应如此理解,佛图舌弥对于龟兹小乘佛教的延续发展发挥了至关重要的作用,也是中原地区尼寺戒律的主要来源之一。

　　古代龟兹、焉耆地区的佛教发展史上,比丘尼的高调存在是一个非常特殊的现象。关于龟兹佛教中的比丘尼问题,季羡林先生有过一个很敏锐的说法:"在中原地区讲佛教,高僧都是和尚,讲比丘尼的地方,即使有,也如凤毛麟角。而在龟兹焉耆地区……比丘尼占相当重要的地位,人数也十分可观。其中原因,我现在还没有满意的解释。是否与民族性以及民族风习有关?我不敢说。"[3]焉耆地区情况如何,目前的资料比较稀缺,但是龟兹国则在比较早的时候就有比丘尼的存在,据《增壹阿含经》卷3记载,声闻中最后第一比丘尼拔陀军陀罗就来自拘夷国(龟兹),在《释迦谱》卷1也有相同的说法[4]。显然,这个说法

---

〔1〕在正史文献中,自东汉龟兹王白霸开始,龟兹王族以"白"为姓就频频见于史籍,汉唐之际内迁到中原地区的龟兹民众中,也有不少姓"白"或"帛"者。参见钱伯泉:《汉唐龟兹人的内迁及其扩散》,《西域研究》2001年第2期。

〔2〕陈世良:《龟兹白姓和佛教东传》,《世界宗教研究》1984年第4期。

〔3〕季羡林:《鸠摩罗什时代及其前后龟兹和焉耆两地的佛教信仰》,《孔子研究》2005年第6期。

〔4〕《释迦谱》卷1并序,《大正新修大藏经》第50册《史传部二》。

并不可靠,因为龟兹国佛教的历史能否追溯到"声闻比丘尼"的那个阶段,是很难说的。但这种资料至少表明,龟兹国有比丘尼是非常早的。龟兹国出家比丘尼比较多的情况,从其尼寺的盛行也可以看出来。

我们根据僧纯在《比丘尼戒本所出本末序》所讲的龟兹佛寺的情况,统计达慕蓝、北山寺致隶蓝、剑慕王新蓝、温宿王蓝共有比丘350人,而在阿丽蓝、轮若干蓝、阿丽跋蓝3座尼寺共有比丘尼260人,并且"此三寺尼,多是葱岭以东王侯妇女,为道远集斯寺"[1]。此中所透露的信息,一方面说明在当时龟兹小乘学高僧佛图舍弥所统管的大寺中,龟兹比丘尼的数量确实不少,已经几乎要赶上比丘的数量了;另一方面也说明葱岭以东王侯之家的妇女出家者不在少数。

龟兹国盛行女子出家为尼的习俗,显然也影响到了中原地区佛教的发展。

佛图澄传教后赵,不但培养了以释道安为代表的一批中原优秀僧人,而且对于北方比丘尼出家修道也有重要的影响。如后赵外兵郎徐仲的女儿就是在佛图澄的帮助下才得以出家为尼,《比丘尼传》有详细的记载[2],后赵外兵郎赵仲的女儿叫令首,自小聪明好学,非常迷恋佛法,意欲摆脱世俗、出家敬佛,但是赵仲在思想上很难认同让女儿出家,佛图澄以说辞与法术劝说后赵外兵郎徐仲,最终同意其女儿出家为尼。这在佛教于北方刚刚传播的初期,是非常艰难的一件事情。

追随令首出家的比丘尼达到200多人,由此她还创建了5~6座精舍。这样的规模与数量,应该与石虎的支持和佛图澄的帮助是分不开的。据《比丘尼传》的说法,石虎正是因为安令首在佛教传播方面的业绩,才擢拔安令首的父亲徐仲为黄门侍郎、清河太守。由于佛图澄的支持,女性出家做比丘尼在北方地区有了一定的宽松环境。

最早在黄河流域支持女性出家修道的西域僧人是智山[3],智山的后继者就是佛图澄。由智山到佛图澄,对中原地区比丘尼的产生、一定

---

〔1〕《出三藏记集》序卷11,《大正新修大藏经》第55册《目录部全》。
〔2〕《比丘尼传》卷1,《大正新修大藏经》第50册《史传部二》。
〔3〕《比丘尼传》卷1,《大正新修大藏经》第50册《史传部二》。

数量和规模的尼寺之建立、比丘尼戒律的完善诸方面,都发挥了转折性的重要作用。

　　当时比丘尼戒律却无从着手,来自罽宾的智山只能拿出简单的"十戒"。而龟兹小乘高僧佛图舌弥虽然未曾踏足中原,但他却是同中国尼寺戒律的建立关系最为密切的人物。由于西域有比较早的女子出家为比丘尼的传统,所以其比丘尼戒律的实行也是比较早的,鸠摩罗什的母亲耆婆在东晋穆帝永和六年(350)就出家为尼,而中原直到379年左右,尼寺的戒律还不完备。

　　后秦建元十五年(379),中原僧人僧纯、昙充从西域龟兹国取《比丘尼戒本》、《二岁戒仪》,就是从佛图舌弥处取得。

5 罽宾僧人与佛经的早期传译

罽宾(Kubha),在中国古代历史文献中是没有一定界说的,在佛教文献中,罽宾就是迦湿弥罗(Kashmira)。迦湿弥罗位于印度东北境,喜马拉雅山的西麓,即今天的克什米尔地区,此处四面环山,在交通方面比较闭塞,所以迦湿弥罗的佛教传统较少受别国的影响,有其特殊的发展历程。在佛教发展史上,罽宾具有非常重要的地位。据《莲华面经》[1]、《阿育王传》等记载,释迦牟尼涅槃前曾预言罽宾国将会成为佛教大兴的一个地方,如《阿育王传》卷4即有释迦牟尼的弟子阿难陀转述老师的嘱托说:"尊者阿难语言,世尊以法付嘱于我而入涅槃,我今付嘱汝之佛法而入涅槃,尔等当于罽宾国中树立佛法。佛记:我涅槃后,当有摩田提比丘,当持佛法在罽宾国。"[2]

释迦牟尼佛涅槃后,共有4次佛经结集的盛事,其中第4次佛经结集就是在罽宾国进行的。[3] 据《婆薮槃豆法师传》(Biography of Vasu-bandhu)记载,释迦牟尼佛涅槃后500年,说一切有部僧迦旃延子(Katyayaniputra)往印度西北罽宾国,召集500罗汉和500菩萨,撰说一切有部《阿毗达磨毗婆沙》(Abhidharma-madavibha shashastra)百万颂。[4]

佛教最早传入罽宾的时间在公元前259年前后,阿育王派遣摩田提比丘前去传教,据说当时信奉者8万人,剃度为僧者10万人。[5] 此后在历代王族的提倡下,罽宾佛教有盛有衰。

---

〔1〕《莲花面经》卷下,《大正新修大藏经》第12册《宝积部下、涅槃部全》。
〔2〕《阿育王传》卷4,《大正新修大藏经》第50册《史传部二》。
〔3〕关于佛经的结集问题,佛经中的记载并不能完全当做信史来看待,佛经之结集成型,是经过了一个漫长的过程,参阅刘震《禅定与苦修》,上海古籍出版社2010年版,第9-12页。
〔4〕《婆薮槃豆法师传》,《大正新修大藏经》第50册《史传部二》。
〔5〕《阿育王传》卷4,《大正新修大藏经》第50册《史传部二》。

到 4 世纪,罽宾同东方各国在政治、商业方面交往频繁,佛教也日渐兴盛,尤其是说一切有部的学说,在罽宾非常兴盛,很多外国的僧人都到这里去学习有部知识,譬如中国初期佛教史上著名的佛图澄、鸠摩罗什就曾到罽宾学习说一切有部经典。

魏晋南北朝时期,来自罽宾地区的译经高僧,活跃在洛阳、长安、建康、寿春、江陵、广州等地,他们先后在释道安、竺佛念、鸠摩罗什、释慧远等译经僧团中担纲重要角色,是晋唐之际佛经翻译的主要力量。这一时期来自罽宾地区著名的佛经翻译家有昙摩耶舍、昙摩蜜多、僧伽提婆、僧伽跋澄、佛驮什、佛陀耶舍、弗若多罗、卑摩罗叉、僧伽跋澄、僧伽罗叉、求那跋摩等。

5.1 僧伽跋澄与僧伽提婆

僧伽跋澄与僧伽提婆都是东晋名僧释道安僧团中的佛经翻译僧,是佛教东传过程中佛经翻译的开拓者。

僧伽跋澄是罽宾人,他的汉语法号叫"众现",在西域历寻名师,精通三藏,曾诵记《阿毗昙毗婆沙》,对其经义有深刻体会。前秦苻坚建元十七年(381)来到关中地区。

僧伽跋澄来到关中地区的时代,大乘佛典在中原还没有广泛流传,从东汉安世高译经以来,小乘的禅数学非常盛行。安世高的小乘禅数之学,主要为流行于古印度西北部从上座部分出的说一切有部之学。代表安世高禅系思想的主要有《阴持入经》和《安般守意经》,它们的内容都是提倡通过戒、定、慧来对治各种"惑业",通过禅定的修习而获得人生无常与苦的认识,从而离生死,得解脱。如《阴持入经》偏重于对名相概念的分析与推演,它通过对四谛、五蕴、十二因缘、三十七道品等佛教基本概念的分析来表达禅法的理论基础。《安般守意经》则比较注重对人的意识活动的控制,并指导人们按照佛教的要求而从事实际的禅修。

然而,此时的以长安为中心的中原佛教,在佛教思想上已经有了

欧·亚·历·史·文·化·文·库

长足、深入的发展,这种固守概念解释与意识引导的简单经籍,已经无法解决僧俗信徒在思想发展方面提出的新问题。因而,对于完整的佛教经典和饱含新思想的大乘经典的翻译就成为此时的迫切需求。

在此种佛教学术背景之下抵达长安的僧伽跋澄,被长安僧界称为"法匠"。

供养支持僧伽跋澄翻译佛经的主要人物是前秦朝廷的秘书郎赵正,此人是凉州姑臧人,曾做过凉州的地方长官,史籍中说他是个白面无须的人,大概有点女性化倾向。他非常崇信佛教,是凉州、长安很多次佛经翻译的实际支持者和组织者。

赵正曾听说西域佛教僧俗都以学习《阿毗昙毗婆沙》为理解佛经的根本,而僧伽跋澄正好对此经论记诵熟悉,于是请他将之翻译出来。

在赵正的倡议、组织与支持下,一代高僧释道安与僧伽跋澄合作宣译。僧伽跋澄口诵经本原文,西域僧人昙摩难提将之用梵文记录下来,然后由西域僧人佛图罗刹再将梵文经本翻译成汉语,长安僧人敏智再将佛图罗刹的翻译记录成汉文文本。从建元十九年(383)初夏一直这样翻译到中秋,才将《阿毗昙毗婆沙》翻译完毕。

《阿毗昙毗婆沙》是僧伽跋澄背诵下来的,所以翻译的时候首先就要背诵出来,先记录为梵文,然后再译成汉文。在那个时代,要在万里之遥携带文字的经书不是一件简单的事情,以树皮、贝叶等材料抄写的佛经不但沉重,而且也易于损坏,所以东来传法的僧人往往就需要有超好的记忆力。

僧伽跋澄东来的时候,还随身带了一部《婆须蜜》的梵文原本,建元二十年(384),赵正又请他将这部经典译出。此次翻译,僧伽跋澄与昙摩难提、僧伽提婆三人共同手执梵本逐句讨论,然后由长安僧人佛念翻译成汉文,慧嵩再将之记录下来,释道安和弟子法和二人再对翻译出来的汉文译本作校订。

为僧伽跋澄译经事业做宣译人的一是竺佛念,二是佛图罗刹。竺佛念出生在河西走廊的华戎交汇之地,所以对西域诸种语言及汉语都很精通;而佛图罗刹则不知是何国人,但是他长期在中原活动,精通汉语,所以能担当翻译梵文为汉文的工作。[1]

与僧伽跋澄同时期来到前秦国都长安的罽宾僧人还有僧伽提婆,他也是释道安译经僧团中的重要成员。

僧伽提婆,汉语法号称"众天"或"提和"。本姓瞿昙氏,罽宾人,尤善《阿毗昙心》,于前秦苻坚建元中(365—385)到达长安。

从严格的标准来看,僧伽跋澄等翻译出的《婆须蜜》,昙摩难提等翻译出的《二阿含》、《毗昙广说》、《三法度》等有百余万言的佛教经论,由于受翻译者语言水平、文化水平的局限和东晋十六国混乱时代的干扰,翻译水平非常有限。释道安曾有修正译本的想法,但他去世之后,就再也没有人可以做这项工作了。

僧伽提婆来到长安后,就有心做这样的工作,他与法和从长安共同东奔洛阳,用了近5年的时间对僧伽跋澄、昙摩难提译出的这些经论反复研读、讨论,对其中翻译不当的地方作了总结,然后又决定在适当的时候重新翻译《阿毗昙》、《毗昙广说》等经论。

385年,淝水之战后失利的前秦王苻坚被羌族酋长姚苌擒杀,后秦灭亡;386年,姚苌称帝,在长安建立后秦,北方佛教的发展又走上了一个新的阶段;394年,姚苌长子姚兴继位,延请西域名僧鸠摩罗什,广开译场,翻译大乘经典。法和前往长安,而僧伽提婆则应庐山慧远之邀渡江南下,来到庐山,于东晋太元年间——395年左右,重新译出《阿毗昙心》及《三法度》等经论。

东晋隆安元年(397),僧伽提婆离开庐山,来到建康,晋朝王公及风流名士莫不造席致敬,跟他交往密切的王公贵族有王珣、王弥等人。

王珣延请僧伽提婆在他的府邸开讲《阿毗昙》,江南名僧毕集。397年冬天,王珣召集在建康的义学僧人释慧持等40余人,请僧伽提婆重译《中阿含》等经。这次翻译,由罽宾僧人僧伽罗又执梵本,而僧伽提婆本人则负责将梵文译为汉文,他在关中停留多年,又在庐山翻译佛经,所以对于汉语已经相当熟练,完全可以胜任翻梵为汉的工作

_____

〔1〕《高僧传》卷1《僧伽跋澄》。

了。其后,僧伽提婆在江洛翻译出的佛教经论达百余万言,他还善于谈笑,后不知所终。[1]

5.2 "赤髭毗婆沙"佛陀耶舍

罽宾高僧佛陀耶舍(Buddhayashas)是鸠摩罗什的老师,他是受鸠摩罗什的邀请而来到长安的。按《高僧传》中佛陀耶舍本传中的事件发生顺序来推断,大约在402年佛陀耶舍先到了凉州的姑臧,在那里待了一阵子。至于佛陀耶舍到达长安的时间,按本传记载是在鸠摩罗什准备翻译《十住经》之前。也就是410年之前。竺佛念所作的《四分律序》说佛陀耶舍"岁在戊申,始达秦国",那就是说在408年才由姚兴遣人把他请到了长安,协助鸠摩罗什翻译佛经。

佛陀耶舍是婆罗门种姓,所以他家世代都信仰外道而不信仰佛教(图5-1)[2]。

印度的种姓制度将人分为四个不同等级:婆罗门、刹帝利、吠舍和首陀罗。婆罗门即僧侣,为第一种姓,地位最高,从事文化教育和祭祀;刹帝利即武士、王公、贵族等,为第二种姓,从事行政管理和打仗;吠舍即商人,为第三种姓,从事商业贸易;首陀罗即农民,为第四种姓,地位最低,从事农业和各种体力及手工业劳动等。后来随着生产的发展,各种姓又派生出许多等级。

一次偶然的机会,使得婆罗门种姓出身的佛陀耶舍放弃了家族世代信奉的外道,而改信佛教。

有一天,他家来了一个佛教僧人化缘,佛陀耶舍的父亲大怒,不但没有给这个化缘僧人任何食物,还指使家里的下人们把这个僧人暴打了一顿。结果报应很快来了,佛陀耶舍的父亲手脚痉挛,失去了行动能力。无奈之下他就去向巫师求救,巫师看到这种情况后说:"你一定是冒犯了贤人,才遭到神明对你的诅咒。"全家人闻言大惊,赶紧派人找

---

〔1〕《高僧传》卷1《僧伽提婆》。
〔2〕王镛:《印度美术》,中国人民大学出版社2010年版,第105页。

到了那个化缘僧人,请到家里来很诚恳地向他道歉,并向佛忏悔。这样过了几日,佛陀耶舍父亲的痉挛果然好了。[1]

图 5-1　拜访婆罗门中的茅茨,片岩,1 世纪末叶,白沙瓦博物馆

经过这次事件,佛陀耶舍的家人对于佛教才有了敬畏之心,于是让刚刚 13 岁的佛陀耶舍皈依了佛教。

皈依后的佛陀耶舍,小小年纪就很有见地。作为僧人,当然免不了四处传道、化缘、东奔西跑,所以他经常同自己的老师经过无人的旷野。有一次,在旷野上碰到了老虎,老师惊慌失措地就想避开,佛陀耶舍不慌不忙地说:"这个虎看起来是刚吃过东西的样子,已经吃饱了,不会随便伤害我们的。"果然,老虎瞅了他们一眼,懒洋洋地走开了。佛陀耶舍同老师向前又走了一段路,就发现了那头老虎刚刚吃剩下的动物残尸。这件事情,使得佛陀耶舍的老师对自己这个少年学生刮目相看,心中暗暗认定佛陀耶舍是个出类拔萃的非凡之人。

学习佛经的时候,佛陀耶舍非凡的记忆力和理解能力,使得同修

---

〔1〕《高僧传》卷 2《佛陀耶舍》。

的僧众们非常敬佩,其中的一个大罗汉特别敬重这个少年的聪明机警,对他照顾有加,经常自己去化缘来供养佛陀耶舍。等到佛陀耶舍19岁的时候,据说他已经记诵了大小乘经典数百万言。

佛陀耶舍直到27岁的时候,才受了具足戒,成为一名正式的僧人。他不但是一个外表举止都很优雅的人,还是一个非常善于谈笑的人,有他的地方就总会有欢喜无比的场景。正是因为这一点随喜因缘,他在僧团中虽然不受重视,但也不招人忌恨。

佛陀耶舍是个嗜书之人,在读书的过程中常常陷入沉思。慧皎在《高僧传》中描写他"恒以读诵为务,手不释牒。每端坐思义,尚云不觉虚过于时,其专精如此"。就是说,他在读书思考问题的过程中才觉得时光没有虚度。

大概是在355年之前,佛陀耶舍离开罽宾来到了疏勒国。当时正值疏勒国王大兴佛法,供养着3000僧人。疏勒国的太子达摩弗多在众多僧人中看到佛陀耶舍容服端雅,就问他从哪里来,佛陀耶舍把自己的经历一一告诉了这位王子。他清雅的谈吐和渊博的知识,立刻就博得了达摩弗多太子的赏识,于是就把佛陀耶舍留在了王宫中,给他极丰厚的待遇。

356年,13岁的鸠摩罗什也随母亲来到了疏勒王宫,见到了佛陀耶舍,并且拜佛陀耶舍为师学习佛法,对他极为恭敬。357年鸠摩罗什告别佛陀耶舍返回了龟兹。

据说当龟兹王城在384年遭到吕光攻打的时候,龟兹国王帛纯派使者向疏勒国求救,疏勒王接报后即安排佛陀耶舍在国内辅助太子处理政事,自己亲自带兵前往救援。可是刚刚走到半途,就听到了龟兹王城已经被攻破的消息,只好无功而返。

罽宾佛学大师佛陀耶舍是个仪表风姿俱美的男人,红色的短髭更是引人注目。在僧众弟子的眼里,他是个喜笑颜开的红胡子老头。由于他善于解说《毗婆沙》,僧众们就送给他一个很形象的绰号——"赤毗毗婆沙"[1]——当然,这是他后来到长安后,那些听他讲经和译经的中原僧人对他的亲切称呼。

在鸠摩罗什被吕光带到凉州姑臧的这10多年里,佛陀耶舍一直在疏勒国讲经传道。后来,他又到了龟兹,据说这时候远在姑臧的鸠摩罗什托人捎信要佛陀耶舍到凉州去,但是由于龟兹国王的挽留,佛陀耶舍没有成行。又在龟兹国待了一年多后,佛陀耶舍决心要出发东行去寻找鸠摩罗什。

鸠摩罗什捎信邀请佛陀耶舍的时候,鸠摩罗什还在姑臧,一年以后,佛陀耶舍才得以从龟兹国东行,可是他到达姑臧后,才知道鸠摩罗什已经于401年十二月去了长安。从这个时间顺序来判断,鸠摩罗什是在400年前后给佛陀耶舍捎信的,而佛陀耶舍可能就是402年到姑臧的。

佛陀耶舍的到来,无论在心理安慰还是学理探讨方面,都给了鸠摩罗什一份温暖。鸠摩罗什听到老师来到姑臧的消息后,就建议姚兴派人邀请佛陀耶舍来长安,可是姚兴对此毫无兴趣,没有接受鸠摩罗什的建议。

后来,当姚兴一再敦请鸠摩罗什继续翻译佛经时,鸠摩罗什说:"夫弘宣法教,宜令文义圆通。贫道虽诵其文,未善其理。唯佛陀耶舍深达幽致。今在姑臧,愿下诏征之。"[2]鸠摩罗什的这番话确实道出了实际情况,鸠摩罗什虽然背诵了很多佛经,但是在佛理探讨方面可能需要博学的佛陀耶舍来帮帮他。不过,鸠摩罗什的这番话有更多托词的成分,并不是佛陀耶舍不来他就译不好佛经,他这么说,就是想以译经需要为借口,要挟姚兴出面邀请自己的老师来到身边。

姚兴最终答应了鸠摩罗什的要求,马上派使者带了丰厚的礼物,去姑臧邀请佛陀耶舍。在姚兴的多次邀请敦促下,佛陀耶舍于后秦弘始十年(408)之前来到了长安。按这个时间来推算,佛陀耶舍在凉州

---

[1]《高僧传》卷2《佛陀耶舍》。
[2]《高僧传》卷2《佛陀耶舍》。

71

姑臧停留了将近6年。

佛陀耶舍到达后,姚兴亲自出来迎接他,并为他在逍遥园中单独安置了讲经说法、生活起居的院落。佛陀耶舍对于姚兴给他的丰厚完备的供养一概不受,每天只是吃一顿饭。

这时候鸠摩罗什正在酝酿翻译《十住经》,因为很多义理他也没完全闹明白,虽然已经研读斟酌了一个多月,但觉得无从下笔翻译。佛陀耶舍的到来正好解决了这个难题,鸠摩罗什同他的老师合作,一起研读讨论、疏通文义,一鼓作气将《十住经》翻译了出来。那些过去觉得费解的概念和经文,经过佛陀耶舍的阐发,顿时变得文字流畅、字义通达。佛陀耶舍初来乍到就为鸠摩罗什解决了疑难问题,使得当时共同参加佛经翻译的那3000多僧人都对他佩服有加。

佛陀耶舍既然是鸠摩罗什的老师,又在翻译《十住经》时表现出了他渊博的知识和对佛理的精通,所以无论是后秦国王、大臣还是信徒们,都对他尊重异常,所奉献的供养物品、衣服器具都放满了三间屋子。这么多东西,对于粗衣麻服、一天只吃一顿饭的佛陀耶舍是太奢侈了,他哪里用得了。于是,姚兴就命人把佛陀耶舍得到的这些供养物品都拿出去卖了,然后在长安城南为佛陀耶舍造了一座寺院。

姚兴虽然对佛陀耶舍非常照顾,但是他心底里对佛陀耶舍的佛学修养还是不信任的。当时后秦司隶校尉姚爽想请佛陀耶舍翻译《昙无德律》(就是《四分律》),姚兴怀疑佛陀耶舍记诵的这个《昙无德律》不是真经,于是就想考考佛陀耶舍的背诵记忆能力。他拿了5万多字的西羌药方,要佛陀耶舍背诵,两日后,再要求他把这个5万多字的药方默写出来,结果佛陀耶舍默写出的药方同原本一字不差,姚兴这才相信《昙无德律》是佛陀耶舍背诵下的真经。

弘始十二年(410),佛陀耶舍在姚兴的支持下,在长安译出了《四分律》、《长阿含》等经典。

在佛陀耶舍翻译《四分律》和《长阿含》的译场中,是同竺佛念合作的,佛陀耶舍一句一颂地将牢记在大脑中的经文背诵出来,竺佛念将它译成汉语,然后由僧人道含一句一句记录下来。在这个译场中,有

500 僧人协助完成这项工作,花了整整 3 年时间,直到后秦弘始十五年(413)才翻译完成。

佛陀耶舍完成译事的 413 年,也是鸠摩罗什生命走到尽头的那年。可能就是在鸠摩罗什谢世后,佛陀耶舍又长途跋涉返回了罽宾国,凉州僧团的僧人们曾收到了他从罽宾捎来的一卷《虚空藏经》,此后,就再也不知道他的消息了。

5.3 青眼律师卑摩罗叉

卑摩罗叉(Vimalakshas)大师是罽宾人,他的名字翻译成汉语就是"无垢眼",[1] 从这个名字的含义就可以看出他澄明清净的修道追求。据说他是一个非常有毅力的人,坚守佛家的一切戒律,在修炼方面吃了不少苦。

卑摩罗叉在龟兹国宣扬佛教的律部经典,是名扬中亚地区的佛教律学大师。

不知道是因为胎记还是其他原因,卑摩罗叉的眼部有青色印记,所以他又被僧众们亲切地称为"青眼律师"。当时西域诸国的佛教学者和僧人们都到龟兹去,跟"青眼律师"卑摩罗叉学习戒律。

363 年,鸠摩罗什回到龟兹后领受了"具足戒",并且跟卑摩罗叉大师学习了《十诵律》。到了 384 年龟兹国被前秦吕光攻破,鸠摩罗什被俘虏,卑摩罗叉就离开了龟兹国的王城,至于他到哪里去了,文献没有记载。401 年之后,远在西域的卑摩罗叉辗转听到了自己的学生鸠摩罗什在东土长安译经传道的确切消息,就冒着危险,不远万里地穿过流沙、戈壁,于 406 年到达长安。

作为佛教的律学大师,"青眼律师"东行长安自然一方面是因为有学生鸠摩罗什在这里,他来之后有个照应,更主要的是,他来长安就是要把佛教律部典籍传扬到东土来,完成自己护持佛教僧团和佛法的庄

---

〔1〕《高僧传》卷 2《卑摩罗叉》。

严的使命。对于鸠摩罗什来讲,老师的到来肯定让他感到既兴奋又尴尬,如果是传授别的学问的老师,鸠摩罗什可能还稍微安心一点,恰恰"青眼律师"是护持佛法的戒律法师,是佛门的执法者、立法者和戒律解说者,屡屡破"四重性戒"中淫戒的鸠摩罗什,面临着怎样向老师解释的尴尬局面。

据说卑摩罗叉到达长安后,鸠摩罗什很恭敬地以弟子礼节接待自己当年的老师。相隔 40 多年的这次师生见面,其场景自然是非常令人唏嘘的,当年 20 岁的青年僧人鸠摩罗什,已经变成了 60 多岁的老头子。卑摩罗叉比鸠摩罗什大不了几岁,按他们的去世年龄来推断,413年鸠摩罗什去世时 71 岁,此后不几年,卑摩罗叉去世,当时 77 岁,可能鸠摩罗什比他的老师小五六岁而已。

刚见面的时候,卑摩罗叉自然不知道鸠摩罗什破戒娶夫人的事情,就问自己的学生:"汝后汉地大有重缘,受法弟子可有几人?"卑摩罗叉认为鸠摩罗什跟中原政权非常有缘分,地位如此显赫,声名如此远扬,一定传授了不少弟子。这正好捅到了鸠摩罗什心中最为隐痛的地方,所以他的回答也十分有趣,简直可以用支支吾吾来形容了,他说:"汉境经律未备,新经及诸论等,多是什所传出。三千徒众皆从什受法,但什累业障深,故不受师教耳。"[1]这个回答很巧妙,鸠摩罗什先说中原地区的佛教经书包括律部典籍都很不完善,言下之意是既然律部典籍都不完善,所以破戒也就是可以原谅的事情了;随后又说现在在中原尤其在长安僧界研习的佛经和大乘的诸种经论都是自己翻译出来的,这就把自己这些年来在长安所做的具体工作给老师作了一个交代;最后才含含糊糊地说,3000 多僧人都跟着自己学习佛教典籍,但是由于自己是个造孽太多的人,所以不敢以老师的身份而自居。

我们不知道卑摩罗叉听完鸠摩罗什的这番话是个什么反应,但是在 406—413 年的整整 8 年中,身在长安的卑摩罗叉没有翻译任何典籍,也许这段时间他是在学习汉语,也许因为鸠摩罗什的原因,他继续

---

〔1〕《高僧传》卷 2《卑摩罗叉》。

让这种"经律未备"的状态维持了下来。总之,到了413年鸠摩罗什去世后,卑摩罗叉才离开长安,先到了寿春的石涧寺,在这里开始了他传授律部典籍的讲坛生涯。

其实远在404年,鸠摩罗什就在西域僧人弗若多罗度的协助下,翻译《十诵律》,将近译成2/3的时候,因为弗若多罗度的去世而停止了。到了405年秋天,鸠摩罗什同来到长安的西域僧人昙摩流支共续译《十诵律》,成58卷。也可能是晚年的鸠摩罗什在精力等方面顾不过来,卑摩罗叉来到后,他们师生没有合作完成这项工作。因而,等鸠摩罗什去世后,卑摩罗叉把这个鸠摩罗什等人未完成的《十诵律》58卷带到了寿春石涧寺。

在石涧寺,卑摩罗叉续译《十诵律》,在鸠摩罗什译本的基础上续成61卷。他的这个译本同鸠摩罗什译本比较而言,除了卷数增加、内容完善外,还将鸠摩罗什译本的最后一诵由"善诵"改为"毗尼诵"。

卑摩罗叉可能是在413年秋冬时节在石涧寺完成《十诵律》的翻译工作的,414年夏天他又来到了江陵的辛寺,在这里"夏坐开讲《十诵》"。卑摩罗叉的这次讲《十诵律》,是中国佛教史上律部典籍宣扬的一个关键性讲座。当时的僧人慧观将卑摩罗叉所讲的内容要旨记录整理了出来,分做两卷行世。当时把这两卷讲稿送到京师长安后,据说长安的高僧大德、尼姑居士等佛教信徒竞相传写。从这种近乎洛阳纸贵的轰动效应,可以看出来在卑摩罗叉之前,中原地区律部经典的翻译与研习确实是非常薄弱的,那么鸠摩罗什所说的"汉境经律未备"也确实不仅仅是为自己找借口的托词,而是实际情况。

对卑摩罗叉讲说《十诵律》与慧观和尚记录讲稿这件事情,当时的僧界流传着一个很有趣的歌谣:"卑罗鄙语,慧观才录,都人缮写,纸贵如玉。"这个歌谣中的"鄙语"是说卑摩罗叉的讲经通俗易懂,而慧观的记录也很有才气和匠心,这样一个人人都能读懂的文本是很受欢迎的,所以传到都城长安去,自然就抄录研习者纷纭而至了。

据僧传记载,卑摩罗叉是个非常喜欢清静的人,可是当时的江陵辛寺也是一个大寺,来来往往的四方僧众很多,并且江陵达官贵人云

欧·亚·历·史·文·化·文·库·

集,所以他在414年夏秋讲完《十诵律》后,就返回到了寿春石涧寺。这一年的冬天,卑摩罗叉在石涧寺去世,终年77岁。

5.4 弗若多罗和昙摩流支

十六国时期的长安僧团中,弗若多罗(Punyatara)和昙摩流支是在译经方面同鸠摩罗什合作比较默契的两位高僧。

弗若多罗是罽宾高僧,他也是很年轻的时候就出家为僧了,他的特长是在戒律方面坚守很严,自然对戒律经典也很有研究,尤其非常精通于《十诵律》,在罽宾的时候也是一代律学宗师。[1]

后秦弘始五年(403)前后,弗若多罗来到长安,后秦国王姚兴待以上宾之礼。当时,鸠摩罗什的律部老师卑摩罗叉尚没有来到中原,律部典籍非常缺乏。鸠摩罗什听说弗若多罗精研律部经典,就请他参与译场,共同翻译律部典籍。

弘始六年(404)十月十七日,鸠摩罗什同弗若多罗合作,在长安大寺开译《十诵律》。参与此次翻译的有义学僧人数百人,由弗若多罗背诵念出《十诵律》的梵本经文,再由鸠摩罗什翻译成汉文。可是在将近翻译出《十诵律》全本经文的2/3时,弗若多罗因病不治谢世而去,这样,翻译工作不得不停顿了下来。

远在庐山的慧远大师听说了这件事情,也感到很是可惜。当时由于律部典籍的缺乏,对于寺院的管理和僧人的戒行方面影响很大,无论南北僧界自然都希望能尽快译出一部完整的律部经典来。

到了弘始七年(405)秋天,精通律部经典的西域名僧昙摩流支来到了关中地区。慧远大师听说昙摩流支随身就带有《十诵律》的梵文本,欣喜异常,赶忙修书一封,敦请昙摩流支能为中原僧界译出《十诵律》,他在信中真诚地说:"传闻仁者赍此经自随,甚欣所遇。冥运之来,岂人事而已耶! 想弘道为物,感时而动,叩之有人,必情无所吝。若

---

〔1〕《高僧传》卷2《弗若多罗》。

能为律学之徒,毕此经本,开示梵行,洗其耳目,使始涉之流不失无上之津,参怀胜业者日月弥朗。此则慧深德厚,人神同感矣。"[1]

慧远的这封信写得很有感情,希望能早日译出《十诵律》的心情非常迫切。他认为,译出《十诵律》,可以使得那些刚刚进入佛门的人避免走错修道修身的门径,使得那些已经学佛有成的人更加风清月明、明心见性。

在慧远大师的这种迫切请求下,后秦国王姚兴也向昙摩流支提出了邀请,于是昙摩流支与鸠摩罗什合作,很快就在弗若多罗翻译的基础上,全本译出了《十诵律》。这次翻译显然是非常成功的,但是由于时间仓促,鸠摩罗什对整个译文的简练程度还不是十分满意。

可惜的是,由于鸠摩罗什还在同时做其他翻译工作,直到他去世前也没有腾出充足的时间来对《十诵律》译本做进一步的删繁就简的工作,这个工作后来由鸠摩罗什的老师卑摩罗叉完成了。

《十诵律》是说一切有部的根本戒律,昙摩流支与鸠摩罗什合作,将之译为58卷,此后,鸠摩罗什的老师卑摩罗叉又来到中原后,又接续他们的工作,将之整理补充成了61卷。

昙摩流支虽然是坚守戒律的大律师,但是对于鸠摩罗什的破戒没有提出任何异议,可见他在佛学义理与寺院主义之间还是心中有分别的。

昙摩流支当时住在长安的大寺,关中名僧慧观想请他到洛阳去,他推辞说:"那里有人有法,已经足以讲经传道、利世利人了,我应该到那没有经法的地方去。"后来他就离开长安四处游历,最后不知道去哪里了,也有人说他最终是在丝绸之路上的凉州谢世的。

5.5 昙摩耶舍与昙摩掘多

来到长安的那些罽宾僧人,他们之间也有各种密切的关系,譬如

---

[1]《高僧传》卷2《昙摩流支》。

弗若多罗同昙摩耶舍（Dhamayashas）认识就很早，据说昙摩耶舍 14 岁的时候，弗若多罗就认识他。

昙摩耶舍是一个非常好学的人，但是他早期致力于苦修，以至于到了 30 多岁了还是没能证悟大道。据说有一次他梦见了博叉天王，点化他应该不拘苦修小节，应该以传播佛教为己任，于是昙摩耶舍才离开罽宾，历经很多国家，不远万里来到了长安。他大概是在东晋隆安年间到达广州，住在白沙寺。当时的昙摩耶舍已经 85 岁高龄，由于他善于念诵《毗婆沙律》，信众僧人们都称呼他为"大毗婆沙"。他听说在长安建立政权的后秦国王姚兴大兴佛法，于是在后秦弘始九年（407）初又从广州来到了长安。

这时候，另一个著名的戒律僧人昙摩掘多也到了长安。在后秦太子姚泓的组织和支持下，昙摩耶舍、昙摩掘多与长安僧团的僧人道标等人共同合作，翻译《舍利弗阿毗昙》。弘始九年，昙摩耶舍同昙摩掘多把《舍利弗阿毗昙》的梵文原本书写了出来，翻译工作一直持续到弘始十六年（404）方告完成，共译成 22 卷。[1]

这场持续 8 年的翻译工作，是在鸠摩罗什僧团的支持下完成的，鸠摩罗什本人虽然没有参与翻译工作，但是他同这两位罽宾僧人的关系应当是比较融洽的。

完成译经工作后，昙摩耶舍又南下到了江陵的辛寺，有 300 多僧人跟随他学习佛法。据说昙摩耶舍最终还是又返回西域去了，按僧传的记载来推算，他回到西域的时候已经是 90 多岁的高龄老人了。[2]

昙摩耶舍的弟子中，有个比较有名的弟子法度，此人善梵汉两种语言，经常在译场担任译语人。他的父亲竺婆勒原本是天竺人，因为经常往来于天竺、南海诸国与广州间经商，所以这个法度是在中国出生的，自然精通梵汉两种语言文字。

昙摩耶舍返回罽宾后，文献中说法度"独执矫异，规以摄物"，可能

---

〔1〕《高僧传》卷 1《昙摩耶舍》。
〔2〕《高僧传》卷 1《昙摩耶舍》。

就是在一定程度上违反或背离了昙摩耶舍的佛学方向,而走入一个比较褊狭的佛学路径,用法度自己所声称坚持的原则就是:"专学小乘,禁读方等。唯礼释迦,无十方佛。食用铜钵,无别应器。"这完全就是一种很褊狭的小乘修炼法,但是他又对江南的尼寺教育有所影响。

5.6　昙摩蜜多与求那跋摩

昙摩蜜多与求那跋摩主要是活跃在南朝时期江南地区的译经、传道僧人。

昙摩蜜多来自罽宾地区,中文名字是"法秀",他7岁出家,博贯群经,特深禅法。他生下来据说两道眉毛是连在一起的,所以后来又被称为"连眉禅师"。

在他从罽宾前往龟兹之前,据说龟兹王先做了一个梦,梦见神告诉他说:"有大福德人,明当入国,汝应供养。"第二天昙摩蜜多就进入龟兹王城,龟兹王出郊迎接,延请入宫供养。

昙摩蜜多的行事风格是"安而能迁,不拘利养",那就是说没有什么富贵荣华之类的东西能引诱得了他。他在龟兹王宫居住了几年,就产生了离开的念头。据说这时候神又降梦给龟兹王说:"福德人舍王去矣!"龟兹王惊觉,再三挽留,但昙摩蜜多去意已决,于是渡过流沙之地,来到敦煌,在闲旷之地建立精舍,植桃树千株,开园百亩,房阁池沼,极为严净。

在敦煌停留不久,昙摩蜜多又东到凉州,并且将凉州官府荒废了的房屋修修补补,权做佛寺,弘传禅业。

宋元嘉元年(424),昙摩蜜多辗转入蜀,然后沿江而下到荆州,在长沙寺造立禅阁,祈请舍利,诚恳祈祷,到第12天获得一枚舍利,放光满室。

随后,他又沿江东下,到达建康,先后在中兴寺、祇洹寺驻锡。由于昙摩蜜多道声素著,宋文帝皇后及皇太子与公主,都纷纷设斋宫中,请他讲经说法。昙摩蜜多在祇洹寺译出《禅经》、《禅法要》、《普贤观虚空

·欧·亚·历·史·文·化·文·库·

藏观》等佛经,常以禅道教授,所以获得"大禅师"的称号。

　　元嘉十年(433),昙摩蜜多驻锡钟山定林下寺,并于元嘉十二年(435)斩石刊木,营建了定林上寺。关于昙摩蜜多本人,有一些神奇的传说,说他当初从罽宾出发东来的时候,有迦毗罗神王护送他到了龟兹,并且身影相随,同他一起来到南方,所以昙摩蜜多在定林上寺的墙壁上绘制了这尊天王像,据说经常能听到天王的声音。元嘉十九年(442),昙摩蜜多卒于定林上寺,享年87岁。[1]

　　在南朝宋都城建康活动的另一个著名的罽宾僧人求那跋摩,是从海上乘船来到江南的。

　　求那跋摩出身刹帝利种姓,汉文法号"功德铠"。据说他家世代在罽宾国为王。他18岁出家为僧,30岁的时候,罽宾王去世,没有儿子继承王位,大臣们恳劝求那跋摩还俗继承王位,然而他不为所动,遁迹山林多年。

　　后来他先后到师子国、阇婆国游方传教。南朝宋京城建康(今江苏南京)的慧观、慧聪等人听说了求那跋摩在阇婆国,就于元嘉元年(424)九月面启宋文帝,求迎请求那跋摩到江南来。于是宋文帝即敕令交州刺史发船前去迎请,并且派遣高僧法长、道冲、道俊等随船出海祈请。这是一次官方组织的大的外事行动,所以宋文帝还专门致书于求那跋摩及阇婆国国王婆多加等,希望求那跋摩一定到华夏江南来。

　　但是还没等祈请的船只出发,求那跋摩就乘商人竺难提的船来到了广州。原来,求那跋摩乘坐的船只本来是要到南海的另一个小国去传教,不料遇上了顺风,就一路将船只吹达广州。

　　宋文帝得知求那跋摩已至南海(今广东广州),于是又颁下敕命,令州郡筹办资费盘缠,送求那跋摩到建康去。

　　元嘉八年(431)正月,求那跋摩到达建康。宋文帝劳问殷勤,并向求那跋摩求教作为帝王如何获得果报,求那跋摩于是告诉他:"夫道在心不在事,法由己非由人。且帝王与匹夫所修各异,匹夫身贱名劣,言令不威,若不克己苦躬,将何为用? 帝王以四海为家,万民为子,出一嘉言则士女咸悦,布一善政则人神以和。刑不夭命,役无劳力,则使风雨适时,寒暖应节,百谷滋繁,桑麻郁茂。如此持斋,斋亦大矣;如此不杀,德亦众矣。宁在阙半日之餐全一禽之命,然后方为弘济耶?”求那跋摩的这番话,讲帝王与匹夫的身份不同,敬佛获报的方式也应该不同。敦促宋文帝从国计民生的大视角去考虑问题,而不要局限于一点点小善而忽略了帝王“以四海为家,万民为子”的责任。

对于求那跋摩的这番话,宋文帝也深表认同,认为是“开悟明达”的妙言。于是,奉请求那跋摩住祇洹寺,供给隆厚,王公贵族都纷纷供养宗奉。求那跋摩于是在祇洹寺开讲《法华》及《十地》,讲法之日,冠盖相拥,达官贵人、僧徒信众,摩肩接踵前来听经。求那跋摩还译出了《菩萨善戒》、《四分羯磨》、《优婆塞五戒略论》、《优婆塞二十二戒》等经共26卷。

宋元嘉十一年(434)九月二十八日中,食未毕,求那跋摩在祇洹寺谢世,享年65岁。[1]

南朝宋时期,已经传教的罽宾僧人还有佛驮什。佛驮什,汉语法号是“觉寿”,少年时期受业于弥沙塞部僧,精于戒律,对禅法也很有心得。他是在宋景平元年(423)七月到达江南的,在该年冬天的十一月,就开始着手翻译《弥沙塞律》。《弥沙塞律》的梵本是东晋高僧法显取经,得之于师子国。法显于义熙八年(412)回国后就一直没能将之翻译出来。而佛驮什受业于弥沙塞部僧,自然善于此律学,于是就请他来翻译,在龙光寺将之译成34卷,称为《五分律》。此次翻译,佛驮什执梵文,于阗沙门智胜翻译,龙光寺高僧道生、东安寺高僧慧严共同执笔参正,到宋景平二年(424)四月方才完成。佛驮什后不知所终。[2]

---

[1]《高僧传》卷3《求那跋摩》。
[2]《高僧传》卷3《佛驮什》。

·欧·亚·历·史·文·化·文·库·

6　于阗高僧与西域佛经

　　从公元前 2 世纪开始,于阗古国就是西域独立的绿洲王国,它位于塔里木盆地的南部,就是今天的新疆和田地区。于阗的主体居民是塞种的一支,城郭而居,主业是农业。从汉武帝时期(公元前 140—公元前 87)这个国家在汉语文献中被记载以来,直到 11 世纪,尉迟氏一直统治着这个国家。

　　于阗在西域诸国中的势力算是比较强大的,但是由于处在丝绸之路南道的交通要冲,从公元前 1 世纪以来,先后被匈奴、汉朝、贵霜、曹魏、西晋、柔然、嚈哒、西突厥等不同文化背景的强大政治集团直接或间接统治,这就使得于阗文化变成各种文化的混血儿,甚至于失掉了自身文化的特色。

　　关于于阗王国的最为传奇的故事,与丝绸制作技术的传播有密切关系。唐代文献中记载,于阗国有一只金色的大老鼠,其威势如群鼠之王,它出行的时候,有很多老鼠跟随,非常排场。是否如此,不得而知。不过于阗国虽然在丝绸之路的要道上,但是其早期对于源起于中国的养蚕抽丝、纺织丝绸的技术并不掌握。据《新唐书》的说法,于阗国王想得到养蚕纺织丝绸的技术,但中原政权封锁技术,于阗王虽然屡次请求,但就是秘而不传。于是,于阗王就向中原求婚,国王将公主许配给他。在迎娶公主之前,于阗王就派人传话给公主说:"国无帛,可持蚕自为衣。"[1]于是,这个聪明的公主就在出发前将活的蚕种藏在自己帽子的棉絮中,当经过边境关口时,其他东西当然都要检验一番,以免蚕种等不许出口的东西被带出去,可是公主的帽子自然无人敢动。就这样,蚕种被带到了于阗国。自此,于阗国才有了蚕桑技术。这个美丽

---

　　〔1〕《新唐书》卷 221 上《西域上·于阗》。

的故事,在于阗地区出土的唐代木版画中有生动的描绘(图 6-1)[1]。在这幅木版画上,公主的侍从指着公主的帽子,表明蚕种是由这位善良机智的中原公主带到于阗去的(图 6-2)[2]。

玄奘在《大唐西域记》中记述这个传说时说这个公主把蚕种带到于阗后,将蚕种养在了离王城东南五六里地的麻射佛寺,[3]可见早期的于阗佛寺不仅仅是讲经学佛的地方,而且还有多种功能。

这个故事说明于阗与中原之间的交流之密切,而传到中原的佛经,就有很大一部分来自于阗,文献记载中最早传到中原的大乘经典《放光经》就来自于阗。魏甘露五年,颍川人朱士行西渡流沙,到于阗寻得《放光经》,后译出为 20 卷本。[4]

当然,不仅仅是佛经的传播,从汉晋至隋唐,到中原来的于阗僧人也不少,著名的有智胜、求那跋陀、因陀罗波若、实叉难陀、提云般若、尉迟智严、尸罗达摩等人。

6.1 智胜与求那跋陀

南北朝时期,见于记载的于阗僧人有智胜和求那跋陀。

智胜是晋宋之际来到中原的于阗僧人,曾与罽宾僧人佛驮什合作在南朝宋都城建康译经。佛驮什是宋景平元年(423)七月到达江南建康的,所以智胜也应该是在此之前就已经在江南传教了。智胜在江南所翻译的经典,是东晋高僧法显从西域带回来的。法显在师子国得到《弥沙塞律》的梵本,法显去世后,此经一直没能翻译出来。

宋景平元年(423)冬十一月,来到建康的佛驮什应建邺僧界的邀请,开始在著名的龙光寺翻译此经。在这次译经活动中,佛驮什执梵

---

〔1〕奥雷尔·斯坦因:《古代和田:中国新疆考古发掘的详细报告》第 2 卷,山东人民出版社 2009 年版,图版 LXII。

〔2〕敦煌研究院:《敦煌石窟全集 12·佛教东传故事画卷》,商务印书馆(香港),1999 年版,第 105 页。

〔3〕玄奘、辩机:《大唐西域记》卷 12《瞿萨旦那国》,广西师范大学出版社 2007 年版,第 190－191 页。

〔4〕《出三藏记集》传上卷 13《朱士行第五》。

图6-1 公主传蚕木版画，丹丹乌里克D.X佛寺遗址出土

图6-2　于阗国都城,宋,莫高窟454窟,甬道顶

文,于阗僧人智胜做翻译,龙光寺的道生、东安寺的慧严共同执笔参正,宋侍中王练为这次翻译筹资做檀越。经过近半年的翻译,于宋景平二年将之译为34卷,称为《五分律》。这次译经结束后,佛驮什后不知所终,而于阗人智胜也就再没有在文献记载中留下痕迹。[1] 既然智胜能与佛驮什合作翻译弥沙塞部的戒律,可见他不但精通梵文,而且在中原地区停留传教的时间一定不短,因而精熟于汉语言。

南朝时期另一位有名的于阗僧人求那跋陀在梁太清年间与中天竺优禅尼国王子月婆首那偶遇,并带来了《胜天王般若经》。

月婆首那在梁武大同年间到达江南,因译出《大乘顶王经》一部,梁武帝敕令他总监外国往还使命。到太清二年(548),月婆首那忽然遇见了于阗僧人求那跋陀。这个求那跋陀的汉语法号叫德贤,他从于阗带来了《胜天王般若经》的梵本,月婆首那对此非常重视,同求那跋陀商量共同翻译此经。于是求那跋陀即将此经转授月婆首那保存。直

---

〔1〕《高僧传》卷3《佛驮什》。

到陈天嘉七年(566),才在江州兴业寺将它翻译出来。[1] 求那跋陀仅仅作为一个佛经的传递者在文献中出现了这样一次。

6.2 实叉难陀在长安、洛阳的译经活动

唐朝建立后,文献中这一时期的于阗僧人比较多,其中最著名的就是实叉难陀。他主要是在武则天统治后期和唐睿宗初年在长安活动。武则天和唐中宗李显对他都非常器重,待遇优厚。

实叉难陀,又被称作施乞叉难陀,他的汉语法号叫学喜。此人智度恢旷、风格不群,不但精通大小乘经典,其他杂学知识也比较广博。

武则天登基后,大兴佛教,尤其崇重大乘,因《华严经》旧经不完备,远闻于阗有梵文全本,于是发使求访,并邀请精通梵语的翻译者来中原。因此,于阗僧人实叉难陀作为大唐使者邀请的高僧,同全本的《华严经》经夹一同被送到了洛阳。

证圣元年(695),实叉难陀在洛阳宫廷内的大遍空寺翻译《华严经》,武则天亲临法座,不但为此经的翻译本作序,还为每品经文挥毫题写品题名。此次翻译,南印度僧人菩提流志与义净同宣梵本,在佛授记寺译成80卷,到圣历二年(699)方完成。

久视元年(700),武则天在颍川三阳宫召见实叉难陀,敕令翻译《大乘入楞伽经》。此后,实叉难陀又在长安的清禅寺和洛阳的佛授记寺,译出《文殊授记》等经。实叉难陀前后译出佛经19部,僧人波仑、玄轨等笔受,复礼等缀文,沙门法宝、恒景等证义,太子中舍贾膺福监护。[2]

长安四年(704),实叉难陀上表武则天,陈述其思念远在于阗、年老体弱的母亲,期望回于阗探望。可能第一次上表没有得到武则天的批准,于是他又上了第二封表章,武则天才敕命御史霍嗣光将他送还于阗。

〔1〕《续高僧传》卷1《拘那罗陀》。
〔2〕《宋高僧传》卷2《唐洛京大遍空寺实叉难陀传》。

唐中宗李显即位后,下诏征实叉难陀来朝,于是,景龙二年(708),实叉难陀从于阗再次抵达长安。李显屈万乘之尊,亲自到开远门外迎接,长安城内僧俗信众倾巢出动,幡影重重,香火袅袅,那种华丽尊贵的庞大阵势,不可胜数。实叉难陀入城的时候,乘坐的是遍体布满花朵珠宝装饰的大象,万众称颂,迎接到大荐福寺安置。[1]

但是不幸的是,实叉难陀此次东来中原,还没有来得及从事佛经翻译就病倒了。在病榻上弥留两年之后,于景云元年(710)十月十二日去世,享年59岁。他的遗骨由其门人悲智和朝廷使者哥舒道元送回于阗,起塔供养。

6.3　提云般若、智严与尸罗达摩

从武则天提倡佛教到唐玄宗开元之后,在长安、洛阳活动的于阗名僧还有提云般若、智严与尸罗达摩等人。

提云般若,又被称作提云陀若那,汉语法号是天智。他也是学通大小乘,咒术禅门,无不谙晓。武则天永昌元年(689)来到中原,在洛阳得到武则天的召见,敕令他在洛阳大周东寺翻译佛经,先后翻译出《华严经》、《法界无差别论》等6部佛经,共有7卷。[2] 其后,对这位高僧就没有任何记载了(图6-3)[3]。与提云般若同在洛阳大周东寺翻译佛经、讲经说法的于阗僧人应该不少,见于记载的还有一位叫因陀罗波若的,永昌元年(689)他也住在此寺。[4]

智严是武则天统治后期来到中原的于阗僧人。智严,原名叫尉迟乐,本来是于阗国送到大唐的质子。他在长安原本隶属于鸿胪寺管理,授左领军卫大将军、上柱国,封金满郡公。这样的身份,应该是非常矛盾的,作为一种国家之间的人质,其地位的特殊与心理压力显然不小。

〔1〕《宋高僧传》卷2《唐洛京大遍空寺实叉难陀传》。

〔2〕《宋高僧传》卷2《周洛京魏国东寺天智传》。

〔3〕中国新疆文物考古研究所、日本佛教大学尼雅遗址学术研究机构:《丹丹乌里克遗址——中日共同考察研究报告》,文物出版社图版44。

〔4〕《华严经传记》卷4,《大正新修大藏经》第51册《史传部三》。

图6-3 于阗佛寺佛弟子像,丹丹乌里克CD4出土壁画

虽然有那么多世俗的封号,但其生活境况肯定不容乐观。僧传记载他"深患尘劳,唯思脱屣",[1]那就是说他对世俗权势之中的险恶已经厌倦,期望通过出家为僧得到解脱。

神龙二年(706)五月,尉迟乐上奏武则天,请求以其所居住宅为寺,他的请求随即得到批准,武则天还为他的寺庙题榜"奉恩",这样,他的府邸就变成了奉恩寺;随后,尉迟乐又上表要求辞官不做、出家为僧,神龙二年十一月二十四日,他的这个要求也得到了批准。于是,来

〔1〕《宋高僧传》卷3《唐京师奉恩寺智严传》。

自于阗的尉迟乐自此就成了在长安传播佛教的名僧智胜。

随后,智胜就在奉恩寺协助一些专门从事佛经翻译的高僧翻译佛经,他曾重译《出生无边法门陀罗尼经》,后来又到石鳖谷行头陀法,曾做过终南山至相寺的上座。后不知所终。[1]

尸罗达摩是唐顺宗时期在唐代的北庭都护府活动的于阗僧人,他后来也来到了长安。尸罗达摩的汉语法号是戒法,由于长期在北庭都护府所在地活动,所以对于梵语与汉语都很精通。他在于阗佛教界声名很大、地位颇高,被尊称为"大法师"。

唐顺宗贞元(785—805)初年,在唐代北庭节度使杨袭古与北庭龙兴寺僧的主持下,请尸罗达摩为译主,翻译《十地经》。这次翻译,尸罗达摩一边读出梵文,一边将之翻译成汉文,由僧人大震笔受,法超润文,善信证义,悟空证梵文。随后,尸罗达摩又翻译出《回向轮经》。此经刚刚翻译完备,还没完全誊抄结束时,当时的北庭宣慰中使段明秀因为到朝廷奏事要返回长安,于是尸罗达摩就随其一同东向中原。一起同行的还有北庭奏事官牛昕、安西奏事官程锷等。他们走回鹘道,为避免负担过于沉重,尸罗达摩将佛经的梵文经夹都留在了北庭龙兴寺的藏经室,只带上了他所翻译的唐本,在贞元五年(789)到达长安。[2] 尸罗达摩在长安可能也参与了一些佛经翻译活动,后来就返回了于阗。

---

[1]《宋高僧传》卷3《唐京师奉恩寺智严传》。
[2]《宋高僧传》卷3《唐北庭龙兴寺戒法传》。

7　师子国僧人

　　师子国,就是今天的斯里兰卡。师子国人善于经商,造大船往来于印度、越南、中国广州之间。因为他们是乘船从海上而来,带来的商品有浓郁的异域色彩,所以在古代中国的记载中,这是一个神奇的国度。按《梁书》的记载,师子国最早并没有人居住,而是居住着鬼神和龙,然后南海各国商人都到这里来交易,鬼神不显形体,但是却拿出珠宝来同他们交易。时间久了,有很多南海国家的人都来到了这里,于是有了师子国。这是一个充满了迷幻色彩的传说,由此可看出在中古时期,由于海洋的间隔,身处大陆国家的人民对于海洋国家的那种奇异幻想。

　　师子国与中国在佛教方面的交流,始于晋代。据《梁书》记载,晋义熙初年,师子国国王派遣僧人昙摩抑献玉佛像。[1] 南朝宋元嘉六年(429),师子国国王刹利摩诃又派遣使者贡献方物特产。梁大通元年(527),师子国国王伽叶伽罗诃梨邪又派遣使者通好梁朝,说师子国与南朝"虽山海殊隔,而音信时通",并说从师子国到建康路程之遥,"或泛海三年,陆行千日",可见当时要来到中华,确实不易。师子国国王的通好表章,可能是随商人而来的僧人带来的,所以表章中表达的最主要意思是"欲与大梁共弘三宝,以度难化"[2]。其目的还在于佛教方面的交流,也可能是借助佛教的交流来保障商业的往来顺利。正是在这种具有官方背景的交往中,师子国的佛教僧人和婆罗门僧人等传教者也随着商队远赴中华,在广州、建康、长安、洛阳、五台山等地留下了他们的足迹。

---

〔1〕《高僧传》卷13《释慧力》。
〔2〕《梁书》卷54《师子国》。

7.1 师子国商人与僧人

在南海诸国中,师子国的商人同来华的印度、师子国僧人的关系最为密切。先决条件是师子国的造船技术好,并且对来到中国的航路也非常熟悉。他们有一套保证商船安全的措施,在消息传递方面,师子国船上都养有白色信鸽,一旦船起航之后,如果遇上风浪船只沉没,他们就会放飞信鸽,及时报信给陆上的商团机构或家人。[1] 就造船技术而言,当时南海诸国商人所乘的商船,属师子国的最为巨大。(图7-1)[2]

据文献记载,师子国巨船上有数丈长的梯子供人上下,船舱中装满了各种香料宝贝。每当师子国的船舶来到广州的时候,地方官员都会马上上报主管官员,整个城市也会为商船的到来而运转起来,在民间会引起轰动效应。

在广州城,师子国商人有自己的商团组织,有专门主管这些商人的"蕃长"。师子国的商船,中国文献中称之为"昆仑舶",商船的船主或商人都受常年住在广州或长安等地的"蕃长"节制或约束。事实上他们要顺利经商,也确实离不开常年驻在中华的"蕃长"的照应。"蕃长"是经商的主领,就是商船到达之后,由"蕃长"出面同官府主管商务的机构市舶使沟通,市舶使对货物进行查验,对商船的停泊点等作安排,检查货物中是否有违反官府规定的奢侈品或禁止贩卖的物品。南海诸国商人当然也常有人因为商业欺诈入狱坐牢,自然也少不了"蕃长"从中调解营救。

文献记载中有两位这样的"蕃长",一位是来自东印度的伊舍罗,他是东印度婆罗门大首领。伊舍罗在当时的长安译场中是非常活跃的人物,他曾同义净、菩提流志等合作翻译佛经。他可能来华比较早,对汉语熟稔,所以在长安的很多译场担任译语人等角色。开元十一年

---

[1]《唐国史补》卷下。

[2]王琳:《印度艺术》,河北教育出版社2003年版,第69页。

图 7－1　斯里兰卡散花天女,5 世纪

（723），金刚智翻译《金刚顶瑜伽中略出念诵法》2 卷、《七俱胝佛母准提大明陀罗尼经》2 卷,就是由伊舍罗担任译语人的。另一位"蕃长"伊习宾,与伊舍罗同时代,他是在广州的蕃客大首领。开元二十九年（741）,不空搭乘"昆仑舶"要经师子国返回印度,广州官员刘巨邻专门请到了在广州地面上负责外来胡人事务的蕃客大首领伊习宾等人,命令他们要约束好商船船主,保证不空金刚及其弟子含光等人安全抵达师子国。[1] 由此可见,这个伊习宾是师子国的人。从海路来到中华的印度等国僧人,同师子国商人的关系极为密切。

东晋僧人法显去天竺取经,返回的时候乘坐的也是师子国的能坐200人的大船。后秦弘始元年(399),已经64岁的法显与4位志同道合的僧人从长安出发,西行求经。[2] 法显历经千难万险,先后游历了西域及天竺诸国。409年冬天,法显从多摩梨帝国(今印度加尔各答)乘坐商人的船舶,渡海到达师子国,在师子国停留了两年。到411年,法显又搭乘另一艘商船,踏上了返回中国的海上航行。这次航行中,商船遇到大风暴,船舱漏水,船上的人纷纷把粗重的东西抛入大海,以减轻重量,法显也将自己随身带的生活物品抛进大海,但一心祈祷,就怕商人把他求取的佛教经典和佛像抛了,好在船漏被及时堵上,避免了一场毁灭性的灾难。在随风漂流90多天后,停靠在了耶婆提国(今印度尼西亚国爪哇岛),在那里居留5个月后,又乘船向广州,途中遇到了狂风恶浪,由于阴天无法看见星辰,船舶迷失了方向,同船人认为是因为搭载了法显这个僧人才招致了旅途的不顺利,商议要把法显扔进大海,好在法显的一个信徒为他说话,才躲过了这场灾难。到东晋义熙八年(412),法显搭乘的商船飘到了山东半岛的长广郡牢山(今山东即墨县崂山),法显历经千难万险,历经13年终于回到了祖国。

在极为严酷的海上旅程中,船毁人亡、财物沉海是经常的事情,所以这些商人们对于神或佛等神秘力量的心理依靠也非常必要。不空在搭乘师子国商船返回印度时,在海洋风暴肆虐的时候,就起到了心理上安慰乘船者的重要作用。据说,开元二十九年(741)十二月,"昆仑舶"驶离南海,到达诃陵国界面时,遇到了海洋大黑风,商人们胆战心惊,就连不空的弟子也吓得直哭。他们纷纷各按自己国家流行的法术或咒语之类的方式祈祷,但是风暴肆虐,丝毫不减。不得已人们纷纷向不空金刚祈请,不空很镇定地说:"吾今有法,汝等勿忧。"于是右手

〔1〕《宋高僧传》卷1《唐京兆大兴善寺不空》。
〔2〕参见郭鹏《法显与〈佛国记〉》,载郭鹏《佛国记注译》,长春出版社1995年版,第11-14页。

执 5 股菩提心杵,左手持《般若佛母经》作法,念诵《大随求》1 遍,即时风偃海澄。这当然是一种心理安慰,但是在不可抗拒的自然现象侵凌人类时,这种心理安慰是必要的安定措施。

晋隋之际,随商人乘船来到中华的师子国僧人有昙摩抑、邪奢遗多、浮陁难提等 6 人。

昙摩抑据称是奉师子国国王之命来的,据《梁书》记载,晋义熙初年,师子国国王派遣僧人昙摩抑献玉佛像,[1]据说在海上漂了 10 年才到达广州——这可能是指辗转而行、耗时 10 年。当时官方文书中有师子国到中华要"泛海三年"的说法,[2]在海洋定向技术很落后的那个时代,肯定要在海上漂流很长时间才能靠岸。这次由师子国僧人昙摩抑带来的佛像高四尺二寸,玉色洁润,形制特殊。这尊佛像经历晋、宋,都供奉在建康的瓦官寺。师子国使者带来的这尊玉佛雕像,对于早期江南佛教造像产生了广泛的影响。当时流传江南瓦官寺有造像三绝,分别是师子国玉佛、戴安道手制佛像五躯和顾恺之所绘维摩诘像。

邪奢遗多、浮陁难提等 5 位师子国僧人,是北魏太安初年来到洛阳的,他们带来了 3 尊佛像,自称曾游历印度诸国,参见了佛影迹、肉髻,而带来的 3 尊佛像是印度诸国国王相承的样式,当时很多佛寺都派人前来摹写这 3 尊佛像,但是这些工匠们所摹写的佛像,都无法同浮陁难提造作的佛像相提并论。据说,浮陁难提画的佛像无论是近看还是远看,都相好庄严、细节精致。可见,浮陁难提是一个上乘的佛像造作画师。[3]

7.2 师子国婆罗门僧在长安传教的失败

在佛教僧人传道中原的过程中,其他一些教派也试图在中原立足,如婆罗门教。十六国时期,就有来自师子国的婆罗门僧想挫败佛

---

[1]《高僧传》卷 13《释慧力》。
[2]《梁书》卷 54《师子国》。
[3]《魏书》卷 114《释老志》。

教,在中原地区取得皇权的支持。

这次事件发生在后秦弘始十一年(409)之前的一两年之内,在长安的龟兹高僧鸠摩罗什刚刚把《中论》译出来一部分,师子国的一个婆罗门僧人向长安僧团正面提出了论难较量的挑战。此人是一个极其聪明、博学多才的学问僧,在当时的师子国,他也是一代宗师。

这个非常高傲的婆罗门僧听说鸠摩罗什在长安受到后秦国王的大力支持,待以国师之礼,传扬佛法,门徒若云。他心中十分羡慕,就想挫败鸠摩罗什,希望取得后秦政权的认可,张扬婆罗门教。他对自己的随从弟子们说:"宁可使释氏之风独传震旦(中国),而吾等正化不洽东国。"[1]

于是他不远万里地骑着骆驼、带了大批的书籍经典来到长安,面见后秦国王姚兴,要向鸠摩罗什僧团挑战。

可能这个婆罗门僧的长相实在不怎么讨人喜欢,所以姚兴一见到他就觉得他的口眼不正,怎么看怎么不顺眼,心里便对他的学问与教义非常疑惑,直犯嘀咕。这个聪明而勇敢的师子国一代宗师可一点也不在意,他对姚兴说:"至道无方,各尊其事。今请与秦僧捔其辩力,随有优者,即传其化。"[2]姚兴答应了他的这个要求。

姚兴答应得倒是痛快,可是对于鸠摩罗什僧团来讲,就是平白无故地飞来了一场可能会一败涂地的灾难。鸠摩罗什自己亲自出来应场是不可能了,一则这个婆罗门僧找的辩论对手明确要求是"秦僧",而鸠摩罗什是"胡僧";再者,作为破戒之人的鸠摩罗什,哪里还有底气来迎接这样一场生死之辩。

对于这场不可避免的辩论,那些追随鸠摩罗什的3000僧人面面相觑,几乎无人敢于应战。

最后,鸠摩罗什选择了他的弟子道融来同婆罗门僧辩论,他对道融说:"这个婆罗门外道聪明过人,又怀着必胜之心来找我们辩论。如

---

[1]《高僧传》卷6《释道融》。
[2]《高僧传》卷6《释道融》。

果我辛辛苦苦所传扬的佛陀大道因为你的论难失败而折戟沉沙,那就太悲哀了。这次论难,如果让这个外道僧人得逞所求,我佛法轮将受重挫,不得不受辱于东土,现在来看,所有的希望就全指靠你了。"从这番言语来看,鸠摩罗什是如此消极灰心,因为他知道来自师子国的这个婆罗门僧的学问修养非同一般,他所诵读过的西域、天竺经典纷繁复杂,远非当时的长安僧人们所能比拟的。

但是,这个道融也不是一般人物,在鸠摩罗什的弟子中,道融的记忆力是最好的,他 12 岁的时候就出家为沙弥,据说当时带他的大和尚让他去寺庙附近的村子借《论语》回来学习,结果他到村子后将那里的《论语》看了一遍,很快就背诵下来了,竟不用借回来再读了。回到寺庙后,他拿纸笔靠着记忆力将整本的《论语》默写了出来,这让带他的那个大和尚大吃一惊,才认识到道融是一个聪明非凡、过目不忘的奇才,于是此后就任由他浏览学习儒、佛、道等各类典籍。正是因为这种书海漫游似的学习方式,使得道融的知识结构非常庞杂,各类经书,只要是他读过的,就全都在他的脑子里面储存着。

追随鸠摩罗什之后,道融更是如鱼得水,凭借着惊人的记忆力和非凡的理解力,成为鸠摩罗什探讨佛经经义的得力助手。当鸠摩罗什将《中论》刚刚译出两卷的时候,就让道融来宣讲,结果道融讲得风生水起、义理鲜明,深得鸠摩罗什的赞誉。此后,鸠摩罗什还让道融讲《法华经》,他也讲得有理有据、辞清义明。

现在,当整个鸠摩罗什僧团面临生死存亡的关键时刻,鸠摩罗什自然只能选择道融这个无论在记忆力,还是在博学与口才、理解力方面都很优秀的学生出面应战了。

对道融来讲,这也是一项具有巨大心理压力的艰巨任务,他对自己的应战能力作了个私下的估计,觉得自己在才力方面应该不会输于那个婆罗门僧,但是婆罗门经典他诵读得太少,一旦辩论起来,这方面的知识自己就无法同那个婆罗门僧匹敌。于是他找人把那些婆罗门僧人诵读的基本经典目录与概要写了出来,用最短的时间把它们都背诵了下来。

到了约定辩论的那天,后秦国王姚兴率领满朝文武来到辩论场所,在指定位置坐定等待辩论开始。这是一场由后秦国王亲自主持的盛大的论难活动,当时关中地区的僧人们,不论远近,早早就风尘仆仆地赶到了长安,要一睹道融辩论的风采。

这次辩论事关佛教是否从此继续受后秦国王的支持,与每一个佛教僧人都息息相关,想不关心这场论难也是不可能的。

当国王姚兴宣布辩论开始后,那个婆罗门僧与道融就你来我往地互相论难,机锋迭起,精彩纷呈。几个回合下来,彼此间的差别就显现出来了,无论在口才还是知识与理解力方面,那个婆罗门僧都显然不是道融的对手,当他终于理屈词穷、无路可走的时候,便使出了最后的一个杀手锏,那就是他在天竺、西域各类经典方面的广读博览。他滔滔不绝地列出了一大堆自己读过的经典目录。可他哪里知道,道融在这方面早就作好了准备,根本就不给他喘息之机:一口气列出了许多婆罗门经典,并将其大义一一概述。道融背诵出的婆罗门经典的目录,远远超出了对手所罗列书目的 3 倍,闹得那个婆罗门僧目瞪口呆,不知所措。

这时候的鸠摩罗什终于算是松了一口气,他略带嘲讽地对那个婆罗门僧说:"君不闻大秦广学,那忽轻尔远来?"言下之意是奚落那个婆罗门僧学问浅薄、不自量力。

那个婆罗门僧面带愧色,心服口服。按当时的惯例,他在道融座前足下俯身顶礼后黯然离场,几天后就悄悄离开长安,返回师子国去了。至此,罩在长安僧团头顶的一块乌云,就这样被道融精彩而轻松地化解了。

7.3 师子国比丘尼铁萨罗与高僧迦蜜多罗

汉唐时期,来到中国传教和朝拜的师子国僧人中,文献记载中比较有名的还有南朝时期到达建邺的比丘尼铁萨罗等人和唐代来华朝拜五台山的迦蜜多罗。

宋元嘉九年(432),师子国有一个叫做竺难提的商船船主,带来师子国比丘尼来到南朝宋的都城建邺,住在景福寺。

师子国比丘尼来到建邺,同西域僧人求那跋摩来华有关。

话题得从景福寺的建立说起。这个景福寺是当时著名的尼寺,它的建立缘于南朝宋的比丘尼慧果,慧果本姓潘,是淮南人。她修苦行,很有名气。当时的青州刺史傅弘仁对她的这种苦行气节非常敬重,经常给慧果布施钱物。到永初三年(422),傅弘仁将自己府第靠东的房屋施舍出来,为慧果建立精舍,这就是最初的景福寺。景福寺建立后不久,罽宾王族、精于戒律和禅学的求那跋摩就来到了这座尼寺。

求那跋摩是罽宾人,但他在师子国、阇婆国(今印度尼西亚爪哇、苏门答腊岛)游历。元嘉年间,宋文帝应建邺僧人慧观、慧聪的请求,敕令交州刺史延请求那跋摩,于是元嘉八年(431),求那跋摩到达建邺。求那跋摩这次来华所乘的船,船主正是师子国的那个竺难提,而那几个师子国比丘尼乘的也是竺难提的船,竺难提不可能在短短一年内往返两趟师子国,所以比丘尼是跟求那跋摩一船到达的。按求那跋摩的说法,当时他们的目的并不是中国,但是被风吹到了广州,也就不得已登岸了。

求那跋摩到建邺后,就同景福寺的慧果有了接触,这肯定就是因为那几个师子国比丘尼的原因。根据《高僧传》卷3《求那跋摩传》的记载,随竺难提的商船第一次来到建邺的师子国比丘尼共有8人,慧果和她的弟子请求授具足戒,但是求那跋摩认为按僧律,必须凑够10人才能受戒。[1] 虽然慧果也有几个弟子,加上来自师子国的8位比丘尼,可以凑够10人之数,但是师子国比丘尼一是出家的时间太短,二是她们自己也觉得苦修不够,所以就无法受戒。[2] 针对这种情况,求那跋摩提出了一个办法,那就是"且令学宋语,别因西域居士,更请外国尼来足满十数"[3]。就是让这8位师子国比丘尼先在景福寺学汉语,

---

〔1〕《比丘尼传》卷2《景福寺慧果尼传第一》。

〔2〕《高僧传》卷3《求那跋摩》。

〔3〕《高僧传》卷3《求那跋摩》。

然后又通过那些往来于中国与师子国等国的佛教居士们再请师子国的比丘尼来,这样就可以凑足10人的数目了。

由于求那跋摩的这个建议,于是又有了师子国比丘尼铁萨罗等人随后来华的事情。求那跋摩所说的"西域居士",其实就是师子国船主竺难提,到元嘉十一年(434),竺难提又从师子国带来了以铁萨罗为首的比丘尼11人。[1] 于是,求那跋摩才为她们受戒,江南的尼寺制度得以建立完备。

迦蜜多罗是唐代来到中国的师子国僧人,他在少年时代就出家为僧,原住在摩伽陀国大菩提寺。唐高宗麟德年间(664—665),来到中原地区。

迦蜜多罗来到中原的目的很简单,那就是要上清凉山(今山西五台山)朝拜文殊菩萨。迦蜜多罗是赤脚行路的苦修僧人,每天只吃一顿斋饭,常常以7日为期辟谷不食。除此之外,还从不在屋宇中休息,都是在露天坐禅。他到达中原后,就向唐朝廷上奏,要求到五台山朝拜,唐高宗敕令派遣鸿胪寺掌客做译语人,凉州沙门智才陪同,由官府调派马匹、食物等物资,由驿站负责接送,前往五台山(图7-2)[2]。

五台山是传说中的文殊菩萨道场,北魏定都平城后,佛教就传入了五台山。《华严经·菩萨住出品》中说文殊菩萨住在东北方的清凉山,后来就将之附会为五台山。

唐高宗乾封二年(667)六月,由五台县官员1人、力夫40人及僧俗弟子组成的50余人的朝山队伍,开始了登五台山朝拜文殊菩萨的行程。[3]

当时上五台山的路并不好走,所谓"路既细涩,前后联翩",显然是指路窄而难行。但是迦蜜多罗除在山上建坛礼拜、鲜花供养外,还"肘行"礼拜,以至于皮破血流,可见其心之诚。

---

〔1〕《比丘尼传》卷2《广陵僧果尼传十四》;《比丘尼传》卷3《剡齐兴寺德乐尼传十五》。

〔2〕敦煌研究院:《敦煌石窟全集12·佛教东传故事画卷》,商务印书馆(香港)1999年版,第225页。

〔3〕《古清凉传》卷下,《大正新修大藏经》第51册《史传部三》;《华严经传记》卷4《师子国沙门释迦弥多罗》。

图 7－2　坐在绳床上的高僧,五代,莫高窟 61 窟西壁

8 昙无谶与北凉佛教

　　五胡十六国时期,以姑臧(今甘肃武威)、张掖为中心,先后有前凉、后凉、西凉、北凉、南凉5个政权在河西走廊的绿洲上自给自足,通商西域。在晋末中原战乱的时期,得以割据自立。在这五凉政权中,北凉政权对于佛教的支持最为显著。397年春末,后凉建康太守段业被沮渠男成兄弟所推,据张掖为中心割据,自称凉州牧,随后又称凉王,建立北凉政权。段业本人乃儒士,权谋能力与威势手段都非常欠缺。结果在沮渠蒙逊的鼓动下,段业先后杀张掖太守马权和推举拥护他的沮渠男成,引起沮渠男成部下的叛乱。沮渠蒙逊乘机起兵,擒杀段业,于401年自称凉州牧、张掖公,至此,北凉政权转入以沮渠蒙逊为首的匈奴杂胡掌控之中。

　　沮渠蒙逊是卢水胡,卢水胡的最初活动中心在今甘肃张掖的祁连山地区。沮渠蒙逊掌控北凉政权后,逐渐扩大势力,占据了整个河西地区。412年,沮渠蒙逊将北凉都城由张掖迁往姑臧,迎来了北凉的全盛时代。沮渠蒙逊于433年死后,其子沮渠牧犍继位,直到439年,北魏太武帝率领大兵攻下姑臧,北凉政权遂告灭亡。

　　北凉政权在河西地区存在了30余年,其汉化程度相当高,重用了很多汉族文人,使得在中原战乱的大背景下,汉晋文化在河西地区得到了发展。不但如此,北凉统治者沮渠蒙逊父子是佛教的虔诚支持者,他们倾国力进行开凿石窟、翻译佛经、修造佛塔等佛事活动,使得河西佛教在造像技术、僧人群体、佛经翻译等方面都形成了自己的规模和特色,为佛教东传的进一步中国化奠定了基础。其中,中天竺高僧昙无谶在北凉的译经传教活动值得注意。

·欧·亚·历·史·文·化·文·库·

8.1　西域大咒师昙无谶

　　昙无谶,又被称作昙摩忏,本中天竺人,6岁的时候其父亲去世,他就跟随母亲为人家织毯子为生。后来碰到了高僧达摩耶舍,看到僧俗人等不但很敬重这个著名高僧,而且还布施丰厚的财物给他,昙无谶的母亲觉得做僧人既有地位又有钱财,于是也接近达摩耶舍,让自己的儿子出家做了达摩耶舍的弟子。

　　10岁的时候,一起学习的小沙弥共同读咒,昙无谶聪敏出群,每日诵经万余言。他初学小乘,就阅读了《五明论》等著名文章,在讲说中高见新意迭出,已经没有人能辩论得过他了。

　　后来,昙无谶遇到了著名的白头禅师,禅师同昙无谶一起讨论经义。由于昙无谶之前学的是小乘经典,对白头禅师的大乘义理没有接触,所以这场辩论比较激烈。昙无谶虽然屡屡攻难禅师,但就是不能使白头禅师辞屈。最终,昙无谶折服于白头禅师所讲的精密义理,于是请求禅师:"颇有经典,可得见不?"白头禅师即授以树皮本《大般涅槃经》。昙无谶展读《大般涅槃经》,才知道自己以前秉持小乘犹如青蛙在井,俱是浅见,于是自此转向大乘。

　　到20岁的时候,昙无谶已经能诵读大小乘经二百余万言。他的堂兄擅长于调驯大象,结果在骑象的过程中将国王所乘的白耳大象给杀死了,国王大怒,将他的堂兄诛杀,并下令说:"敢有视者,夷三族。"家中的亲属没有一个敢去收尸,只有昙无谶哭着葬了他的堂兄。国王迁怒于昙无谶,欲将之诛杀,昙无谶坦然向国王争辩说:"王以法故杀之,我以亲而葬之,并不违大义,何为见怒?"他的这番话说得有理有节,虽然即将被诛,但是昙无谶神色自若。国王佩服昙无谶的这种英豪气节,于是免了他的死罪并将他供养了起来。

　　昙无谶明解咒术,据说非常灵验,所以在西域有"大咒师"的美名。对于咒术的迷信,可能是全球各民族都有的一种传统,人们相信通过一种简洁神秘的语言,可以同神或不可知力量沟通,从而可以轻易地改变自然现象,或做成普通的人力无法做到的事情。昙无谶能有"大咒师"这样的称号,可见他在这方面所做的事情一定不少。文献中记载了他在中天竺施展咒术的一个实例。昙无谶随国王入山,国王口渴,一时找不到水源,于是昙无谶就对着山岩念密咒,结果山石上生出涓涓清流,缓解了国王的口渴之苦。但是这个昙无谶并没有因此居功,而是顺势奉承国王说:"大王惠泽所感,遂使枯石生泉。"中天竺国王自此也非常喜欢和信赖昙无谶的这些魔幻咒术,深加优宠。但时间长了,国王对昙无谶的热情就渐渐消退,态度冷淡,待遇也就没有刚开始那么优厚了。

昙无谶明白"久处致厌"的道理,这其实是人类的一个通病,即所谓的"审美疲劳"。屈原在楚辞中将贤达人才比喻为"美人",但是无论什么样的"美人",相处时间长了,也总会有"久处致厌"的可能。于是,昙无谶这个"贤达美人"就辞别中天竺国王,前往罽宾,为罽宾带去《大般涅槃经》前分 10 卷及《菩萨戒经》、《菩萨戒本》等经典。但是罽宾是小乘说一切有部的学术中心,僧俗信众多学小乘,不信涅槃,于是昙无谶又离开罽宾,东奔龟兹。在龟兹也没待多长时间,昙无谶继续东行,来到了河西走廊的姑臧。(图 8 - 1)[1]

昙无谶初达姑臧的时候,文献中留下了神奇的传说。说昙无谶住在接待远行者的传舍中,因担心所带经书被盗,就将之枕在头下睡觉。睡梦中突然感到有人将他拖到床下,昙无谶惊醒,以为有贼。结果连着三个晚上都是如此,最后他听到一个声音说:"此如来解脱之藏,何以枕之?"昙无谶才突然明白这是佛在提醒他尊重经典,于是将佛经放置在洁净的高处。据说,夜晚果然有人来盗佛经,结果却拿不起来。第二天天明,昙无谶背着经书要离开,看起来很轻松的样子,那些晚上盗经的人,认为昙无谶是圣人,都来拜见他。[2]

---

〔1〕甘肃省博物馆编、韩博文主编:《甘肃丝绸之路文明》,科学出版社 2008 年版,第 127 页。
〔2〕《高僧传》卷 2《昙无谶》。

图 8-1　高善穆石造像塔,北凉承玄元年(428)

8.2　昙无谶在姑臧的活动

　　昙无谶从西域到凉州,大概在姑臧待了10年左右,在433年被沮渠蒙逊所杀。按此来推算,他大概是在423年左右到达姑臧的。昙无谶在凉州期间,主要做了两件事:一是翻译佛经,二是用一些密教中独特的医药技术及秘密法门为沮渠蒙逊及其家族服务。

　　沮渠蒙逊对佛教还是有所用心的,所以昙无谶一到姑臧,沮渠蒙逊就提出了翻译佛经的要求。但是昙无谶因为不通汉语而没有答应,而是用3年的时间学习汉语。在当时的凉州,著名的高僧大德有慧嵩、道朗,他们在河西地区威望很高。当昙无谶将汉语学得有所进步时,就是在他们的支持和帮助下,开始翻译佛经,先后译出了《大集》、《大云》、《悲华地》、《持优婆塞戒》、《金光明》、《海龙王》、《菩萨戒本》经本,共六十余万言。

　　昙无谶所带的经本中,最重要的当然就是白头禅师给他的《大般涅槃经》,但是这个树皮本的《大般涅槃经》不是全本,只有前分10卷。他将这前分10卷译出之后,又返回了西域,目的在于寻取《大般涅槃经》的其他部分,但是在西域期间正好碰上他母亲去世,于是又滞留一年多。这种记载非常含糊,昙无谶到底是回了中天竺还是仅仅停留在天山地区,不得而知。如果他回了中天竺,那他也没有在那里得到《大般涅槃经》,而是在于阗得到了中分就返回姑臧继续将之翻译出来。此后,昙无谶又派人到于阗去,寻得了后分,虚译为33卷。昙无谶对《大般涅槃经》的翻译,始于北凉玄始三年(414),到玄始十年(421)方翻译完毕,花费了整整7年的时间,当然这也包括昙无谶返回西域寻找经本的时间。

　　《大般涅槃经》翻译完毕后,当然还不是一个完本,按昙无谶的说法是:"此经梵本本三万五千偈,于此方减百万言。今所出者,止一万余偈。"可见昙无谶虽然多方寻求,但还是没能将之找全,当时佛经传播中经本的难以得到由此可见一斑。

欧·亚·历·史·文·化·文·库

在翻译佛经的过程中,昙无谶当然也没忘记用他那些玄虚的法门震撼一下沮渠蒙逊。他告诉沮渠蒙逊说:"有鬼入聚落,必多灾疫。"眼中不见,沮渠蒙逊哪里肯信。于是昙无谶"以术加逊",结果果然把个沮渠蒙逊吓得心惊胆战,不由不信。于是昙无谶说:"宜洁诚斋戒,神咒驱之。"读咒三日,告诉沮渠蒙逊说:"鬼已去矣。"据说当天北凉境内有人见到数百疫鬼熙熙攘攘地奔逃而去。自此之后,沮渠蒙逊对昙无谶更加信服。(图8-2)[1]

然而沮渠蒙逊对于佛教的期待,可能要远远大于昙无谶的这些小手段,一旦不遂所愿,反目成仇也是瞬间的事情。如北凉承玄二年(429),蒙逊世子兴国在战斗中先是被夏王赫连定俘获,后又为吐谷浑所破,兴国遂为乱兵所杀。沮渠蒙逊大怒,认为事佛虔诚却没得到保佑,立刻下令让50岁以下的僧人们还俗编民。这显然对昙无谶传教译经都不是个什么好兆头,毕竟,帝王的支持是佛教发展和僧人们平安生活的最高保障。这时候就发生了一件很奇怪的事情,沮渠蒙逊此前曾为他的母亲祈福,造的一尊丈六石像,这时候突然眼中流泪了。至于泪从何来,谁又能说得清楚呢?昙无谶就借机进言,大概是说沮渠蒙逊下令让僧人还俗这样的事情让佛陀石像都伤心了之类的话——在唯灵主义盛行的古代社会,这些说辞都是相当有影响力和威慑力的,于是沮渠蒙逊收回命令,又改悔成一个虔诚的佛教徒了。

翻译佛经之外,昙无谶在凉州所做的第二件事情就是用一些密教中独特的医药技术及秘密法门为沮渠蒙逊及其家族服务,尤其是传授了房中术给王公贵族家的妇女——这也是导致昙无谶最终被沮渠蒙逊所杀的原因所在。

关于昙无谶活动的记载,《高僧传》等僧史文献同《魏书》正史中的记载有很大差别,前者只交代昙无谶的咒术与神异事迹,而后者则对昙无谶精于房中术并由此而招致杀身之祸的事作了记载。

综合各种文献和考证,昙无谶的行程是先从中天竺到罽宾,然后

---

[1]甘肃省文物考古研究所:《河西石窟》,文物出版社1987年版,图版90。

图 8 - 2　金塔寺北凉思惟菩萨

到龟兹、鄯善,可能还在敦煌停留过,[1]再到姑臧。他到达鄯善的时候,就自称能使鬼、治病、令妇人多子,并且同鄯善王的妹妹曼头陁林私通,被发觉后,不得已仓仓皇皇亡奔凉州,并得到了沮渠蒙逊的恩宠,号曰"圣人"。

---

〔1〕《出三藏记集》卷 8《大涅槃经记第十七》;汤用彤:《汉魏两晋南北朝佛教史》(上册),中华书局 1983 年版,第 280 页。

沮渠蒙逊之所以如此恩宠昙无谶,除了他对于佛经翻译的需要外,对于房中术的需要可能也是一个重要原因。按《魏书》卷99《卢水胡沮渠蒙逊传》的记载,沮渠蒙逊这个人,"性淫忌,闺庭之中,略无风礼"——这可能跟卢水胡本身的性观念有关,所以昙无谶一到,就以男女交接之术教授妇人,沮渠蒙逊的女儿、儿媳等人都跟随昙无谶修习房中术。

北魏太武帝拓跋焘听到了关于昙无谶的消息,于是传命沮渠蒙逊将昙无谶送到平城,但是沮渠蒙逊一直拖着没有遣送。昙无谶在姑臧与北凉宫廷妇女的事情,消息很可能是太武帝的使者李顺传递出去的。拓跋焘继位初年,大约428年,就派遣太常李顺出使北凉,自此北凉名义上在北魏的节制之下。自此之后,李顺多次出使北凉,一直是北魏朝廷与北凉之间的沟通者。在此过程中,稍具反复无常性格的沮渠蒙逊对李顺多有不恭。后来沮渠蒙逊为防止李顺在北魏朝廷上说他的坏话,曾以重金买通李顺。

北魏延和元年,李顺再次出使姑臧,这次的任务可能就是要带回昙无谶,虽然在此之前沮渠蒙逊就答应要在该年十月将昙无谶遣送北魏,但是李顺并没能完成使命,沮渠蒙逊食言了。[1]

关于昙无谶在北凉最后的岁月,《高僧传》的记述非常详细。按《高僧传》的说法,拓跋焘遣使迎请昙无谶,并威胁沮渠蒙逊说:"若不遣谶,便即加兵。"而拓跋焘的使者李顺的说辞是:"闻彼有昙摩谶法师,博通多识,罗什之流;秘咒神验,澄公之匹。朕思欲讲道,可驰驿送之。"当李顺与沮渠蒙逊在姑臧新乐门上宴饮时,沮渠蒙逊信誓旦旦地表明,如果太武帝一定要昙无谶东去平城,他自己也有与昙无谶俱死之心:"前遣表求留昙无谶,而今便来徵索,此是门师,当与之俱死,实不惜残年。人生一死,讵觉几时!"[2]这已经近乎是威胁了,但是太武帝求得昙无谶之意毫无动摇。在北魏的威逼下,沮渠蒙逊已是无路可

---

〔1〕《魏书》卷36《李顺传》。

〔2〕《高僧传》卷2《昙无谶》。

退,这时候昙无谶又请求一定到西域去寻找《大般涅槃经》的其他部分,沮渠蒙逊就动了杀心,一方面厚赠资粮财宝,送其上路,一方面安排刺客,在半道上将昙无谶杀害,时年为宋元嘉十年(433),昙无谶49岁。

然而,《魏书》的记载虽然简略,但跟《高僧传》截然不一。沮渠蒙逊没有将昙无谶交给李顺带回平城,而是将昙无谶"拷讯杀之",[1]就是怕他一旦东向平城,泄露了在宫廷中教授房中术的丑事。随后,沮渠蒙逊也谢世。

8.3 昙无谶与北凉佛教

昙无谶对于北凉佛教的影响应该是多方面的,在他的感召下,北凉佛教在经典翻译、僧人成长及佛像造作等方面都有系统突破。

在北凉时期,昙无谶翻译的经典包括涅槃类、大乘戒类和大集类,从对中国佛教发展史及佛教思想的影响来看,《大般涅槃经》无疑是最重要的。

昙无谶所出诸经,到南朝宋元嘉中方才传到建业,道场寺的高僧慧观法师曾立志完成昙无谶没能完成的事业,欲到天竺重寻《大般涅槃经》后分,宋文帝刘义隆赐给他资费,于是派遣沙门道普及书吏10人从海上去天竺寻经。到广州后,因所乘船舶遇险撞破,道普受伤不治而亡。道普临终前叹息道:"《涅槃》后分与宋地无缘矣。"这个道普原本是高昌国人,曾经游西域,遍历诸国,精通梵文及西域各国语言。

受昙无谶的影响,立志于佛教传播的河西僧人与信徒不在少数,沮渠蒙逊的从弟沮渠安阳就是其中的佼佼者。因为昙无谶入河西弘阐佛法、声名远扬,沮渠安阳也受到了感染,才开始阅读佛经,着意修持,并远渡流沙,西向取经。到达于阗后,在著名的瞿摩帝大寺遇到了天竺法师佛驮斯那,向他学习大乘佛学。佛驮斯那在西域诸国有"人

---

〔1〕《魏书》卷99《卢水胡沮渠蒙逊传》。

中师子"的美称,其禅学也独步一时。沮渠安阳从佛驮斯那处学得《禅秘要治病经》梵本,将之背诵了下来。然后踏上东归之路,到高昌后,又求得《观世音弥勒二观经》各一卷。回到河西后,沮渠安阳即译出《禅秘要治病经》。433年,北魏攻破姑臧,北凉政权灭亡,沮渠安阳南奔于宋,以居士的身份在各个佛寺修持、译经,先后在竹园寺、钟山定林寺译出《佛父般泥洹经》等经典。

文献记载中,昙无谶最嫡系的弟子应该是张掖沙门道进。昙无谶在姑臧的时候,张掖沙门道进欲跟随他受菩萨戒。昙无谶只是说:"且悔过。"于是道进竭尽诚心,悔过七日七夜,到第八天去见昙无谶,昙无谶忽然大怒,苛责不已。道进退而思维:"但是我业障未消耳。"于是又花了3年的时间,一边随昙无谶坐禅静修一边悔过,据说在入定之中见到了释迦文佛与诸菩萨为自己受戒法。那天晚上同他一起居住的10多位僧人也都做了同样的梦。道进站起身来想向昙无谶去汇报这个奇怪的梦。据说道进尚未走到,昙无谶已经从坐禅入定中惊醒,说:"善哉善哉,已感戒矣,吾当更为汝作证。"于是在佛像前为道进说戒相。这种入定之中"感戒"的方法,自此在河西地区传承下来,据说是昙无谶的独家法门。

昙无谶对于北凉石窟寺的影响,没有什么直接的文献材料可以证实,但在北凉政权早期都城张掖南部的金塔寺石窟群、在北凉政权后期中心姑臧附近的天梯山石窟等,都是北凉佛教造像的典型代表(图8-3)[1]。在甘肃祁连山区存在的十六国石窟群如金塔寺、千佛洞等石窟,其位置在祁连山境内的临松山下,这里不仅是卢水胡人沮渠蒙逊的故地,而且山深林茂,适于佛教僧徒禅修布道。金塔寺、千佛洞等石窟内的一些早期洞窟的形制、造像与壁画,其风格特点都与武威天梯山石窟具有高度的一致性。这种一致性说明了它们之间不可分割的关系。[2]

---

〔1〕《丝绸之路:大西北遗珍》,文物出版社2010年版,第213页,图版207。
〔2〕甘肃省文物考古研究所:《河西石窟》,文物出版社1987年版,第15页。

图8-3　北凉彩绘供养菩萨,甘肃武威天梯山石窟

9 鸠摩罗什与
十六国时期的长安僧团

在 1000 多年前的东晋十六国时期,具有天竺血统的龟兹僧人鸠摩罗什(Kumarajiva)是享誉西域和中土的著名佛教学者,是佛学东渐时期一位伟大的思想家,也是我国佛教传播时期的著名翻译家,他与真谛、玄奘、不空并称为四大佛经翻译家。鸠摩罗什一生翻译佛经 70 余部、300 多卷,其译经准确、行文优美,翻译质量是无与伦比的,所以他被列为四大译经家之首。

他的家世和一生的经历充满了传奇色彩。他的母亲是一位一心向佛的奇女子;他在少年时代就随母出家为僧,吸纳了说一切有部僧团的深厚小乘佛学知识,却在疏勒国毅然皈依大乘;他高举大乘菩萨智慧的火炬,雄心勃勃地想成为一代佛理宗师,却不料作为俘虏来到中原,成为一个佛经的翻译者;他很年轻的时候就接受了佛教最严厉的"具足戒",但却在传经讲道的岁月里屡屡犯戒,多次娶妻。

鸠摩罗什开创了中国佛经翻译的译场制度,在中国历史上第一次全面地介绍了印度佛学思想体系,准确而系统地将中观学派的思想传译到中国,为中国佛学般若学的兴盛以及隋唐佛教诸宗的形成,起到了推动作用。他的思想不但深刻影响着中国与东亚思想界,而且也渗透到中国传统文化的各个领域之中。

9.1 鸠摩罗什的家世与出家

鸠摩罗什家世代都是天竺国的国相,他的祖父名叫达多,是个非同一般的人物,据说他在当时的天竺国名气很大。鸠摩罗什的父亲叫鸠摩炎,鸠摩炎不但聪明出众,而且道德高尚,受人敬仰。就在他即将被指定继承相位的时候,他却偷偷地离开了家庭,向东度过葱岭(今天的帕米尔)。龟兹国国王听说鸠摩炎放弃了尊荣无比的国相的位置,非常敬佩他的这种高风亮节,亲自到郊外迎接,请他做了龟兹国的国师。

两汉以来,龟兹一直是我国西域的政治文化中心。龟兹国国王帛纯有个妹妹叫耆婆,据说周边很多国家的王族年轻人都想来迎娶她,可是耆婆公主就是不肯下嫁。等她见到鸠摩炎的时候,觉得他们俩很般配,心里就想嫁给他,文献记载说是在公主和国王的逼迫之下,鸠摩炎娶了美丽聪明的耆婆。

可是耆婆生下鸠摩罗什后,在一次出城游玩时,见到坟地上那些无主的枯骨散乱零落在荒草丛中,顿时感觉到人生的诸般生死无常之苦,发誓一定要出家修道。但是,家人还是不能答应她的这个背家弃夫的要求。耆婆就发下重誓:"若不落法,不咽饮食!"开始了反抗性的绝食,绝食一直进行到第六天的夜晚,耆婆已经气力绵乏。鸠摩炎这时候感觉到如果再绝食下去,他的公主夫人耆婆可能就熬不到第七天早晨了。鸠摩炎心中非常畏惧,迫不得已只好答应让耆婆出家修道。这时候的耆婆为断绝丈夫的犹豫之心,坚持不剃发就不进食,不得已,只好找人来为她剃去头发,耆婆才结束了绝食。从此之后,耆婆一心向佛,体悟禅法。

350年,7岁的鸠摩罗什也随着母亲出家,在雀离大寺学习佛经。少年鸠摩罗什的老师佛图舌弥是龟兹国有名的高僧。佛图舌弥是小乘僧人,对阿含部经典很有研究,在龟兹国内具有最高僧官一样的高贵地位,据说他管理着龟兹的很多寺院,如有僧人170多人的达慕蓝、北山寺致隶蓝、剑慕王新蓝、温宿王蓝、云慕蓝及王新僧伽蓝,还有女信徒出家的尼姑寺如阿丽蓝、轮若干蓝、阿丽跋蓝。在鸠摩罗什的成长过程中,母亲的作用是至关重要的。母亲的聪慧、自由精神及独立的人格魅力都被潜移默化地移植到鸠摩罗什的身上,他的整个求学过程都在母亲的伴随之下,母亲不仅是鸠摩罗什的保护者和引导者,更是他在求法之路上奋勇前进的激励者。

·欧·亚·历·史·文·化·文·库·

9.2 鸠摩罗什对说一切有部经典的学习

耆婆和儿子鸠摩罗什这种母子双双出家修道,在当时的龟兹国还是一件具有轰动效应的大事。聪明美丽的公主同幼小而同样聪慧机智的国师之子舍弃荣华富贵,剃发为僧,龟兹国的佛教信徒们对这对母子宠爱有加,源源不断地为他们送来各种各样丰富而精美的供养之物。这样的情况显然违背了耆婆率儿子出家的初衷。本来出家的目的之一就是要摆脱世俗的荣华、求证精神的体悟,可是非凡的智慧和王室成员的身份为他们带来了更多的世俗宠爱,耆婆害怕这种优裕的生活和奢华的环境会妨碍儿子的修行,于是决定带鸠摩罗什离开龟兹。

当然,耆婆带儿子离开龟兹绝不仅仅是因为要离开这个过于热闹优裕的环境,更重要的是,在鸠摩罗什成长的八九年时间里,也可能以雀离大寺为中心的龟兹附近的佛学中心,已经无法再为鸠摩罗什这个聪慧的童子提供更多新的知识和启悟,耆婆要带领鸠摩罗什去寻求更高深的智慧和知识。

耆婆听说在罽宾国有一位高僧叫盘头达多,于是决定带鸠摩罗什远赴罽宾国求学。

因为罽宾具有曾经结集佛经的悠久历史,有深厚的佛学学术传统,所以耆婆才会选择带儿子到罽宾求学。

352 年,9 岁的鸠摩罗什跟随母亲渡过辛头河(今印度河),来到罽宾境内,见到了盘头达多,并拜他为师,开始学习。盘头达多大师是罽宾国王的堂兄弟,也是一个聪慧无比的人。他舍弃世俗的一切荣华富贵,出家修行,对于佛教的经、律、论三藏和佛理的九部都非常精通。他渊博的学识和高尚的品德,不但使罽宾国内的人们对他无比敬仰,就连国外的人,也纷纷远道而来,拜他为师。

盘头达多是著名的有部学者,他对《阿含经》的研究和讲授非常有心得,所以他首先向鸠摩罗什传授了《中阿含经》和《长阿含经》。鸠摩罗什不仅记忆力超群,悟性更是非常人能比。盘头达多为自己有这样的学生感到兴奋,因而经常以"神俊"这个词来赞扬他。时间一长,鸠摩罗什"神俊"的名声也传进了罽宾王宫。国王听说有这样一位年轻而聪慧无比的学者,也很想见识一下。于是,罽宾王邀请了很多的外道学者(非佛教学者或修炼者)来到王宫切磋学术、展开辩论,鸠摩罗什当然也得到了邀请,国王就是想通过辩论来看看这个年轻的佛教学者是否真如传说中的那样聪颖神俊。

这次论难,鸠摩罗什讲起论题来头头是道,字字珠玑,使得那些目空一切的外道论师们一时间张口结舌、面面相觑。在一边观战的罽宾国王算是领略了鸠摩罗什的"神俊"才能,为在自己的国家里有这样的人才而非常高兴,觉得鸠摩罗什为罽宾国争了光。国王不顾鸠摩罗什母子的反对,下命令给予他们国内最好的供养,当时最好的供养是什么呢? 文献记载是每天给鸠摩罗什母子鹅腊一双、粳米面各三斗、酥六升。这是当时的罽宾国对于外来客人的最好的供养标准。不仅如此,还派了 5 名僧人和 5 名小沙弥专门为他们提供日常生活服务。耆婆推辞不了,只好暂时接受下来。

求学罽宾,对于鸠摩罗什而言,就是比较系统而深刻地学习说一切有部的经典,奠定了他一生佛学修养的庞杂知识基础。有部肯定概念实有,而且恒久不变,它同般若中观、唯识瑜伽是三足鼎立的佛学流派。有部论著传到中国的时间非常早,延续的时间也比较长,在现存的汉文佛教典籍中,说一切有部的经典的存留是非常系统的。

9.3　鸠摩罗什由小乘转向大乘

355 年,12 岁的鸠摩罗什随母踏上了返回龟兹的路途,在途经疏勒国时留下来学习了 2 年。

疏勒国是帕米尔以东佛教扎根较早的国家,它盛行的小乘佛教来自犍陀罗,而龟兹的佛教又是通过疏勒传播过去的,关于印度文化的大部分重要典籍以及大乘中观学派的"三论"等经典,鸠摩罗什是在疏勒国读诵学习的。这一年的冬天,停留在疏勒国的鸠摩罗什不但潜心

·欧·亚·历·史·文·化·文·库·

诵习阿毗昙,而且对《集异门足论》、《法蕴足论》、《施设足论》、《识身足论》、《品类足论》、《界身足论》这"六足论"及其他经论作了系统深入的研读。

在学习过程中,鸠摩罗什遇见疏勒国佛学大师三藏沙门喜见,喜见对鸠摩罗什渊博的知识和出众的辩才非常欣赏,于是他竭力向疏勒国国王推荐鸠摩罗什,设下讲经说法的法坛,恭恭敬敬地请鸠摩罗什开讲《转法轮经》。鸠摩罗什在疏勒读过的书籍,并不仅仅限于佛学著作,尤其是对一些所谓的"外道"的经典书籍的阅读学习,奠定了他庞杂的知识结构。

在疏勒国的这段时间里,鸠摩罗什不仅如饥似渴地广读经书,而且还正式受教于两位著名的高僧大德,一位是出身婆罗门贵族之家、学富五车的罽宾僧人佛陀耶舍,一位是王族出身的须利耶苏摩。佛陀耶舍是一个对大小乘经典都很有研究的高僧,他熟读大小乘经典数百万言,可能是他第一次让鸠摩罗什接触了大乘理论。但是真正让鸠摩罗什由小乘学转向大乘学的,是须利耶苏摩的点化和引导。

鸠摩罗什到疏勒国的时候,这里有两位来自莎车国的王子,他俩抛弃世俗的荣华富贵,进入佛门,哥哥起字为"须利耶跋陀",弟弟起字为"须利耶苏摩"。他俩人虽然同为大乘僧人,但是苏摩在佛学教养上要远远优秀于他的哥哥跋陀。据说苏摩才智绝伦,当时非常有名,他的哥哥跋陀和很多僧侣、佛教学者都拜苏摩为师。鸠摩罗什到达疏勒国后,同苏摩有"英雄相见恨晚"的那种感觉,关系非常密切,但是由于鸠摩罗什是小乘学者,而苏摩是大乘,因而鸠摩罗什又有"恨学业不同不得从就"的遗憾。

苏摩很欣赏鸠摩罗什的聪明颖悟与博学多才,就想点化鸠摩罗什皈依大乘。据说有一次苏摩瞅准了机会来到鸠摩罗什住宿的地方,在外面开始大声朗诵《阿耨达经》"明色空,乃知一切法空",如此等等,鸠摩罗什自然听得非常清楚。等到第二天早晨他们见面的时候,鸠摩罗什就忍不住问苏摩:"你念的是什么经呢?居然会破坏一切法,让一切法俱为空。"苏摩回答说:"是大乘经。"鸠摩罗什再问:"大乘经以什么为义?"苏摩答曰:"毕竟空为义。"鸠摩罗什这下更好奇了,于是他同苏摩开始了辩论。他们的这场讨论不知道持续了多长时间,但最后的结果是,鸠摩罗什所学的小乘的一切知识在大乘的"毕竟是空"这个命题前都不能自圆其说,鸠摩罗什终于明白了大乘学确实在学理上要远远高于小乘,于是开始拜苏摩为师,沉下心来专门研究《方等经》。经过苏摩的点拨和对《方等经》的诵读,鸠摩罗什终于为大乘学的精妙理论所折服(图9-1)[1]。

由小乘而习大乘,是鸠摩罗什法师学业史上具有巨大转折意义的新起点,这一年,鸠摩罗什刚刚13岁,苏摩成功地把他从一个熟读一切有部经典的佛教学者,点化成了一个信服大乘理论的年轻高僧。此后鸠摩罗什一鼓作气,在两年的时间里跟随苏摩学习了理解大乘经典的著名经论《中观论》、《百论》和《十二门论》等以这"三论"为主的论部著作,其内容都是对部派小乘及其他学派进行破斥而彰显自宗的理论性著作,是体悟大乘思想的要旨法门。古印度龙树菩萨的《中观论》和《十二门论》使得鸠摩罗什彻底洞彻了"诸法性空"的核心思想;古印度提婆大师所著的《百论》使得鸠摩罗什对世界万有"毕竟空"有了更深刻的理解。

357年,在外游学5年的鸠摩罗什回到了他的故乡,在龟兹国开坛讲经。鸠摩罗什的到来,为龟兹大乘佛教的兴盛拉开了序幕。

9.4 前秦王苻坚与鸠摩罗什东来长安

鸠摩罗什的东来中原,完全是因为前秦王苻坚的政治策略所促成的。如果没有苻坚在建元十九年(383)派大将吕光对龟兹的讨伐,鸠摩罗什可能就不会来到中原。

在鸠摩罗什随母出外求学的岁月里,龟兹国是臣服于建都姑臧的中原北方政权前凉的,国势相对比较安定。376年,氐族人以长安为都

---

[1]中国新疆壁画艺术编辑委员会:《中国新疆壁画艺术》第5卷,新疆美术摄影出版社2009年版,第255页,图版231。

·欧·亚·历·史·文·化·文·库·

图9-1 阿阇黎授经图,英国大不列颠博物馆藏,七个星石窟Ⅻ佛殿出土

城建立的前秦政权,出兵攻灭了国力日益衰竭的前凉,构建了以姑臧为中心的西部统治体系。前秦国王苻坚力图恢复中西交通、统一西域各国,当时的西域各个小国闻听凉州为前秦占据,纷纷派遣使者到长安朝拜国王,贡献地方特产以示祝贺和交好,接受前秦的统治。可是这时候在西域各国中相对势力较大的龟兹和焉耆却没来朝拜,这显然是有敌对情绪。对于踌躇满志一统西域各国的苻坚来讲,龟兹和焉耆的拒绝朝拜明显是对他作为宗主国权威的挑战,要远征这两个国家的计划,这时候可能就在他的头脑中形成了。

建元十七年(381)二月,距离凉州最近的两个西域小国鄯善、车师国国王来到长安,请求苻坚出兵讨伐龟兹、焉耆国,这就使得苻坚出兵西域的决心更加坚定。

建元十九年(383)正月,苻坚任命骁骑将军吕光为使持节、都督西域征讨诸军事,带精兵 10 万、铁骑 5000,在西域前部王及车师王的引导下,出兵讨伐龟兹和焉耆。吕光的大军约于 383 年的秋末冬初抵达西域的高昌国,这时候他接到了苻坚大举进攻东晋的消息。随后,吕光的军队在渡过几百里的流沙之地后,抵达焉耆。当时的焉耆国国王名叫泥流,他曾经跟龟兹和狯胡约定好了共同抵御中原军队,但是不知道为什么,焉耆国国王几乎没怎么抵抗,很快就投降了。

在吕光的军队没有抵达龟兹之前,龟兹王帛纯将城外的百姓都迁入城内,修筑深沟高垒,驻兵固守。吕光的军队到达后,两军相持达半年之久。在此期间,帛纯不惜花费大笔的金银财宝,求救于狯胡。狯胡是在龟兹、焉耆国附近游牧的一支羯胡部落,他们善于骑射,并且拥有非常精良的马上作战武器。狯胡王在收到龟兹王的财宝后,很快便派自己的弟弟呐龙率领 20 余万骑兵前来解救龟兹之围。这支军队弓马便捷、铠甲坚固,他们的到来竟使吕光的 10 万大军一时间惊慌失措。在这种情况下,吕光及时调整了作战方法,击退狯胡,一鼓作气,在建元二十年(384)七月攻陷了龟兹王城。

王城沦陷,龟兹王帛纯仓皇出逃,原来臣服龟兹的 30 多个小国纷纷屈膝投降。吕光为安抚龟兹人,便立帛纯的弟弟帛震为王。在远方

·欧·亚·历·史·文·化·文·库·

的其他西域小国听说焉耆、龟兹归顺吕光,也纷纷派人前来吕光驻扎的地方表示臣服之意。远在长安的苻坚听到这个消息,非常高兴,重赏吕光。

吕光当然没有忘记出征前苻坚让他寻找鸠摩罗什的命令,于是就把这位"道流西域,名被东川"的高僧带到了军营中。384年,鸠摩罗什刚刚40岁,常年的寺院清苦生活并没能掩盖他年轻的锐气和光彩。吕光以为苻坚让他寻找的西域高僧是一个白发苍苍的慈悲长者,没想到鸠摩罗什竟然这么年轻,因而心底里就有点轻视他,把他作为一个平常僧人来对待。尤其可恶的是,吕光竟然要把龟兹王的女儿强嫁给鸠摩罗什。在吕光的欺骗和暴力威胁下,鸠摩罗什被迫喝下了醇香的美酒,在醉醺醺的半昏迷状态下同龟兹王的女儿关在了同一个密闭的屋子里。我们不知道这个龟兹王的女儿是帛纯的女儿还是帛震的女儿,但是在酒醉情迷的状态下,鸠摩罗什同他的表妹结成了夫妻。

领受具足戒的一代名僧居然破了色戒,这对寺院僧团的戒律生活来讲,是非常耻辱的事情,但是鸠摩罗什坚韧地忍受了这种耻辱。破戒后的鸠摩罗什,在吕光的眼里已经完全没有了高僧的光环,他有时候恶作剧似的让鸠摩罗什骑牛或者骑那些尚未驯服的马,结果鸠摩罗什屡屡被摔得鼻青脸肿,吕光以此而取乐。在这种屈辱的戏弄中,鸠摩罗什安之若素,没有一点惊慌失措或卑下求全的神色。他的这种慈悲宽容的智慧气度,倒弄得心怀恶念的吕光心底惭愧万分,了无意趣地停止了这种戏弄。

建元二十一年(385)三月,吕光带着骏马万余匹,满载战利品凯旋踏上了回归中原的路程。回归的队伍成了一个运宝的运输队,光骆驼就有2000多头,驼着掠夺来的大批奇珍异宝。伟大的贤哲鸠摩罗什也在这支队伍中,开始了他向东土中原传教的征程。

根据文献中一星半点的记载,我们可以推断,鸠摩罗什离开龟兹的时候,可能也带了一些重要的佛教经典或佛像之类的东西,在《续高僧传》卷24《释慧乘传》中载,隋代僧人释慧乘在开皇十二年(592)"于东都(洛阳)图写龟兹国檀像,举高丈六,即是后秦罗什所负来者"。由此记载可见,鸠摩罗什此次至少带来了佛的"檀像",并且此像一直流传到了隋代尚存。

又据传说,在这次远行中,鸠摩罗什骑着一匹白马,走到敦煌附近的时候白马不幸死去,后人就在当地建了一座佛塔纪念这件事情。虽然在敦煌郊区有这样一座九层白塔,民间关于这座塔与鸠摩罗什坐骑的传说也是栩栩如生,但史无明文,也许这仅仅是后人的一个附会而已。

鸠摩罗什在龟兹所受的是小乘佛教的具足戒,"具足戒"就是但凡佛教禁止的所有律条都必须遵守,如按《四分律》的规定,比丘戒有 250 条之多,就远远不是八戒、十戒能比的了。能领受"具足戒"的当然是修为级别非常高的僧人。

吕光对鸠摩罗什宗教生活的恶意破坏,奠定了其同鸠摩罗什之间关系的尴尬状态。所以从龟兹到凉州,鸠摩罗什只是作为一个可有可无的谋士一样的异域僧人而存在。

9.5 后秦王姚兴与鸠摩罗什译场之建立

在中世佛教发展史上,后秦国主姚兴所发挥的作用,可以说是转折性的。正是因为他对佛教的倾国力支持,才使得鸠摩罗什在长安建立规模庞大的译场,聚集大批的佛学人才,使得佛经翻译能顺利进行下去,为大乘佛学的倡扬奠定了坚实的文献基础和人才条件。

姚兴是后秦开创者姚苌的长子,是一个热爱读书但不完全沉迷于书本中的人。姚苌率军出征的时候,总是把后方的一切事情都交给姚兴来统率调度。但是即使是在兵荒马乱的情况下,姚兴也没有中断同一些儒生官员讲经论籍的研习活动。显然,姚兴不仅仅是对佛学非常感兴趣,对于儒学当然也是非常支持的,当时的一些有名的儒生如天水姜龛、东平淳于岐等都在长安招收门徒,据记载自远方而来的学习者有成千上万,姚兴自己也经常去听这些学者讲课,共同探讨儒家经

·欧·亚·历·史·文·化·文·库·

义。[1]

东晋安帝隆安五年（401），后秦弘始三年，后秦姚兴出兵西伐吕凉，凉军大败，58 岁的鸠摩罗什被邀于十二月二十日从凉州抵达长安，受到国师般的礼遇。

姚兴把国师鸠摩罗什先后安置在西明阁、澄玄堂、逍遥园、大寺等地译经讲道。西明阁和澄玄堂在哪里，具体的位置现在已经很难考证；逍遥园离长安不远，就坐落在渭水的北岸，而大寺就是今天陕西西安市户县的草堂寺。姚兴还在长安永贵里修建了佛塔，在皇宫中修建了一座波若台，供鸠摩罗什及高僧大德们在这个台上坐禅修炼。[2]

按现有文献的记载，在鸠摩罗什一生中 3 次犯戒娶妻，其中到中原后破戒娶妻可能是出于姚兴的纵容或"安排"。

鸠摩罗什第一次犯戒是在 384 年，他刚刚 40 岁，是龟兹国声誉如日中天的高僧，被前秦大将吕光威逼喝了大量醇香的美酒，同龟兹王的女儿关在了同一个密闭的屋子里。在酒醉情迷的状态下，鸠摩罗什终于应验了 20 多年前月支北山罗汉的"破戒"预言，同他的表妹结成了夫妻。也许是撰写僧传的佛教学者们真的对破戒之事非常忌讳，所以关于鸠摩罗什的这次婚姻，我们再也找不到任何存在或结束的蛛丝马迹。鸠摩罗什在离开龟兹到身陷凉州的 17 年时间里，这段姻缘是如何处理的？如果龟兹王女留在龟兹，她的生活肯定也是不堪的。显然，她并没有随鸠摩罗什东来。

第一次破戒是鸠摩罗什不得不屈服于强权暴力的结果，可是鸠摩罗什到达长安后的第二、第三次破戒就显得有些荒唐。按《晋书》记载，鸠摩罗什在长安破戒共有两次，并且有一次是主动提出来的。我们不知道《晋书》的这个戏剧性情节是否真的有切实的史料来源，但是姚兴是有求必应，马上召宫女来，给鸠摩罗什做老婆。结果据说这个宫女很快就生下了两个孩子。这样一来，才引起了姚兴对鸠摩罗什"女人

[1]《晋书》卷 117《姚兴载记上》。
[2]《晋书》卷 117《姚兴载记上》。

缘"的关注,他对鸠摩罗什说:"大师聪明超悟,天下莫二。何可使法种少嗣。"于是姚兴又招来10个美女,逼迫鸠摩罗什接受。这就是鸠摩罗什在长安的先后两次破戒。这样一来,鸠摩罗什的身边至少有了11位夫人,既然有了这么庞大的妻妾阵容,鸠摩罗什同僧人弟子们同住在僧房,自然就不是很适合了,于是姚兴又为鸠摩罗什专门选择了单独的住处。[1]

那么鸠摩罗什到底有没有后代呢?这个问题谁也无法回答。不过到北魏时期,皇帝还曾关心过这件事情。据《魏书》卷114《释老志》记载,497年,北魏孝文帝不知道怎么记起了鸠摩罗什大师,他下了一道诏书,全文如下:

> 罗什法师可谓神出五才,志入四行者也。今常住寺,犹有遗地,钦悦修踪,情深遐远,可于旧堂所,为建三级浮图。又见逼昏虐,为道殄躯,既暂同俗礼,应有子胤,可推访以闻,当加叙接。[2]

诏书是下了,至于北魏的那些僧官们是否找到了鸠摩罗什的后代,文献中没有记载,我们也就不知道了。

无论有无后代,鸠摩罗什这种接二连三地破戒的举动,显然是对佛教寺院宗教生活权威的破坏。我们奇怪的是,在当时的长安僧团中,这种举动居然没有引起崩溃性的效果。也许鸠摩罗什的个人才华与魅力,已经远远压倒了他所犯的错误,此外,作为一个外来的"胡人",他的"异族"身份可能使之取得了宗教界和世俗最大程度的谅解。可能最关键的原因是,由于当时律部经典翻译传播得不充分,所以在中原僧俗两界,对于戒律重要性的认识还是比较松弛的。

9.6 以鸠摩罗什为核心的长安僧团的形成与发展

后秦弘始三年,姚兴出兵西伐吕凉,凉军大败,58岁的龟兹名僧鸠

---

[1]《晋书》卷95《鸠摩罗什》。
[2]《魏书》卷114《释老志》。

·欧·亚·历·史·文·化·文·库·

摩罗什被邀于十二月二十日从凉州抵达长安,受到国师般的礼遇,开始在后秦政权的支持下翻译佛经。长安僧团由此迎来了一个不仅在长安佛教史上,而且在中国佛教史上也非常重要的大发展时期。[1] 可以说,鸠摩罗什译经时期的长安僧团,是中国佛教发展史上近乎空前绝后的一个僧团发展高峰。

鸠摩罗什抵达长安后,长安僧团在三个方面发生了重大变化:

第一,长安僧团得到后秦政权的鼎力支持,名僧云集,迅速扩大。

在鸠摩罗什抵达长安之前,后秦国主姚兴虽然对于长安僧团中的学问僧多所奖掖,如姚兴对僧导"友而爱焉,入寺相造,迺同辇还宫"[2],对僧䂮"深相顶敬"[3],后秦司徒公姚嵩对僧睿"深相礼贵"[4],但是并没有大规模地支持僧团的发展。事实上,鸠摩罗什之前的长安僧团,由于缺少一个译经或讲经的权威领袖人物,也不具备被后秦国家鼎力支持的条件。

出身一切有部、在疏勒国转向大乘的鸠摩罗什具有丰厚的佛学修养,名满西域。竺佛念僧团中的僧纯游历西域,在龟兹国不仅见过鸠摩罗什的老师佛图舍弥,而且对鸠摩罗什在西域的盛誉有所了解。[5] 正是因为这些西行求法僧人对鸠摩罗什的介绍,连释道安也曾经对鸠摩罗什非常仰慕,并多次敦促前秦王苻坚求取鸠摩罗什为中原所用。并且,鸠摩罗什又有在凉州姑臧17年的对于汉语言的学习,所以无论在佛经原典的掌握理解方面,还是在梵汉、胡汉语言的翻译方面,他都到了一个别人难以企及的高度。因此,倾心佛教的后秦国主姚兴对于鸠摩罗什的到来,首先在潜意识里就是非常重视的,鸠摩罗什一到,姚兴随即敕令"沙门僧䂮、僧迁、法钦、道流、道恒、道标、僧睿、僧肇等八百

---

〔1〕长安佛教文化的发展与释道安、鸠摩罗什的传道译经有非常直接的关系。参阅刘跃进:《六朝僧侣:文化交流的特殊使者》,载《中国社会科学》2004 年第 5 期。

〔2〕《高僧传》卷 7《释僧导》。

〔3〕《高僧传》卷 6《释僧䂮》。

〔4〕《高僧传》卷 6《释僧睿》。

〔5〕《出三藏记集》序卷 11《比丘尼戒本所出本末序》。

余人咨受什旨"[1]

姚兴敕令中提到的僧䂮、僧迁、法钦、道流、道恒、道标、僧睿、僧肇这些人,都是当时长安僧团中标领型的僧人。虽然当时姚兴敕令的这800多僧人,文献中不可能有详尽的记载,但是从《高僧传》记载的曾受学鸠摩罗什的27位僧人中,我们还是能推测出这800多学僧当时在佛学界的巨大影响力来。

这27位僧人中,除了僧弼、昙干、僧苞、昙顺4人以年少出家人的身份跟随鸠摩罗什学习外,其他23位在鸠摩罗什抵达长安前就已经是各自学有所长、声名赫赫的成名高僧,他们是僧䂮、僧肇、僧睿、僧楷、道融、道生、昙影、慧严、慧观、道恒、道标、慧睿、昙鉴、慧安、昙无成、僧导、道温、僧业、慧询、僧迁、慧斌、法钦、道流。

这23位高僧有的是长安僧团的名僧,有的来自周边寺庙及慧远僧团等。如僧䂮是长安大寺著名"法匠"弘觉法师的弟子,"通六经及三藏,律行清谨能匡振佛法,姚苌、姚兴早挹风名,素所知重,及僭有关中,深相顶敬"[2]。僧睿是关中名僧僧贤法师的弟子,他在长安讲经传道,被姚兴赞为"四海标领"[3]。道生受业于名僧竺法汰,慧观、道温年轻时受业于庐山慧远大师,昙鉴受业于竺道祖,慧睿曾游历西域诸国求法学习,慧严"迨甫立年,学洞群籍",道恒"游刃佛理,多所兼通",道融"迨至立年,才解英绝,内外经书,闇游心府"。僧肇早在西上凉州之前,就已经是"学善方等,兼通三藏,及在冠年而名振关辅"的名僧,况且又在凉州姑藏追随鸠摩罗什多年,其佛学学术水平与僧界影响力自然也不小。其他如僧迁、道标等也都是一时才俊。

由此,在人才与时势方面,此时的长安僧团可谓具有得天独厚的发展条件。

人才方面,鸠摩罗什的深厚学养和宏博声名为长安僧团的发展提供了一个权威核心,800多僧人中一批学有所成的著名学问僧为僧团

[1]《高僧传》卷2《鸠摩罗什》。
[2]《高僧传》卷7《释僧䂮》。
[3]《高僧传》卷7《释僧睿》。

在"译经"与研讨"义理"上准备了人才。

时势方面,后秦国主姚兴以国家力量为翻译、讲说佛经提供财力方面的支持,还敕令 800 多僧人领受鸠摩罗什的教导,协助他翻译佛经,以政治权威的形式将长安僧团同鸠摩罗什这个中心人物凝结在一起。

正是有了这两方面条件的结合,周边及全国各地的僧人闻讯纷纷负笈前往长安受学,长安僧团迅速扩大,由最初的 800 多人扩大到 3000 多人。[1] 但是,这 3000 多人是鸠摩罗什所说的跟他"受法"的僧人。其时的长安僧团,各类僧人事实上已经远远不止此数,《晋书》卷 117 记载当时来到长安向鸠摩罗什求学的僧人达到 5000 多人。[2]

我们将这段文献记载同《高僧传》中鸠摩罗什所说的"三千徒众皆从什受法"的记载结合起来解读,就可以得出,当时长安僧团的僧人以鸠摩罗什为中心,分做内外亲疏有别的三个圈层,最内层的是核心层的 800 学问僧人,负责协助鸠摩罗什翻译佛经,第二层是正式"受法"于鸠摩罗什的 3000 僧人,第三层就是上引文献所说的"沙门自远而至者"5000 余人。这些僧人聚集在后秦的都城长安,在草堂大寺和逍遥园翻译佛经,前后 12 年时间,共翻译佛经 300 余卷。在这个翻译佛经的过程中,大批具有佛教经典知识素养的僧人成长起来,迅速成为佛教经典翻译和佛教知识体系构筑的主要力量。

鸠摩罗什的译作,《出三藏记集》载为 35 部、294 卷,《开元释教录》列为 74 部、384 卷,实际现存 39 部、313 卷。

鸠摩罗什的译作侧重于般若类经,特别是龙树空宗一系的作品,译有《摩诃般若波罗蜜经》、《小品般若波罗蜜经》、《金刚般若经》等般若类经,《中论》、《百论》、《十二门论》、《大智度论》等中观派经典,还有《阿弥陀经》、《法华经》、《维摩诘经》等大乘重要经典,《坐禅三昧经》、《禅法要解》、《首楞严三昧经》等大乘禅经,《十诵律》、《十诵比丘

---

〔1〕《高僧传》卷 2《鸠摩罗什》,鸠摩罗什曾对自己的老师卑摩罗叉说:"三千徒众皆从什受法。"

〔2〕《晋书》卷 117《姚兴载记上》。

戒本》、《梵网经》等大小乘戒律,以及其他一些大小乘经典。

第二,建立了以僧䂮为首的僧官制度,僧团管理由内部道德示范走向国家威权管理。

长安僧团有 5000 多人之众,僧团的管理成了一个非常紧迫的问题。

鸠摩罗什译经时期的长安僧团,在僧团管理方面与前代相比有了根本性的变化,即由僧团的自我管理转变为国家设立专门的僧官机构来管理。[1]

来自各地良莠不齐的 5000 多僧人云集长安,仅仅靠僧团的自我约束和一般的戒律限制已经是力不从心,所以专心佛事的姚秦政府觉得有必要由国家来出面管理僧人们。后秦国王姚兴认为这些学僧们还没有达到一定的佛学修养境界,整日过着清苦的寺院修炼生活,当然难免犯错误、做一些出格的事情,如果不加以妥善的管理,学僧们将会越来越不守戒律,最终破坏僧团的禅修与学习,因此他觉得"宜立僧主以清大望"。

关于后秦僧官制度中职官的设置,相对比较简单,但已经完全纳入了国家职官体系。后秦政权设立的僧人管理机构由"国内僧主"、"悦众"、"掌僧录"这样 3 个僧官组成。三者形成一个明确的统分关系。这样一来,鸠摩罗什就从道德示范的神坛上被解放了出来,成了一个以学问而不是僧德见长的高僧大德,僧团确立了威权型的管理者——"国内僧主",由僧主来管理僧团、树立僧团的道德威信。

姚兴看中了僧䂮在这方面的管理才能,况且僧䂮本人当时就是以行为清谨、严守戒律而著称于僧界的。据僧传的记载,远在姚兴尚未继承后秦国王王位之前,就特别仰慕僧䂮,等到在长安见到僧䂮后,对他更是非常敬重,所以由僧䂮来做僧主是最合适不过了——严守戒律的

---

〔1〕姚秦僧官制度之创设,南宋释志磐的《佛祖统纪》系之于东晋安帝隆安五年版,即后秦弘始三年。此年鸠摩罗什刚抵达长安,四方僧众闻讯而至,长安僧众数量大增,处于管理的需要,设立僧官正当其时。具体情况可参阅谢重光:《中古佛教僧官制度和社会生活》,商务印书馆 2009年版,第 15 - 17 页。

·欧·亚·历·史·文·化·文·库·

清修模范、少年就出家于长安僧团的地缘优势、与后秦国王的良好关系,正好符合做一个僧团管理者的所有条件,一切都顺理成章。

第三,长安僧团的"学问化"倾向及其对佛教中国化的重要贡献。

鸠摩罗什到长安后,面对的是一个无论在佛学理论,还是在组织结构上都已经非常成熟的长安僧团,原道安僧团中的主干成员迅速集结到了鸠摩罗什的门下。释道安、竺佛念为他们培植的佛学修养,再加上鸠摩罗什对于佛经翻译的权威性,使长安僧团在知识的自信方面日见增长,就更加重了长安僧团的凝聚力。

在跟随鸠摩罗什翻译佛经的岁月里,经过长时间的经义探讨和学习,在这3000多弟子中,涌现出了著名的"十哲":僧䂮、僧肇、僧睿、道融、道生、昙影、慧严、慧观、道恒、道标;其中的僧䂮、僧肇、僧睿、道融、道生、昙影、慧严、慧观又被称为"八俊",而僧睿、道融、道生、僧肇这4位最出色的弟子被称为"关中四子",他们都是当时以学问、禅修著称的杰出佛学知识分子。

在鸠摩罗什的影响下,长安僧团具有非常明显的"学问化"倾向,在佛教中国化的历程中,长安僧团所发挥的作用是至关重要的。

从长安僧团的僧人个体对中国佛教发展的影响来讲,也是有相当分量的。著名者如僧肇被誉为"解空第一",他的佛学思想达到了中国佛教般若学的顶峰,是佛教中国化的关键人物。竺道生精研《涅槃》诸经典所体悟倡导的"顿悟成佛",开创了中国佛教修炼中的"顿悟"法门(图9-2)[1]。

在《高僧传》中所记载的当时受学于鸠摩罗什的27位长安僧团的高僧,在鸠摩罗什去世前后都散布各地,成为当地的佛学名僧。除了在长安留下来的僧䂮、僧肇、僧睿等人及隐居山林的几位,有14位都南下传道,信徒盈门。如道融到彭城,门徒数百;竺道生先后到建康青园寺、庐山精舍等处,宣扬"顿悟成佛";慧严到建康东安寺说法;慧观到荆州高悝寺讲经说法,"使夫荆楚之民回邪归正者,十有其半";慧睿到建康

〔1〕韩博文:《甘肃丝绸之路文明》,科学出版社2008年版,第141页,图版124。

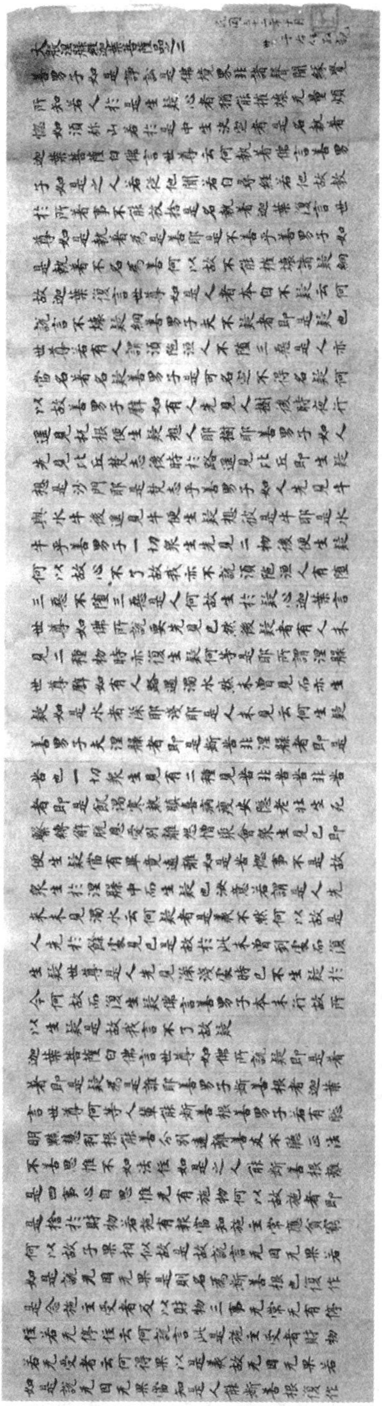

图9-2　唐代写本《大般涅槃经迦叶菩萨品》

乌衣寺,宣说众经;僧弼在彭城寺;僧苞在建康祇洹寺;昙鉴在江陵辛寺;昙无成在淮南中寺;僧导在寿春东山寺;道温在襄阳檀溪寺;僧业在姑苏造闲居寺;慧询在建康道场寺;长乐寺;昙顺在江陵竹林寺。

从总体上来讲,鸠摩罗什时期长安僧团的佛经翻译与研讨,一是逐步将一些重要经典正确地翻译介绍给了中国思想界和佛教界,为佛教思想融入中国文化奠定了基础;二是在译经、讲经过程中培养了大批的学问僧人,为正确消化、理解和传播佛学思想准备了本土人才;三是在正确传译佛教经典的基础上开始产生新的思想,为佛教进一步的中国化及向东亚诸国传译开辟了路径。

10　天竺禅僧佛驮跋陀罗

后秦时期,天竺禅僧佛驮跋陀罗(Buddhabhadra)从海路来到长安,然而传教不久,就与同在长安的龟兹高僧产生冲突,最终被迫离开长安。

以鸠摩罗什为中心的长安僧团对于佛驮跋陀罗僧团的排挤,是中原佛教史上一个重要的事件。这次事件,不仅仅是长安"旧僧"对"新僧"的排挤,另一方面也反映了鸠摩罗什本人同佛驮跋陀罗在世俗地位上的激烈冲突。

10.1　佛驮跋陀罗传教长安

佛驮跋陀罗,汉语的法号叫做"觉贤",他是天竺迦维罗卫人,据说是甘露饭王的后代。他的祖父达摩提婆经常往返于北天竺经商,所以就定居了下来。佛驮跋陀罗3岁的时候,父亲摩修耶利就去世了,5岁的时候,母亲也弃世而去,别人收养了他。他本家族的一位近亲祖父鸠婆利听说佛驮跋陀罗很聪明,又顾念他孤苦伶仃,就来到北天竺接他回到了迦维罗卫,进入佛教寺庙做了小沙弥。

在清心寡欲的寺庙生活中,佛驮跋陀罗很快长大了。据说他17岁的时候,有一次同很多一同修道学习的僧人们诵经,同学们一个月才记诵下来的经文,佛驮跋陀罗一天就记诵下来了,他的老师感叹地说:"佛驮跋陀罗一天的功课,可以顶上30个僧人记诵的经文,真是非凡啊。"等他受了具足戒之后,学习就更加勤奋了,精通各类佛教经典,尤其以禅律而闻名于天竺僧界。

佛驮跋陀罗是个深不可测的人,这不仅仅是说他的佛学学问,也指他在神异与法术方面有一些匪夷所思的手段。据说佛驮跋陀罗与

·欧·亚·历·史·文·化·文·库·

他的同学僧伽达多游学到了罽宾国,很多年都在一起修炼,僧伽达多虽然很佩服佛驮跋陀罗的才华与思想、见识,但是对于他这个人本身却有些摸不着头脑。僧传记载说,有一次僧伽达多正在封闭的密室中潜心修禅,佛驮跋陀罗却突然显身在他的面前,僧伽达多大吃一惊,问他是从哪里进来的。佛驮跋陀罗答非所问地说:"我刚从兜率天宫拜见过弥勒佛回来。"说完就隐身不见了。从此之后,僧伽达多就把佛驮跋陀罗当做圣人一般敬仰,后来佛驮跋陀罗表现的诸如此类的神异变化多了,僧伽达多就忍不住问他为什么会有如此神通,佛驮跋陀罗就告诉他,自己已经修炼成了"阿那含果"。

"阿那含果"是小乘佛教的 4 种果位中的第三级果位,仅仅次于"阿罗汉果",修成此果位的僧人将不再生还欲界。佛驮跋陀罗声称自己修成了"阿那含果",在僧传中还没有找到像他这样自诩的,也许这一点正是他以后遭到排挤的原因之一。

当然,佛驮跋陀罗在罽宾的声望也是很高的,他的志向不仅仅是在罽宾本地传道,而是期望寻找机会到更远的地方宣扬佛教、传经说法。

佛驮跋陀罗之所以来到长安,是因为接受了中原僧人智严的邀请。

东晋隆安五年,西凉州僧人智严长途跋涉来到了罽宾国,跟随高僧大德学习佛法。智严希望能为在中原地区的佛教信徒请到一位高明的佛学大师,他曾感叹说:"我诸同辈斯有道志,而不遇真匠发悟。"他在罽宾到处打听哪位高僧能到中原去传经讲道。当时很多罽宾高僧就推荐佛驮跋陀罗,说佛驮跋陀罗是个聪慧的僧人,少年时期曾受业于大禅师佛大先。他们对智严说:"只有佛驮跋陀罗是个能真正宣讲禅法的大师。"于是,智严就苦求佛驮跋陀罗到中原地区宣讲禅法。

正想外出游历的佛驮跋陀罗接受了智严的邀请,越过葱岭,取道印度洋,从交趾坐船来到了山东的青州地界。到达山东地区的佛驮跋陀罗听说鸠摩罗什在长安开场译经、讲道说法,于是就欣欣然率领一干僧众来到了长安。

对于佛驮跋陀罗的到来,鸠摩罗什可能刚开始的时候自然是十分欣喜的,僧传说鸠摩罗什"大欣悦,共论法相,振发玄微,多所悟益"。毕竟,佛驮跋陀罗不但是鸠摩罗什的祖居地天竺来的人,而且又是他的出生、成长地龟兹来的中亚僧团的高僧。无论是对于佛经义理的理解,还是从个人的血统情结与乡土联系来讲,鸠摩罗什对佛驮跋陀罗的亲近感是显而易见的。

10.2 佛驮跋陀罗与鸠摩罗什的冲突

在相互的佛经义理的探讨中,佛驮跋陀罗与鸠摩罗什之间的矛盾开始显露苗头。当然,在僧传中,关于鸠摩罗什僧团排挤佛驮跋陀罗的事件,出面冲突的人物都是鸠摩罗什的弟子,而鸠摩罗什本人始终处在沉默当中。但是,从鸠摩罗什同佛驮跋陀罗的交往来看,他俩有几次很明显的言语和理论方面的冲突。

在他俩的一次谈话中,佛驮跋陀罗对鸠摩罗什说:"您所解说的经义,没有什么超过别人的高明之处,但是您却获得了如此丰厚而广泛的赞誉,这是什么原因呢?"鸠摩罗什很尴尬地回答说:"可能是因为我年纪大了,人家才尊敬我而已,哪里称得上有什么赞誉与美谈呢!"

虽然时间间隔了近2000年,但我们还是能从佛驮跋陀罗的这句问话中感觉到他那咄咄逼人的气势,而鸠摩罗什面对这个近乎奚落的问题的回答也是那样的无奈、尴尬。

有一次,后秦太子姚泓组织长安的群僧在东宫辩论佛经义理,就将鸠摩罗什与佛驮跋陀罗作为对立的两方,互相质疑。在这次鸠摩罗什同佛驮跋陀罗的辩论中,佛驮跋陀罗所讲的义理,很多长安学僧都不是十分明白,不得不多次向他请教。之所以如此,是因为他同鸠摩罗什在经义理解上有很大的分歧。

他们当时的这段问答确实很高深,也很有意思,鸠摩罗什问:"法云何空?"

佛驮跋陀罗答曰:"众微成色,色无自性,故虽色常空。"

鸠摩罗什又问道:"既以极微破色空,复云何破微?"

佛驮跋陀罗答曰:"群师或破析一微,我意谓不尔。"

鸠摩罗什很奇怪佛驮跋陀罗的这点不同之处,追问道:"微是常耶?"

佛驮跋陀罗答:"以一微故众微空,以众微故一微空。"

佛驮跋陀罗的这番从"微"到"色"、从"色"到"空"的论证,确实有他的高明之处。但是他们的这番论难结束后,在场的长安僧人释宝云把这番话翻译给众僧后,大家都不明白是怎么一回事情。确实,由"一微"破"众微",再由"众微"破"一微",这种对"色"之空的破法,真的非常让人费脑筋。

心有不甘的长安僧人们过了几天后又去找佛驮跋陀罗,请求他把同鸠摩罗什论难时那段问答的深意再讲解一番,佛驮跋陀罗很简捷地告诉他们:"夫法不自生,缘会故生。缘一微故有众微。微无自性则为空矣,宁可言不破一微常而不空乎!"

佛驮跋陀罗这番高深的论述,需要慢慢体味琢磨,但是他最后这句语气十分强硬的"宁可言不破一微常而不空乎",显然是针对鸠摩罗什的"微是常耶?"这个疑问发出的,在他看来,"微"本来就是为了表现"法"的一种没有"自性"的缘会,所有根本就不存在"微常"这样的问题,而鸠摩罗什恰恰以"微常"来诘问他,这就是他们两人在"破空"问题上的分歧关节点所在。因而佛驮跋陀罗的这句话语气很冲,可以想象得出来,当时去向他请教的鸠摩罗什僧团的僧人们一定也是极为尴尬的。

这次论难虽然没有造成佛驮跋陀罗同鸠摩罗什僧团的直接冲突,但是可能这次论难中产生的这种不愉快的争论与分歧,奠定了鸠摩罗什僧团成员寻机排挤佛驮跋陀罗的基础。此后发生的一连串的事情使他们的关系最终走向了破裂。

先是佛驮跋陀罗显示出的神异预言引起了长安僧团的非议。佛驮跋陀罗对自己的弟子们预言说:"我看到昨天从我的家乡有5艘大船出发向东土来了。"弟子们马上把老师的这个预言告诉了长安的僧人们,那些关中旧僧——其实也就是鸠摩罗什僧团的成员们对此不以为意,认为这是佛驮跋陀罗用这种匪夷所思的把戏来妖言惑众。

此事的非议尚没有消沉下去,佛驮跋陀罗的一个弟子就扬言说他自己已经修得了"阿那含果",这下子可让长安僧界的僧人们愤愤不平了。

按小乘佛教经典的说法,修行所得果位有 4 个等级,从低到高分别是须陀洹果、斯陀含果、阿那含果和阿罗汉果。佛驮跋陀罗在罽宾的时候就声称自己修得了"阿那含果",如今他的一个并不知名的弟子居然也宣扬自己修得了"阿那含果",这对那些长安僧人的刺激是相当猛烈的,他们认为就连佛祖本身都没有轻易断定自己就修得了什么果位,一个不知名的僧人居然如此张狂。

身为后秦僧官的僧䂮与道恒直接找到佛驮跋陀罗,对他说:"先前听说您预言有 5 艘大船从天竺要来东土,言而无实。如今您的门徒居然说自己修得阿那含果,我们都没有听说过佛祖自己曾声言自己修得了什么果位,一个平常的僧人怎么能用这样的狂言来欺世盗名呢?这些事情违反了僧界的律法,长安僧团已经很难同你们在一起修道讲经了。您应该带着您的门徒们赶快离开,不要再在长安停留了。"佛驮跋陀罗闻言,凄凉而无奈地回答说:"我身若流萍,去留甚易,但恨怀抱未申,以为慨然耳!"

10.3 佛驮跋陀罗在江南的活动

佛驮跋陀罗历经千难万险,花了三四年的时间,跋山涉水历经好几个国家,并冒险乘坐海船来到东土,目的在于传扬禅法。他来到长安的时候,有大批的僧人从四方赶赴长安,归依在他的门下,但是这些僧人免不了鱼龙混杂,有一些不检点的门徒会做出一些有违戒律的事情,这也是情在理中的事情。如今闻听佛驮跋陀罗遭到了长安僧团的驱赶与排挤,那些依附佛驮跋陀罗的僧徒们害怕有不测之祸殃及自身,纷纷逃离长安。据说他们有的"藏名潜去",有的"逾墙夜走",半日之间就走得剔透零落,真个是"树倒猢狲散"。当然还有一些德行高尚、心志清纯的门徒仍然坚守着自己的老师。

佛驮跋陀罗离开长安的时候,慧观等40多名弟子追随着他一起动身。据说那天有僧俗界1000多人前来为他们送行,佛驮跋陀罗脸上没有一点悲伤或慌乱的神情,从容自若地告别这些他的信众,踏上了南去的路程。

后秦国王姚兴听说佛驮跋陀罗离开了长安,也产生了几分惆怅之意,他质问道恒说:"佛驮跋陀罗大师到长安来,就是想宣扬他的禅学,可惜尚没有留下他宝贵的思想和教导,怎么能因为一言不慎而得咎离去,使得长安僧众少了一个智慧的导师呢?"

现在的我们实在不能理解姚兴这个感叹的意思何在。按慧皎的记载,当时的长安僧人们要想在长安很好地生存下去,是需要同上层政治人物搞好关系的。姚兴供养的那3000余僧人,都很勤恳地"往来宫阙,盛修人事",就是同皇宫中的这些权势人物经常走动,搞好关系。而佛驮跋陀罗恰恰不开窍,很少同皇宫中人往来,所以他的被驱离长安,显然也是得到了后秦皇宫中政治势力的默许甚至是推波助澜的,经常同僧人们厮混在一起的姚兴难道就一点不知情?

显然,姚兴对道恒的这个质问,似乎有些装腔作势,但是他也确实又派人去追佛驮跋陀罗,佛驮跋陀罗明白事情已经无可挽回,对姚兴的使者说:"我非常感谢国王挽留的深恩,但是我很难从命留下了。"于是率领门徒们远走庐山,410年,佛驮跋陀罗抵达庐山东林寺。慧远大师听说佛驮跋陀罗这个禅学大师到来,非常高兴,就邀请他译出好几种禅学经典。

此后的佛驮跋陀罗开始了游历讲道的生涯,先后到过江陵道场寺等地,并于义熙十四年在道场寺同弟子法业、慧观等百余僧人译出《华严经》前分三万六千偈,此后又将高僧法显从天竺带回的《僧祇律》翻译了出来。从僧传记载看,佛驮跋陀罗还翻译了《观佛三昧海》6卷以及《泥洹经》、《修行方便论》等经论一共15部117卷。元嘉六年,佛驮跋陀罗在道场寺谢世,享年71岁。

很多研究者认为佛驮跋陀罗同鸠摩罗什僧团的关系破裂,是因为佛驮跋陀罗的佛学思想同鸠摩罗什有分歧,可能只这是皮相之见。思想的冲突会导致学者之间的矛盾产生和爆发,但是在世俗的社会中,往往是现实的利益之争才会导致人与人之间的真正冲突。

佛驮跋陀罗的到来,在很大程度上威胁到了鸠摩罗什的地位。

首先,当时习禅已经成为中土佛教修行的一个重要方面,恰恰鸠摩罗什在这方面比较薄弱,并且由于他的屡次破戒娶妻,已经严重地违背了寺院主义的最基本要求。而佛驮跋陀罗在这方面却是非常正宗的禅修大师,他的禅学来自达摩达多、佛大先等著名禅法高僧,而当时那些到西域、天竺取经求道的高僧如智严、宝云等都对他非常推崇。从严格的寺院主义的要求来看,佛驮跋陀罗显然是比鸠摩罗什更为合适的修道习佛的僧人领袖,这对鸠摩罗什在长安僧界的地位显然是一个极大的威胁。(图 10 - 1)[1]

图 10 - 1　禅僧与山兽,西魏,莫高窟 285 窟东坡下段

其次,佛驮跋陀罗被驱出长安,也可能同他一贯过于不谨慎的个人性格有关。在《高僧传》的《佛驮跋陀罗》中,从一开始,慧皎对于佛驮跋陀罗的描写就显示出这个人在佛学方面的故弄玄虚和喜好出风头的作风。确切说,他不是一个低调的人,而是非常有锋芒,似乎很善

---

[1]敦煌研究院:《敦煌石窟全集 19·动物画卷》,上海人民出版社 2000 年版,第 38 页。

137

·欧·亚·历·史·文·化·文·库·

于抬杠。譬如他在罽宾的同学僧伽达多就认为其人深不可测,当然这说的不是他的学问,而是他的为人。再譬如佛驮跋陀罗在罽宾就声言自己修得了"阿那含果",透露着相当的自负。他的那个声言修得了"阿那含果"的弟子,不能不说是因为受到了他的影响,才会如此张狂,最终导致了整个僧团被逐出长安的悲剧。

当然,对于佛驮跋陀罗被逐出长安,当时的僧界大多人可能是倾向于对佛驮跋陀罗同情支持的,譬如慧远大师不但请佛驮跋陀罗翻译佛经,还专门让自己的弟子昙邕远赴长安,致信后秦国王姚兴和长安的僧官等人,进行解释和调解,认为佛驮跋陀罗是受了门下弟子的牵累,这显然是从正面对佛驮跋陀罗作了支持。

11　菩提达摩与中国禅宗

什么是禅？"拈花微笑"的故事说的就是"禅"。说大梵天贡献金婆罗花，释迦牟尼佛在灵山会上拈花示众，诸菩萨弟子皆默然无语，这时候，唯有大迦叶破颜微笑。佛驮知他心有所悟，便告诉诸菩萨弟子说："吾有正法眼藏，涅槃妙心，实相无相，微妙法门，不立文字，教外别传，付嘱摩诃迦叶。"这种以心心相印为特征的"实相无相，不立文字"的体悟法门就是禅，禅之为禅，贵在自得、不说破，摩诃迦叶就是禅宗宗奉的西天第一祖。

天竺佛教禅法自东汉时期就陆续传入，十六国时期有著名的中天竺禅僧佛驮跋陀罗来到中原，翻译经典，传授禅法。但是中国禅宗之确立，是被追溯到南北朝时期来到中华的菩提达摩，他在少林寺面壁9年，传授弟子慧可等人衣钵与心法。

11.1　菩提达摩与梁武帝

菩提达摩是一个扑朔迷离的人物，从唐代的《续高僧传》到后世的各种僧传和《灯录》，关于他的身份、来华年代、交往行迹都异说纷呈、错讹百出。仔细思量，也难怪，以"不立文字，心心相印"为宗旨传授的法门，不像那些到中华后就翻译经典、讲论经义、广泛交往授徒的异域僧人，菩提达摩无法在更大的范围内同更多的信徒等人群交往，所能留下的交叉性资料自然就很少。而产生于后世的很多僧史文献又免不了附会成文，自然就会闹出很多错讹数出的记载来。

综合各种文献，可以推断菩提达摩是南朝宋初年（479年前）来

· 欧 · 亚 · 历 · 史 · 文 · 化 · 文 · 库 ·

华的。[1]

菩提达摩,出身于南天竺婆罗门种姓,据说他是南天竺一个国家的王子,他的父亲名叫香至,所以又把这个国家叫香至国。菩提达摩有3个兄弟,只有他具有潜在的修道智慧,所以到南天竺传教的东天竺高僧般若多罗传法于他,[2]并且吩咐说:"吾灭后60年,当往震旦行化。"

般若多罗去世后,菩提达摩在南天竺香至国传道多年,觉得时机成熟了,于是搭乘商船,到达南海。菩提达摩到达广州后,从南朝宋昇明三年(479)到梁大通元年(527)这段时间的行迹,不是很清楚,可能就是在广州等地传教。

按《续高僧传》的说法,当时的佛教盛行的具体情况是:"合国盛弘讲授,乍闻定法,多生讥谤。"[3]就是说,讲经说法、辩论经义、论机锋、提话头是当时僧界和王公贵族、文人学士最感兴趣的事情,所以菩提达摩的这种从入定与静默状态中得到佛法启悟的方式,只能招来讥讽和不理解,是可以想见的。

大约在梁大通元年,梁南海刺史萧昂上表向崇信佛教的梁武帝推荐菩提达摩,于是菩提达摩得以来到建康,得到梁武帝召见。

梁武帝萧衍对于佛教崇信的痴迷,史家多以"佞佛"称之,他以帝王身份积极参与和扶持佛教活动,境内有佛寺2846所,翻译经典248部,有僧尼82700人。萧衍本人是个文治武功均很出众的人,他初期是崇信道教的,到梁天监三年(504)宣布"舍道入佛",不但自己亲自参与讲经说法、翻译佛经,还先后在大通元年、中大通元年(529)、中大同元年(546)、太清元年(547)4次舍身同泰寺,然后由王公百官以巨价财物将他再赎身出寺。

菩提达摩到达建康的时间,可能正是梁武帝第一次舍身同泰寺前后。他们一见面,就进行了一场在中国禅宗发展史上被屡屡提及的经典对话。

---

〔1〕徐文明:《中土前期禅学思想史》,北京师范大学出版社2004年版,第80页。
〔2〕《佛祖历代通载》卷8,《大正新修大藏经》第49册《史传部一》。
〔3〕《续高僧传》卷16《齐邺下南天竺僧菩提达摩》。

梁武帝问达摩:"朕造寺写经度僧,有何功德?"菩提达摩回答说:"人天小果耳。"萧衍追问:"何谓大乘功德?"达摩答:"净智妙明,体自空寂。如是功德,不于世求。"(图 11 - 1)[1]

图 11 - 1　魏元象元年(538)达摩造像碑,河南陕县空相寺

---

〔1〕熊进玉:《禅宗之旅》,湖北美术出版社 2009 年版,第 153 页。

　　从菩提达摩的这番回答中,梁武帝萧衍没有找到让自己兴奋的话头,他倾举国之财力支持佛教、供养僧人,菩提达摩居然说他做的这些只不过是一点小小的功德,用这种施舍财物、供养僧人的办法根本就不可能得到大乘功德。这毫无疑问是给了梁武帝萧衍当头一棒、兜面冷水。于是,不死心的他继续问道:"如何是圣谛第一义?"菩提达摩的回答更为彻底决绝:"廓然无圣。"绝望的梁武帝最后只能调侃似的问道:"对朕者谁?"菩提达摩的回答近乎一片冰冷:"不识。"[1]

　　看过这番对话,谁都会感觉到,一心事佛,期望通过建寺、译经、供养僧人的办法得到果报的梁武帝,被菩提达摩的一番"净智妙明,体自空寂。如是功德,不于世求"[2]的对话彻底打碎了自信。按菩提达摩的说法,梁武帝这样花费巨额成本的折腾,最终将什么也得不到,真是"话不投机半句多",估计当时的梁武帝心中想的可能就是让这个沉默而倔强的印度僧人快点从他眼前消失。

　　菩提达摩没有跟梁武帝谈拢,一个是在开示"拈花一笑,心心相印"的禅机,一个是在急不可耐地祈求得到现实的果报。两相对接,无异于缘木求鱼。于是,菩提达摩很快就离开建康,渡江北上。

　　菩提达摩在江南传教的失利,在时间机缘上有点错位。南朝时代的江南,大批佛经刚刚被新鲜地翻译出来,那些王公贵族、文人雅士正兴奋地把玩着一些全新的名词与概念,同那些喜好附弄风雅、善于自我膨胀的僧人们,相互半通不通地自我复制着浮躁,一起沉浸在逞口舌之利的文字与话头游戏中,可以说正兴奋得像斗架的公鸡一样,哪里能有冷静的心态去思量"净智妙明,体自空寂"的这种内明内悟的境界。

11.2　一苇渡江与慧可立雪

　　北魏孝明帝武泰元年(528),菩提达摩离开建康,渡江北上。关于

---

〔1〕志磐:《佛祖统纪》卷29《诸宗立教志第十三达磨禅宗》,《大正新修大藏经》第49册《史传部一》。

〔2〕志磐:《佛祖统纪》卷29《诸宗立教志第十三达磨禅宗》,《大正新修大藏经》第49册《史传部一》。

达摩渡江,有"一苇杭之"的传说,说他折芦一枝,站在上面就飘然渡过烟波浩渺的长江(图 11 - 2)。

这个传说是如此神奇与美丽,以至于"一苇渡江"成为一个令无数人神往的跨越自然天堑的最高境界。当然,也许其中隐含的是当时得不到梁武帝待见的菩提达摩要乘船渡过长江的艰辛与曲折——要知道政治权力是蜜糖也会是毒药、匕首。正如禅宗史上常提到的一个故事,善财童子受文殊菩萨之命到郊外采药,善财童子认为山河大地无不是药,所以就随手摘了一株野草而归。文殊菩萨视此草而言:"此草既可活人,亦可杀人。"政治权力亦是如此,历代高僧们知道这个道理,所以很少有人像菩提达摩这样招惹梁武帝这样的权势帝王。

菩提达摩到达北魏境内后,上了嵩山少林寺,在那里面壁坐禅,坐了整整 9 年。魏孝明帝元诩听说菩提达摩的神迹,曾 3 次下诏召见,但是菩提达摩明白这些帝王向佛教所求的东西绝不会是他这种"净智妙明,体自空寂"的禅僧所能提供的,所以一直没有下山应诏。元诩最后也可能知道了彼此的不合适,于是赐给面壁禅修的菩提达摩袈裟、金钵和银水瓶以示优容。

达摩在嵩山少林寺五乳峰面壁而坐,终日默然,对这种修炼方式,少林寺僧俗人等都不测深浅,称他为"壁观婆罗门"。

在面壁 9 年期间,先后有道副、尼总持、道育、慧可等僧人随菩提达摩修道。其中,慧可进入菩提达摩道门的经历颇为曲折。

慧可原来的法号叫神光,他为人旷达,长期在河洛地区学佛修道,博览群书,善谈玄理,常常叹息道:"孔老之教,礼术风规;庄易之书,未尽妙理。近闻达摩大士住止少林,至人不遥,当造玄境。"[1]于是前往少林寺,到菩提达摩面壁的地方终日追随。

面壁静默的菩提达摩对此无动于衷,从来不跟他说什么。神光退而思量:"昔人求道,敲骨取髓,刺血济饥。布发掩泥,投崖饲虎。古尚若此,我又何人?"于是他在当年十二月九日一个暴雪的深夜,开始站

---

〔1〕《景德传灯录》卷 3《第二十八祖菩提达磨》,《大正新修大藏经》第 50 册《史传部二》。

图 11-2　一苇渡江

在达摩面壁的洞窟外面一动不动,到第二天早上,积雪都埋到了他双膝之上。达摩见此,方开口问他:"汝久立雪中,当求何事?"神光悲泪回答:"惟愿和尚慈悲,开甘露门,广度群品。"菩提达摩的回答是:"诸佛无上妙道,旷劫精勤,难行能行,非忍而忍。岂以小德小智轻心慢心,欲冀真乘,徒劳勤苦。"神光为表达求得智慧真道的决心,在雪地断臂明志,达摩才收下他,为他更名为慧可。

拜达摩为师后,慧可曾同菩提达摩有一次经典的对话,这段对话的主旨,与菩提达摩回答梁武帝的对话可相互印证,洞悉达摩禅法的要旨所在。

慧可问达摩禅师:"诸佛法印,可得闻乎?"达摩回答说:"诸佛法印,匪从人得。"慧可说:"我心未宁,乞师与安。"达摩应声而答:"将心来,与汝安。"慧可只能说:"觅心,了不可得。"于是达摩说:"我与汝安心竟。"[1]这段对话,终于使得慧可知道了所谓的"心",乃是"了不可得"的,无形可把握、无迹可探求——这就是把握"禅"的关键,明白了这一点,就已经完成了"安心"这个禅思步骤。

11.3 达摩、慧可与杨衒之

菩提达摩在嵩山五乳峰面壁 9 年之后,慧可等弟子也各有所得。达摩认为自己应该返回天竺了,于是召集 4 位弟子讲讲各自所体悟的"心法"。

道副最先发言说:"如我所见,不执文字、不离文字而为道用。"达摩认为这种既不执守于文字经典,又能不完全脱离文字经典而获得的体悟,仅仅是得到了他的心法之皮毛。尼总持说:"我今所解,如庆喜见阿閦佛国,一见,更不再见。"达摩评价道:"汝得吾肉。"道育说:"四大本空,五阴非有,而我见处,无一法可得。"达摩回答:"汝得吾骨。"最后,慧可一言不发,起身礼拜完达摩大师,然后就安静地站在了自己的

---

[1]《景德传灯录》卷 3《第二十八祖菩提达磨》,《大正新修大藏经》第 50 册《史传部二》。

·欧·亚·历·史·文·化·文·库·

座位旁边。达摩见状,欣喜地说:"汝得吾髓。"他当着众弟子的面郑重其事地向慧可传授禅宗衣钵:"昔如来以正法眼付迦叶大士,辗转嘱累而至于我,我今付汝,汝当护持。"并将自己的传世袈裟作为获得禅宗心法的信物,授给慧可。

对于这种通过传授袈裟做信物,以代表心法传承正宗的方式,慧可大为不解,请求达摩大师开示。菩提达摩说出了"内传法印以契证心,外付袈裟以定宗旨"的心法传承模式,得到心法的传承人只有获得上一代祖师的袈裟和传法偈语,才能证明他真正得到了心法,得到了上一代祖师的认可。菩提达摩还告诉慧可,要记住"明道者多,行道者少;说理者多,通理者少"的道理,要坚持弘传禅法,但不能轻易相信那些没有获得证悟的人,免得传错了法脉。最后,菩提达摩给慧可的传法偈语是:"吾本来兹土,传法救迷情。一华开五叶,结果自然成。"[1]并将《楞伽经》4 卷授予慧可,说这部经典是"如来心地要门,可以照心"。[2]

传法结束后,菩提达摩也结束了在嵩山五乳峰的面壁禅观,率领徒众到禹门千圣寺驻锡。

按《景德传灯录》的记载,在禹门千圣寺,《洛阳伽蓝记》的作者、北魏抚军府司马杨衒之拜访了菩提达摩,并有一场愉悦的长谈。

北魏散文家杨衒之是北平人(今河北满城),曾做过奉朝请、抚军司马与秘书监等职,在北齐的时候,还任过期城郡太守。北魏统治者在平城时代就大力支持佛教,有云冈石窟这样大型的皇家石窟寺的开凿。等迁都洛阳后,更是寺塔林立,京城洛阳兴建有佛寺千余所,金碧辉煌,极尽奢华。北魏普泰二年(532),高欢进兵洛阳,杀北魏节闵帝元恭,立元修为帝,洛阳城内兵火连天,寺院多遭毁坏。武定五年(547),杨衒之路过洛阳,见到的不再是昔日的壮丽景象,而是城郭崩塌、宫室倾覆、寺院尽毁、塔倒像毁的破败景象,与以前他所见到的繁华

---

〔1〕《景德传灯录》卷 3《第二十八祖菩提达磨》,《大正新修大藏经》第 50 册《史传部二》。

〔2〕志磐:《佛祖统纪》卷 29《诸宗立教志第十三达磨禅宗》,《大正新修大藏经》第 49 册《史传部一》。

洛阳不可同日而语。杨衒之深有感触,于是撰著了《洛阳伽蓝记》5卷,描绘昔日洛阳佛寺的奢华壮丽,为后人认识北魏时期的佛教留下了珍贵的资料。

菩提达摩在528年或536年谢世,按杨衒之的活动时间来推算,他俩是有可能见过面的。

据说,在菩提达摩到达禹门千圣寺三日之后,杨衒之就前来拜谒,他期望菩提达摩能为他"开示宗旨"。达摩看他心意诚恳,即为他说了一首偈语:"亦不睹恶而生嫌,亦不观善而勤措;亦不舍智而近愚,亦不抛迷而就悟。达大道兮过量,通佛心兮出度。不与凡圣同躔,超然名之曰祖。"[1]

杨衒之听完此偈,心有所悟,百感交集,请求菩提达摩禅师常住中原、开化群生。

但是,菩提达摩随后跟杨衒之的谈话就有些躲躲闪闪,令人费解。菩提达摩说:"即逝矣,不可久留。根性万差,多逢患难。"对于菩提达摩所说的"多逢患难",仅从字义来理解,就是菩提达摩在中华传教并不很顺利,有很多曲折与艰难,然而从杨衒之的对答中来看,这句话并非如此简单地泛泛而论,而是有具体所指,所以杨衒之就追问是谁在为菩提达摩传道制造障碍,并自告奋勇地说要去替达摩除去此人,有点杀机毕露的意思。然而菩提达摩却劝阻他说:"吾以传佛秘密,利益迷途。害彼自安,必无此理。"就是不愿意用害人的办法来取得自己传教的安宁。随后,菩提达摩又赠给杨衒之一首谶语:"江槎分玉浪,管炬开金锁。五口相共行,九十无彼我。"这首谶语太费解,不知道是什么意思。

然而,《景德传灯录》对菩提达摩和杨衒之谈到的为达摩传道制造障碍的人直指为光统律师与昙摩流支,[2]说此二人是北魏时期禅林中的俊彦,同菩提达摩议论禅法,是非纷起,心生嫉妒,曾连着6次在斋饭

[1]《景德传灯录》卷3《第二十八祖菩提达磨》,《大正新修大藏经》第50册《史传部二》。
[2]《景德传灯录》卷3《第二十八祖菩提达磨》,《大正新修大藏经》第50册《史传部二》。

中为菩提达摩下毒，前5次都一一躲过，第6次的时候，达摩已经将心法授予慧可，觉得完成了传法东土的任务，就任凭药毒发作，不做救治，坐化而逝，葬于熊耳山，起塔于定林寺。

据传说，达摩坐化3年后，宋云奉使从西域回来的途中，翻越葱岭时见到达摩手携一只草履，翩翩然独自西去。宋云问道："大师到何处去啊？"达摩回答说："西天去。"宋云返回后奏明此事，开达摩坟后，只见空荡荡的棺材中只放着一只草履。

12 "开元三大士"与唐代密宗

　　密教是显教的对称,其内容主要指佛教中秘密化的佛法,它的特征是有不许公开的秘密传授和一些神秘内容[1] 密教典籍和密法在东汉三国时期就已经开始陆陆续续被翻译传入中原和南方地区。先后翻译密教典籍的天竺、西域僧人有支谦、竺法护、昙无兰、昙无谶、阇那崛多等,这些异域僧人翻译出的密教经典有些流布广泛,如《孔雀王经》《尊胜陀罗尼》等经典就影响很大,多次被翻译。而如昙柯迦罗、佛图澄、耆域、求那跋陀罗、菩提流支等则传授诵咒等密法。但是,在唐代中期之前,密法的流行都是零星的,随着善无畏、金刚智、不空这三个天竺僧人在唐代开元年间(713—741)来到中原长安,系统翻译密教经典,著书立说,开坛授法,形成了全面系统的密法传承体系,创立了中国佛教的一个派别——密宗。中国密宗的主要经典是《大日经》(图12-1)[2]和《金刚顶经》。

　　密宗的最大特点是注重用独传的秘密方法祈祷,以此来达到自己的目的。供养的神以大日如来为中心,其所谓的密法由三部分组成:一是身密,也就是结手印,用手指的屈伸组合摆出不同的花样来,表达不同的含义,以此来制造沟通、祈请或命令的身体语言密码;二是语密,即口诵种种咒语,其中一个字母可能就表示一种神,由于咒语大多是来自梵文的音译,其本身的含义是常人根本不能理解的;三是意密,即意念之密法,以心观实相。[3]

　　作为中国密宗创始人的三位天竺僧人,因为是在唐玄宗开元年间

---

[1]赖永海:《中国佛教通史》第7卷,凤凰出版传媒集团、江苏人民出版社第584页。

[2]国家文物局国家文物鉴定委员会:《文物藏品定级标准图例·造像卷》,文物出版社2011年版,第221页。

[3]汤用彤:《隋唐佛教史稿》,凤凰出版传媒集团、江苏教育出版社2007年版,第155页。

·欧·亚·历·史·文·化·文·库·

图 12-1 14 世纪铜大日如来像,国家博物馆藏

来到长安并译经传教的,所以也被称为"开元三大士"。

　　把他们同密宗的创立与发展对应起来,三位高僧各有其独特的贡献,善无畏是《大日经》的翻译者,胎藏界曼荼罗的传授师;金刚智是《金刚顶经》的翻译者,金刚界曼荼罗的传授师;而不空则是弘扬密宗使之发扬光大的主要人物。

　　更有趣的是,"开元三大士"的身份都挺特殊,善无畏出家为僧前是古印度乌荼国的国王;金刚智据说是中天竺国的王子;不空是金刚智的徒弟,对中原、朝鲜半岛和日本密宗都有深刻影响。

12.1　乌荼国国王善无畏

善无畏是唐代密宗中胎藏界曼荼罗的传授师,所谓胎藏界是梵语词的意译,按密宗的说法,真如佛性具足一切功德,犹如母胎内含藏孩子,所以将之称为胎藏界;而曼荼罗是梵语的音译,是真言、不妄不异之言的意思。因而,胎藏界曼荼罗首先是一种真言密语,《大日经》把胎藏界用图像绘出来,称之为"胎藏界曼荼罗"(图12-2)[1]。

图 12-2　唐代雕版纸本经咒画

善无畏(Subhakarasimha,637—735),音译"输波迦罗",祖籍中天竺摩揭陀国。据《大唐西域记》卷 8 记载,摩揭陀国周广 5000 余里,土地肥沃,风俗淳朴,崇尚佛法,有伽蓝 50 余所,僧徒万余人,多宗习大乘

---

〔1〕葛承雍:《唐韵胡音与外来文明》,中华书局 2006 年版,第 124 页。

佛教,其都城华氏城(今印度比哈尔邦首府巴特那)(图 12 - 3)[1],附近有阿育王塔、佛足石、鸡园寺旧址、佛苦行处、三迦叶归佛处等著名佛教遗迹。但是善无畏可能并不是出生在华氏城,他家是刹帝利种姓,据说是释迦牟尼的叔叔甘露饭王的后裔,可能在他父亲那代之前就离开了摩揭陀。也可能这仅仅是一个托词,他完全可能就属于东印度一个部落的刹帝利种族。

图 12 - 3　华氏城王宫柱头,公元前 3 世纪,布兰迪巴格出土,巴特那博物馆藏

　　善无畏的父亲称作佛手王,据说是因为中天竺摩揭陀国发生变故,所以到乌荼国(今印度奥里萨)这样一个小王国执掌王权。乌荼国是一个流行大乘佛教的东印度小国,玄奘大师曾到此国,记述乌荼国

〔1〕王镛:《印度美术》,中国人民大学出版社 2010 年版,第 26 页。

气候适宜,风俗犷烈,人貌魁梧,言辞风调不同于中印度,有伽蓝百余所,僧徒万余人。[1] 最新的考古成果为我们提供了关于乌荼国佛教发展的盛况,据杨富学教授的报道,印度考古局在 20 世纪 90 年代初年,在东印度奥里萨邦古乌荼国境内发现了一枚佛教印章。这枚陶质印章做工精细,表现的是佛驮在鹿野苑初转法轮的场面,刻有象征着佛教的法轮,两侧靠下各有一鹿,相向对视。它的外侧铭文清晰完整。该印章出自印度现存的最古老佛教遗址之一拉利格里的一所僧房内,是八九世纪的遗物。自 1985 年以来对拉利格里的连续性发掘已初步地揭示出,自公元前到中世纪,拉利格里一直是佛教的活动中心之一。在同一遗址中,考古学家们还发现了一尊巨大的七脚世尊像,端坐于饰有两头狮子的莲花座之上。[2] 由此可见乌荼国的佛教之盛。

善无畏的父亲——乌荼国国王佛手王有 4 个儿子,善无畏排行最小,但是他德艺双全,10 岁就能统率军队。在这样的年龄就统率军队,可能同刹帝利种姓中蔓延和激励的英雄主义有关。在印度中世纪时期,武士种姓刹帝利获得了最大的发展,[3] 图中这尊来自北印度的砂岩质地的持短剑刹帝利武士雕像,是刹帝利种姓英雄主义理想的化身(图 12 - 4)。

到 13 岁,善无畏继承了乌荼国王位。幼子继位为王,引起了其他王子的不满,发动变乱要推翻他。善无畏率军平乱,在战斗中自己也为流箭所伤,由此对兄弟间的恩断义绝颇为伤怀,萌生厌世弃俗之心。他的母亲虽然苦苦哀求,但是善无畏决心已定,母亲只好偷偷把象征王位传承的传国宝珠赠予这个最小的儿子。于是在 18 岁那年,善无畏舍弃王位,至南方海滨的殊胜招提寺出家为僧。这样算来,善无畏在乌荼国做了 5 年的国王才出家的。

这个时期的印度是比较混乱的,正是北印度戒日王朝即将崩溃的时代,戒日王(Harsha)从 606 年开始对广大的北印度实施统治。在他

---

〔1〕玄奘、辩机著,季羡林等校注:《大唐西域记校注》下,中华书局 2000 年版,第 812 页。

〔2〕杨富学:《印度新发现稀世法物》,载《法音》1993 年第 3 期。

〔3〕玛瑞莉亚·阿巴尼斯:《古印度》,刘青等译,中国水利水电出版社 2006 年版,第 44 页。

图 12 - 4　手持短剑的印度中世纪刹帝利武士

统治期间,创建了著名的佛教寺院那烂陀。他的王国本来就是一个诸侯国的联合体,尤其是离政治中心较远的地方,往往由当地的部落王子独立统治,只向戒日王交纳贡赋以示臣服,所以非常松散。647 年,戒日王死后,戒日王朝崩溃,而也正是在这个阶段内,善无畏经历了继位为王、出家为僧、游历诸国的种种人生变化。

后来他从南方海滨乘船北上,历经艰险,辗转到达中天竺地区,遇到了在中天竺一个小国做王后的他的一位姐姐,唏嘘人生变幻,共修无上禅观。随后就到著名的那烂陀寺学习佛法,并且将他珍藏的乌荼国传国宝珠镶嵌在那烂陀寺一尊大佛的额头,熠熠生辉,光耀周边(图

12 - 5)[1]。

善无畏在那烂陀寺拜著名密教高僧达摩掬多为师,传习真言密教。善无畏见到达摩掬多的时候,达摩掬多也就40多岁,可是人们却传说他已经800岁了,可见当时的僧界是很会制造神秘气氛的。据说玄奘法师在那烂陀寺求学的时候就见过这个达摩掬多。

学习不久,善无畏即受灌顶为人天师,称作三藏,意思是其内修戒定慧,外学经律论,已经以密教陀罗尼总摄一切知识解脱与法门。善无畏的母亲非常挂念这个出家为僧的儿子,曾托人四处打听他的音信,以为儿子已经死亡,悲痛哭泣,眼睛都看不见了。当善无畏在那烂陀寺学习密教成名僧之后,托人捎信到乌荼国向母亲问安,他母亲得知儿子还活着并成为一代名僧,非常惊喜,眼睛也恢复了光明。

后来,善无畏遵奉其师达摩掬多之命,前来中国传法。路出迦湿弥罗、乌苌国,至西突厥占领的犍陀罗,讲《毗卢》于可汗之庭,再经吐蕃控制区,进入西州(今高昌)。善无畏此次东行中华,可谓历经艰险。路途中曾遭遇强盗,被刀砍身,在吐蕃境内与商人同行,又遭到贪财胡人的围攻,幸好都一一化险为夷。善无畏用骆驼驮来一批佛经,数量不少,到高昌过河的时候,驮经的骆驼陷入泉水之中,但有惊无险,最终还是保全了经卷,顺利到达玉门关。由于善无畏名声赫赫,所以唐睿宗特派印度僧人若那和将军史献出玉门关迎接他。

开元四年(716),善无畏到达长安,受到唐玄宗的礼遇和尊崇,迎入内道场供养,传密于皇室贵戚,约近一年,便请出外传法。敕居兴福寺南塔院,再移西明寺菩提院。自此开始译经传法,开坛授徒。

开元十二年(724),善无畏随唐玄宗到达洛阳,先后译出《虚空藏菩萨能满诸愿最胜心陀罗尼求闻持法》1卷、《大毗卢遮那成佛神变加持经》(《大日经》)7卷、《苏婆呼童子请问经》3卷、《苏悉地羯罗经》3卷及《供养法》3卷等。此后长住大圣善寺,讲经传密之外,安禅修定,

---

[1]敦煌研究院:《敦煌石窟全集12·佛教东传故事画卷》,商务印书馆(香港)1999年版,第56页。

图12-5　中印度僧伽罗国佛驮头上的宝珠,五代,莫高窟72窟南壁

有西明寺惠敬禅师记录其禅法,为《无畏禅要》1卷。擅长工艺技巧,博通各科知识,曾铸造金铜灵塔,世称绝妙。

开元二十年（732），善无畏上表皇帝，请求返还西域，唐玄宗优诏不许。开元二十三年（735）乙亥十月七日，善无畏感到右胁不舒适，奄然而化于大圣善寺，享年99岁，僧腊80。开元二十八年（740）十月三日，葬于龙门西山广化寺。

善无畏是中国密宗的奠基者，他的弟子主要有一行、玄超、义林、不可思议、宝思、明思等。一行是唐代著名的学问僧，他不但致力于密宗的建设和发展，跟随善无畏、金刚智传播密法，而且他还是杰出的天文历法学家，以制定了《大衍历》和制造了浑天仪而闻名于后世。玄超、义林、不可思议都是新罗僧人，义林回国后成新罗国师，并通过弟子将密宗传到了日本。

12.2　中天竺国王子金刚智

金刚智是唐代密宗中金刚界曼荼罗的传授师，所谓金刚界是梵语的意译，蕴含大日如来的"智德"如金刚一样，没有什么法能破坏得了。而曼荼罗是梵语的音译，是真言、不妄不异之言的意思。因而，金刚界曼荼罗首先是一种真言密语，但是《金刚顶经》把金刚界用图像绘出来，称之为"金刚界曼荼罗"。

金刚智（669或671—741），音译"跋日罗菩提"，南天竺摩赖耶国（今印度半岛西南之马拉巴尔一带）人，属婆罗门种姓。据说本为中天竺国王伊舍那靺摩（刹帝利种姓）第三子，后因多在南天竺国传法，并由南天竺国出发入唐，遂称南天竺人。10岁于那烂陀寺出家，依寂静智学《声明论》。15岁往西印度，学法称的因明学说，4年后回到那烂陀寺。20岁受具足戒。其后6年，广学大小乘律及中观派《般若灯论》、《百论》、《十二门论》。28岁至迦毗罗卫城（今尼泊尔南境），向胜贤论师学习瑜伽行派之《瑜伽师地论》、《唯识论》、《辩中边论》，历时3年。31岁往南印度，依龙智修瑜伽密教，学《金刚顶瑜伽真实摄经》，受五部灌顶，并学五明诸论，先后7年，于瑜伽密教无不通达。曾到中印度，巡礼如来八相灵塔。受到摩赖耶国王之重视，在王宫建立灌顶道场,并建寺院安置,由此开始收徒弘密。[1] 3 年后,率道俗弟子 8 人前往师子国,于楞伽城受到国王室哩室啰的供养。1 年以后,返回摩赖耶国,发愿到中国顶礼文殊菩萨,弘扬瑜伽密教。

于是国王派将军护送,并携带《大般若经》梵夹进奉唐朝。经师子国勃支利津口,乘波斯商船抵佛逝国,并于苏门答腊岛上传金刚乘。

开元七年(719),金刚智抵达广州,玄宗下旨迎接到长安大慈恩寺。这座大慈恩寺始创于隋代开皇九年(589),唐初,寺院荒废,贞观二十二年(648),太子李治将之扩建为大慈恩寺。永徽三年(652),在玄奘的请求下,唐高宗于大慈恩寺西院修建佛塔一座,供玄奘收藏自印度带回的佛经、佛像和舍利等法物。但是金刚智在大慈恩寺待的时间并不长,因为在玄宗开元年间,以窥基为创始人的法相宗已传承有绪,密教僧人金刚智驻在法相宗祖庭慈恩寺显然并不合适,于是很快就移居到了荐福寺。大荐福寺为武则天创建,是唐代长安的三大译经场之一,唐高宗时期,著名僧人义净法师在此寺译出他从印度带回的20 部佛经。

当金刚智移住大荐福寺之后,即在此寺建大曼荼罗灌顶道场,度化僧俗信众。所谓曼荼罗,就是用绘图或堆建坛城等形象的方式表现佛智与道果功德。而大曼荼罗道场,则是用表示地、水、火、风、空这"五大"的青、黄、赤、白、黑五色绘制的本尊佛、菩萨等聚集的坛场,并且不同的本尊有不同的曼荼罗,这是密教的一个特色。所以金刚智传教,不论住在哪个佛寺,首先就是建立大曼荼罗,然后再度化弟子。他在大荐福寺的时候,当时在长安僧界已经很有名气的僧人如大智、大慧二禅师及印度僧人不空以弟子的身份跟随他。

开元八年(720),金刚智来到东都洛阳,受到了唐玄宗的召见,并为皇帝陛下灌顶。其后就跟随唐玄宗的足迹,在洛阳、长安两地往来,广建大曼荼罗道场。[2]

---

〔1〕《宋高僧传》卷1《唐洛阳广福寺金刚智》;任继愈:《佛教大辞典》,江苏古籍出版社 2002 年版,第 801 页。

〔2〕《宋高僧传》卷1《唐洛阳广福寺金刚智》。

著名的学问僧一行法师多次向金刚智请教密教法门，金刚智都一一指点、倾囊教授。

开元十一年（723），应一行之邀请，金刚智开始翻译佛经，在资圣寺译出《金刚顶瑜伽中略出念诵法》2卷、《七俱胝佛母准提大明陀罗尼经》2卷，由东印度婆罗门大首领伊舍罗译语，沙门温古记录成文。在此次翻译中担任译语人的伊舍罗是来自印度的居士，在当时的长安译场中是非常活跃的人物，他曾同义净、菩提流志等合作翻译佛经，僧史文献中对此人记载不详，但他可能来华比较早，对汉语熟稔，所以在长安的很多译场担任译语人等角色。这个伊舍罗是东印度婆罗门大首领，同时代在广州还有个叫伊习宾的，是蕃客大首领。[1] 可见当时在华西域或印度胡人，不论是商团还是游走的一般访客，都应该有自己的约束性乡党组织，大概有身在异乡、守望相助的功能。他们的大首领权力应该不小，如在广州的蕃客大首领伊习宾有权力约束那些出海的胡人商船。[2]

开元十八年（730），金刚智移居大荐福寺，继续翻译密教经典，译出《曼殊室利五字心陀罗尼》、《观自在瑜伽法要》各1卷，沙门智藏译语，一行记录成文。开元二十九年（741），敕令归国，行至东都洛阳广福寺患病而卒，享年71岁。唐玄宗敕"国师"称号。弟子有一行、不空、温古、慧超、义福、圆照、惠恒、惠翔、惠正等。

金刚智的博闻强记很有名，当然，在文字记录载体不发达的古代，要向远方传播文字经典或思想，对于传播者个人资质的要求就相对要更高一点。尤其是记忆力，其实是考查一个僧人能否担任传播佛经任务的一个基本素质，很多教义或基本经典是需要记在脑中的。据说金刚智但凡见过一面的人，他就不会忘记。他到大唐来传播密教，是决心非常坚定的。唐朝皇室由于姓李，对于以追溯老子李聃为教祖的道教提倡有加，所以曾一度对传播佛教或其他宗教的西域胡僧有限制政

---

〔1〕《宋高僧传》卷1《唐京兆大兴善寺不空》。

〔2〕《宋高僧传》卷1《唐京兆大兴善寺不空》。

策。据说有一次,长安的官员上奏唐玄宗,决定将"外国蕃僧"遣回本国。金刚智闻知此事,就辩解说:"我是梵僧,不是蕃僧,所以我不应该离开。"[1]由此可见他传密教于大唐的决心。

密教本来就以其咒诵与秘密仪轨等具有神秘的气氛,所以密教僧人们也会留给后世很多匪夷所思的传说。这些传说,后来都或多或少地在变文、讲经文、灵验记、传奇、话本与古典小说中被保留或改写,成为中国古典文学中激发想象力的元素之一。

如关于金刚智救活玄宗女儿的故事就很经典。唐玄宗的第 25 位公主久卧病榻,已经半个多月昏迷不醒,眼看医治无望。唐玄宗敕令金刚智,为他钟爱的这个可爱女儿传授戒法。这也是料定了女儿已经无救,所以才做这样的事情以求心安。金刚智到公主居住的地方,找了皇宫中的两个 7 岁女童,以绯缯蒙面躺在地上,然后烧符念咒,让这两个女孩儿到阎罗王那里传达他的命令,结果阎罗王就给了公主半日的寿命,让这位公主魂归身体。公主忽然坐起来开口说话,等交代完了事情,就阒然长逝。这样的情节,我们在此后的传奇与明清小说中常常见到。

12.3　北天竺高僧不空金刚

唐代密宗的传播与兴盛,不空发挥了至关重要的作用。在"开元三大士"中,不空在幼年就随其叔叔来到了中原,所以其精通华梵语言,自然有利于同权贵僧俗交往。善无畏、金刚智显然在语言上就没有这个优势,不能流利地用汉语交往,自然就隔了一层。

不空(705—774),全名为"不空金刚",本北天竺婆罗门族,幼年失去双亲,跟随叔叔来到中原。开元八年,金刚智来到长安大荐福寺,年已 15 岁的不空师事金刚智,出家为僧,学习密法。金刚智先以梵文本的《悉昙章》和《声明论》来让不空学习,结果不空很快就通晓此论。

---

〔1〕《宋高僧传》卷 1《唐洛阳广福寺金刚智》。

不空 20 岁在洛阳光福寺受具足戒,参与译场。不空想向金刚智学习《新瑜伽五部三密法》,但是过了 3 年,金刚智也没有教他。不空很失望,打算返回天竺去学习。据说就在这时候,金刚智梦见京城的诸佛菩萨都向海东而行,梦醒后仔细琢磨,认为这预示着不空的不同凡器,于是答允不空的请求,将《五部灌顶护摩阿阇梨法》、《毗卢遮那经苏悉地轨则》等,全都毫无保留地传给了他。

作为金刚智的弟子,不空传的是密宗中金刚界曼荼罗,金刚是极言一切如来法身坚固不坏、无生无灭、无始无终、常存不坏之意。开元二十七年不空与金刚智同时被命归国,然而金刚智行至东都洛阳患病,于开元二十九年谢世。当年十二月,不空到达南海郡,准备经师子国返回印度。

不空金刚到广州后,搭乘商船先是到达师子国,国王以唐使之礼接待,安置于佛牙寺,随后他又在五印度游学,广求密藏,从普贤阿阇黎受"十八会金刚顶瑜伽"和"大毗卢遮那大悲胎藏"法门,建立法坛,得梵夹经论 500 余部。天宝五年(746)携梵夹再来长安,九年,仍敕回乡,行至韶州,因病暂止。天宝十二年(753),河西节度使哥舒翰请不空赴河西边陲,祈福疆场,遂至今甘肃武威,住在开元寺,翻译密典,兼开灌顶、演瑜伽教。安史之乱后,太子李亨敕令入朝,不久身陷长安。后两京收复,得到唐肃宗崇奉翻译佛经。永泰二年(766),入五台山传法,修建金阁寺、玉华寺等密教道场。

不空金刚在前往师子国及五印度游历的事迹,有几个小细节很有意思。

一是当时印度僧人来华或返回印度同商人及当地官员的关系。不空到广州的时候,当时的地方官员采访使刘巨邻请不空为他在法性寺灌顶,作为回报,刘巨邻专门请到了在广州地面上负责外来胡人事务的蕃客大首领伊习宾等人,命令他们要约束好商船船主,保证不空金刚及其弟子含光等人安全抵达师子国。[1]

---

〔1〕《宋高僧传》卷 1《唐京兆大兴善寺不空》。

二是不空金刚到达师子国后,国王的迎接礼仪很隆重,入城的时候,步骑羽卫骈罗衢路。师子国国王迎接不空,施以礼足的礼节,请他住在王宫中,行 7 日的供养,每天以黄金斛盛满香水,先是国王亲自为不空洗浴,然后太子、后妃与大臣都像国王一样礼拜不空法师。这样的礼节,可能不但是将不空作为密教高僧来看待,而且是将之作为大唐的文化使节。正是由于这个原因,当不空于天宝五年返回长安时,带来了师子国国王尸罗迷伽给唐朝的表章文书和金宝璎珞般若梵夹等表示友好的礼品。

最有戏剧性的细节是,不空在师子国的时候,有一日国王观赏驯象者表演"调象戏",全城的人都登高观看,不料象群发狂,无人敢靠近。据说不空安详鼎立于象群狂奔的当街,口诵密咒并作手印,狂象数头顿时或倒或停,一时皆驯服,举国奇之(图 12 – 6)[1]。这种"调象戏"是一种具有危险性的刺激性游戏,巴尔扈特佛塔栏杆上有这样一块表现古印度"调象"的石雕,画面布局在一个圆盘空间内,大象占据画面中心,象鼻子的根部被用绳子牢牢绑在了身体上,使之不能灵活地扬起伸出。为了保险,在大象长鼻子的中间位置还用绳子固定了一块长方形的石板或木块,使得大象的鼻子不能翻卷。8 个会杂技、懂音乐的猴子有的在大象身上驾驭或戏弄,有的在大象身边奏乐(图 12 – 7)[2]。这样一个场景,是古印度及东南亚地区"调象戏"的生动表现。这样的游戏,显然目的在于既能激起大象的野性,又可以控制它,观者可以以此取乐。

在"开元三大士"中,不空是最受大唐皇帝器重,也是交往最为密切的僧人。尤其是唐代宗,对不空敬重有加、赏赐丰厚。

天宝十五年(756),不空奉诏还京,住在大兴善寺。756 年,太子李亨即位,是为唐肃宗,他曾秘密派遣使者向不空求取秘密法。乾元年间

---

〔1〕Gilles Beguin,*Buddhist Art:An Historical and Cultural Journey*,River Books Co.,Ltd.2009,p.50.

〔2〕玛瑞里娅·阿巴尼斯:《古印度——从起源至公元 13 世纪》,刘青等译,中国水利水电出版社 2006 年版,第 92 页。

胡僧东来——汉唐时期的佛经翻译家和传播人

162

图 12 - 6　调象戏,2 世纪,印度政府博物馆藏

图 12 - 7　巴尔扈特佛塔栏杆上的驯象表演

(758—760),又请不空到内宫,建道场为唐肃宗帝受转轮王位七宝灌

顶。上元末年,唐肃宗身体不适,不空以"大随求真言"为之咒疗,7日之后,病痛减轻,唐肃宗由此更加信奉不空。

唐李豫于763年即位后,对不空恩宠弥厚,当不空译出《密严》、《仁王》二经后,唐代宗亲自为之作序。永泰元年(765)十一月一日,又授不空以"特进试鸿胪卿",加号为"大广智三藏"。

大历三年(768),在长安大兴善寺立道场,唐代宗敕赐锦绣褥12领、绣罗幡32首,又赐道场僧人斋粮,并命令近侍大臣等到大兴善寺接受不空的灌顶。大历五年(770)夏下诏,请不空往五台山修功德,到秋天不空返回长安时,唐代宗派使者牵着他自己钟爱的坐骑"师子骢"从皇城中出去迎接。

大历六年(771)十月二日,是唐代宗李豫的生日,不空选择在这一天向唐代宗进呈所译佛经77部120余卷,并上表追溯了他自己跟随金刚智14年、学习瑜伽法门及游历五印度的宗教生涯。唐代宗下诏,将这些佛经编入《一切经目录》中,并赐不空锦彩绢800匹,同不空一起翻译佛经的"十大德"者,各赐锦彩绢30匹。

大历九年(774)夏,不空已感觉到时日不久,于是在一个夜晚,命弟子赵迁持笔砚来,写出《涅槃茶毗仪轨》,一则流传后代僧界,二则为自己涅槃后如何火化安葬作一个交代。当他上表向唐代宗表明自己疾病缠身、将不久于人世,唐代宗不但敕使慰问赐医药,又加封不空开府仪同三司、肃国公,食邑三千户。不空对此不悦,有"圣众俨如,舒手相慰。白月圆满,吾当逝矣。奈何临终更窃名位"的感叹。他将金刚智留下来的五股金刚铃、金刚杵及银盘子、菩提子、水精数珠等法物,留给了唐代宗。大历九年(774)六月十五日,香水沐浴,东首倚卧,北面瞻望阙庭,以大印身定中而寂,享年70。唐代宗听说不空谢世,宣布3日不上朝以示悼念,并赐绢布杂物、钱40万,造塔钱200余万,敕命功德使李元琮办理丧事,赠司空,谥曰"大辩广正智三藏"。

13　隋唐时期来华的印度僧人

隋唐时期来华的印度僧人,最著名的当然是善无畏、金刚智和不空金刚这"开元三大士",他们是唐代密宗的开创者。然而,在隋唐时期,还有一批来自印度的僧人活跃在长安等地,文献中有记载的主要有阇提斯那、释智慧、佛驮多罗、佛驮波利、释尊法、无极高、释极量、地婆诃罗、释慧智、阿儞真那、菩提流志、牟尼室利、释莲华、释智藏、天竺亡名等僧人。

13.1　阇提斯那与印度面酵技术

阇提斯那是来自中天竺摩竭提国的僧人,学兼群藏。据说他来中原之前,在摩竭提国发生了一场大地震,地震中地面开裂,发现了一块汉字碑,于是国王募集志愿者到东土来验证碑文记载的内容。大概是在隋文帝开皇十四年(594),他们道俗50人从中天竺出发,前往中华。

在旅途中,因为遇到劫匪,有很多同伴被杀、财物被掠。死里逃生的阇提斯那等数人一路逃窜,在仁寿二年(602)到达长安。在路途上花了9年的时间,期间的艰辛不言而喻。

阇提斯那到达长安仁寿宫,正好碰上了隋王朝大张旗鼓地供奉舍利的盛事。

隋文帝杨坚获得感应舍利的事情,王邵所撰《舍利感应记》中有详细的记载,说杨坚在建立隋朝之前,有一个婆罗门沙门来到他的府邸,拿出一包舍利奉献给他说:"檀越好心,故留与供养。"这个沙门离去后,就不知所踪。到开皇七年(587),隋文帝下诏请著名高僧昙迁到长安大兴善寺讲《摄大乘论》。在此期间,隋文帝杨坚将他所持有的那包舍利拿出来同昙迁一起清点数目,但是查来查去也没查出个准数来。

·欧·亚·历·史·文·化·文·库·

昙迁说:"曾闻婆罗门说,法身过于数量,非世间所测。"于是就做七宝箱,将舍利供奉起来。

仁寿元年(601)六月十三日,隋文帝敕命于诸州选高爽清静30处地方,各起舍利塔供奉舍利。这次供奉,是以金瓶、琉璃瓶各30个,置舍利于金瓶内,然后将金瓶装入琉璃瓶,又熏香为泥,封上琉璃瓶口,盖上法印,然后全国30州在仁寿元年十月十五日正午同一时刻将琉璃金瓶装入铜函、石函,最后起塔供养(图13-1)[1]。

图13-1　浮雕舍利石棺,五代

按这个记载,隋文帝时期的佛舍利供养由内到外分别使用了石函、铜函、琉璃瓶、金瓶4种宝器,如果再加上宝塔算一层的话,那么正好是五重。佛舍利五重塔函供养,有其深刻寓意,据说代表五乘佛法,即人天乘、声闻乘、缘觉乘、菩萨乘、佛乘。

隋文帝此次供养的佛舍利,在考古中有实物出土。1969年在陕西耀县发现了一座隋代的舍利塔,在石室中发现石函,上面刻有"大隋皇

─────────

〔1〕甘肃省博物馆编、韩博文主编:《甘肃丝绸之路文明》,科学出版社2008年版,第135页。

帝舍利宝塔铭",有 3 枚舍利放在石函内一鎏金的小铜盒内,被认定为隋文帝起塔供奉的释迦牟尼佛舍利。出土实物中没有发现文献中所说的琉璃瓶,当时唐代以后形成的具有皇家规格的佛舍利五重宝塔的供奉制式,我们可以在 2007 年发现的唐至北宋时期的"佛舍利五重宝塔"中得到形象的认识(图 13 - 2)[1]。

图 13 - 2　佛舍利五重宝塔

阇提斯那见证了隋文帝供奉舍利的这次盛事,他和他的同伴的到来,自然也是正逢其时,隋文帝对他们隆重接待,供养丰厚。可能此人在中原待的时间并不长,没留下传教或译经的事迹,但是令人感兴趣的是,他倒是留下了印度做面食的发酵方法。

阇提斯那住在长安别馆的时候,厨师以做酒的酵母发面做馒头,但是面就是发不起来,于是去请教阇提斯那该怎么做,阇提斯那回答说:"此不合食。"于是教厨师用"水溲煮"的办法加快发酵,结果发酵效果很好。[2] 阇提斯那的这种发酵方法,肯定是印度做面食的方法。隋代长安别馆的厨师为何会用"酒酵母"去发面,很是奇怪,其实在《齐民要术》中,早就有做馒头如何制酵母的方法,是用一种"酸酱"加热到粥状,然后掺入面中让它发起来。[3] 估计阇提斯那的办法应该与中国传

〔1〕佛舍利五重宝塔编纂委员会:《佛舍利五重宝塔》,人民出版社 2008 年版,第 203 页。
〔2〕《续高僧传》卷 26《隋中天竺国沙门阇提斯那》。
〔3〕贾思勰著、石声汉校释:《齐民要术今释》下册《饼法第八十二》,中华书局 2009 年版,第 921 页。

统的这种做法差不多。

13.2　朝拜文殊道场的佛驮波利与般剌若也

唐高宗年间,来自北印度的僧人佛驮波利曾朝拜五台山文殊道场,留下了许多神奇传说。唐德宗年间,北天竺迦毕试国僧人般剌若也也是闻听文殊道场在中国的五台山而发愿东来的,只是他来到长安后致力于佛经翻译,是否上五台山了,文献记载不明。

五台山是佛教圣地,早在东汉时期就已有佛寺。文献记载中佛教传入中国之始,汉明帝派蔡愔西行求法,同印度高僧加摄摩腾和竺法兰返回中原后,在五台山建立大孚灵鹫寺,也就是今天的大显通寺。到北朝时期,佛教在五台山有了充足的发展。北齐时山上有寺院200多所。

但是五台山并不是从有佛寺始就被认定为文殊菩萨道场,而是跟《华严经》的译出有关。《华严经》是420年翻译出来的,其卷99《菩萨住处品》有这样一段:"东北方有菩萨住处,名曰清凉山。过去有善菩萨住止。彼现有菩萨曰文殊师利菩萨,有菩萨眷属一万,长为说法。"这只说了文殊师利菩萨住在东北方的清凉山,至于清凉山到底何在,并没有具体所指。唐代译出的《文殊师利法宝陀罗尼经》则有了更明确的记载:"东北方有国名大震那,其国中有山号五顶,文殊师利童子游行居住,为众生说法。"

古代印度称中国为"大震那",由此,在山西境内的五台山因为气候凉爽,并且有5个台顶,便被自然而然地附会认定为文殊菩萨道场清凉山,印度、师子国直至新罗等国的僧人都纷纷前来朝拜,而北印度罽宾国佛驮波利朝拜文殊道场更为有名。

佛驮波利是北印度罽宾国人,他曾历访天竺、西域有关佛驮和佛教的圣迹,当听说文殊菩萨道场在五台山,便越过流沙,于唐高宗仪凤元年(676)登上五台山,虔诚礼拜,悲泣雨泪,期望能一见文殊菩萨显圣。

忽然,他看到一个老翁从山后走出,用婆罗门语跟他打招呼说:"师何所求耶?"佛驮波利回答说:"闻文殊大士隐迹此山,从印度来欲求瞻礼。"[1]老翁告诉他,《佛顶尊胜陀罗尼经》是佛顶神咒、除罪秘方,如果能从北印度罽宾国取来此经,翻译流传中国,广利群生,他就可以告诉佛驮波利文殊菩萨的具体居住之地。佛驮波利听了老翁的这番话,喜出望外,他知道这是文殊师利菩萨化现成老翁在点拨他,于是再次返回北印度,取得《佛顶尊胜陀罗尼经》,再次来到中原(图13-3)[2]。

负经到达长安后,佛驮波利便求见唐高宗,长安的官员向朝廷上奏,唐高宗下诏让鸿胪寺典客令杜行颛与日照三藏在宫廷内将《佛顶尊胜陀罗尼经》译出。然而译完之后,就将此经留在内宫。佛驮波利为此而落泪泣奏,说自己舍命取经,目的在于广利群生,请求唐高宗将此经还给他,广为流传。唐高宗见他如此恳切,最终只是将《佛顶尊胜陀罗尼经》的译本留在宫内,而将梵文原本还给了佛驮波利。[3]

佛驮波利得到《佛顶尊胜陀罗尼经》梵本经,非常高兴,于是到西明寺找到善于梵语的僧人顺贞,与其合作,再次翻出此经。此后,佛驮波利持梵本进入五台山,就不知所踪了。后来传说佛驮波利隐在了五台山的金刚窟。

佛驮波利入五台山的不知所踪,有一个惟妙惟肖的传说,说唐代宗大历中(766—779),南岳云峰寺僧人法照入五台山礼金刚窟,在半夜时分忽然见到一个身高七尺多的僧人,梵音朗畅,自称是佛驮波利。他问法照法师再次苦拜有何愿望,法照回答说:"愿见文殊。"佛驮波利告诉他,如果志力坚强,就可以见到文殊菩萨真容。法照遂瞑目定神,果然觉得自己进入了石窟,窟中有一座院落,题额"金刚般若寺",字体酋健,光色闪烁。院中异宝庄严,目不暇接,楼观层层,殿宇连绵,珠帘

〔1〕《宋高僧传》卷2《唐五台山佛驮波利》。

〔2〕敦煌研究院:《敦煌石窟全集12·佛教东传故事画集》,商务印书馆(香港)1999年版,第235页,图版207。

〔3〕《宋高僧传》卷2《唐五台山佛驮波利》。

图 13-3 文殊菩萨化老人点化佛驮波利

低垂,铃铎交鸣,有房屋 200 多所。房中有《金刚般若》等一切佛经。文殊师利菩萨身处尊严,诸菩萨与信众弟子环拥听法。文殊师利菩萨宣言慰劳法照,并且赐给他香茶美食,然后由佛驮波利带他出去。法照出去后回首再看,哪有什么院落,佛驮波利也隐而不见了(图 13-4)[1]。

佛驮波利朝拜五台山的行迹,不但形成了好几种版本不同的传

---

〔1〕敦煌研究院:《敦煌石窟全集 12·敦煌佛教东传故事画卷》,商务印书馆(香港)1999 年版,第 238 页,图版 211。

图 13-4　文殊真身殿,五代,莫高窟 61 窟西壁

说,在五台山留下了金刚窟等与文殊师利菩萨显灵有关的遗迹,还影响了此后关于文殊师利菩萨造像的组合。文殊师利菩萨是"华严三圣"之一,一般是主尊毗卢遮那佛,文殊和普贤是他的左右胁侍,文殊骑青狮子,代表佛的智慧,普贤骑象,代表佛的决心,这是根据《华严经》绘成的。这种文殊菩萨造像的固定样式,出现于初唐时期,到晚唐时期比较流行,但是唐末五代时期,又在此基础上出现了"新样文殊"。

"新样文殊"的出现跟文殊菩萨两次化现的不同形象的传说有关。一个传说是文殊菩萨一次化为贫女,带着孩子和狗到大孚灵鹫寺乞讨,被逐了出来,于是现出了真身。据说那个孩子是善财童子,那条狗就是青狮坐骑,所以此后出现的三尊像组合的"新样文殊"就由文殊菩萨、善财童子和驾驭青狮子的于阗王组成(图 13-5)[1]。

另外,由五尊像组合的"新样文殊"就跟佛驮波利朝拜五台山遇见

---

〔1〕敦煌研究院:《敦煌石窟全集 12·敦煌佛教东传故事画卷》,商务印书馆(香港)1999 年版,第 184-185、190 页,图版 165。

图 13 –5　于阗国国王为文殊菩萨驭狮,五代,榆林 19,西壁

文殊师利菩萨化作老翁点化的传说有关了——文殊菩萨、善财童子、

于阗国王、老翁、佛驮波利,就构成了一个完整的文殊师利菩萨化现的

经变图样。

　　佛驮波利之后,般剌若也是发愿前来朝拜文殊道场的印度僧人,

但是他主要致力于译经,虽然他在长安至少停留了 10 年以上,但是否

去过五台山,史无明文。不过既然他来中原的动机就是到文殊师利道场朝拜,在长安又停留多年,从情理上讲不会不去五台山朝拜的。

般刺若也的中文法号是释智慧,姓憍答摩氏,北天竺迦毕试国人,7岁出家,并曾在中天竺那烂陀寺学习大乘经论。他听说文殊菩萨道场在中华帝国的中部,于是发誓要到东方来传播佛教。他泛海东迈,历经艰险,终于在唐德宗建中初年(780)到达广州,贞元二年(786)进入长安。在学习汉语6年之后,到贞元八年(792),他同罽宾三藏般若、翰林待诏光宅寺沙门利言、西明寺沙门圆照、资圣寺道液、西明寺良秀、庄严寺应真、醴泉寺超悟等高僧合作,先后译出《大乘理趣六波罗蜜多经》10卷、《华严长者问佛那罗延力经》1卷、《般若心经》1卷。般刺若也后来终于洛阳,葬龙门之西冈。[1]

13.3 菩提流志、释莲华与般若

菩提流志,原名"达摩溜支",武则天改其名为"菩提流志",[2]唐代僧人,他姓迦叶,南天竺国人,属婆罗门种姓。12岁从外道出家,学声明、数论等,精通历数、咒术、地理、天文,年逾耳顺始皈依佛教,从耶舍瞿沙学佛教经论,其后游历天竺各地,到处讲法。唐高宗闻其名,遣使迎请,长寿二年(693)到达洛阳,于佛授记寺译《宝雨经》10卷等。中宗神龙二年(706)于长安崇福寺编译《大宝积经》49会。前后共译经53部111卷。传其寿156岁。卒后,玄宗谥号"开元一切遍知三藏"。

菩提流志翻译佛经,先后是在洛阳的福先寺、长安的崇福寺及白莲池甘露亭等地,参与翻译佛经的队伍规格之高在当时也是少见的,来自天竺的有天竺大首领伊舍罗、天竺沙门波若屈多、天竺沙门达摩,承担翻译梵文、论证梵文大义的任务;在长安洛阳地区知名的高僧有

---

〔1〕《宋高僧传》卷2《唐洛京智慧》。

〔2〕《翻译名义集一·宗翻译主篇第十一》,《大正新修大藏经》第54册《事汇部下、外教部全》。

思忠、履方、宗一、慧觉、深亮、胜庄、尘外、无著、怀迪、承礼、云观、神暕、道本等人,分别承担笔受记录、斟酌汉文文义的任务;朝廷官员有卢粲、学士徐坚、给事中崔璩、中书门下三品陆象先、尚书郭元振、中书令张说、侍中魏知古等人,从儒学名家的角度,为翻译成的佛经做文字方面的修饰工作。

菩提流志担纲的这次翻译,由印度居士、僧人与中原僧人、文士官员一起来合作,承担翻译过程中不同阶段的工作,显然有利于提高佛经翻译的质量。从此可以看出唐代佛经翻译工作的文字精细与制度完备。

当菩提流志在崇福寺译出《大宝积经》后,唐玄宗亲为之作序。

开元十二年,菩提流志随唐玄宗移居洛阳长寿寺,开元十五年十一月四日,安卧榻上谢世,享年 156 岁。唐玄宗谥曰"开元一切遍知三藏",派遣内侍杜怀信监护丧事。[1]

佛经翻译是中国唐代同印度文明交流的一个重要方面,像菩提流志这样的僧人与中原文人士大夫的合作,使得一些古印度哲学概念,能更完整地与中国儒家文明体系中的传统概念相融合、对接,这对于两种文明的相互理解是非常重要的。当然,这种交流也免不了会有一些阻力。如中印度僧人释极量在广州的译经,最后居然引起了中印度国王的干涉。

释极量是中印度人,梵名般剌蜜帝。他是什么时候到达广州的,史无明文。他在广州是驻锡在制止寺的,于武则天神龙元年(705)乙巳五月二十三日,于灌顶部中诵出一品,名《大佛顶如来密因修证了义诸菩萨万行首楞严经》,译成 1 部 10 卷。这次翻译,由乌苌国沙门弥伽释迦作译语,菩萨戒弟子、前正议大夫同中书门下平章事房融笔受,循州罗浮山南楼寺沙门怀迪证译。但是,释极量刚刚将《大佛顶如来密因修证了义诸菩萨万行首楞严经》翻译完毕,中印度国王派出追捕他的使者就随船到了广州。原来,中印度国王为释极量"擅出经本"而大

---

[1]《宋高僧传》卷3《唐洛京长寿寺菩提流志》。

怒,派人来追捕他回国,不得已,释极量泛舶西归,至于回去后有何遭遇则不得而知。[1]

这种以本国僧人"擅出经本"的罪名,到万里之遥追捕的事情,文献中很难见到,真不知道这个国王为什么会如此大发雷霆。当时晋唐王朝与西域、南海诸国国家之间交往,国王派遣僧人奉献佛驮造像或经本及佛教法器的事情很频繁,也很常见,如中印度僧人释莲华就曾送唐钟到天竺。

释莲华是中印度人,于唐德宗兴元年(784)来到长安,进见唐德宗李适,请求唐王朝赐予他钟一口,打算送还天竺。唐德宗敕命广州节度使李复修鼓铸大钟,并派人将之送到南天竺的金堆寺。据说后来释莲华将此钟安置在宝军国毗卢遮那塔内。

释莲华在长安活动期间的贞元十一年(795),南天竺乌荼国国王奉献来《华严经》后分,并上书"支那天子"说:"手自书写《华严经》百千偈中所说善财童子五十五圣者,善知识入不思议解脱境界普贤行愿品,谨奉进上。愿于龙华会中奉觐云。"据说这次乌荼国国王奉献《华严经》,可能就与释莲华请求唐朝廷送天竺大钟有关,是一次礼尚往来的文化交流活动。

贞元十二年六月,唐德宗下诏,释莲华在崇福寺翻译《华严经》后分,罽宾沙门般若宣梵文,洛京天宫寺广济译语,西明寺圆照笔受,智柔、智通缀文,成都府正觉寺道恒、鉴虚润文,千福寺大通证义,澄观、灵邃详定,神策军护军中尉霍仙鸣、左街功德使窦文场写进。[2]

与释莲华共译《华严经》后分的释般若,是北印度罽宾国人,他还在元和五年(810)译过《本生心地观经》8卷。[3]

13.4　在长安译经的阿地瞿多等印度僧人

菩提流志之外,文献中明确记载来自印度的著名译经僧人还有阿

---

[1]《宋高僧传》卷2《唐广州制止寺极量》。
[2]《宋高僧传》卷3《唐莲华》。
[3]《宋高僧传》卷3《唐醴泉寺般若》。

175

地瞿多（无极高）、地婆诃罗、释慧智、阿儞真那、牟尼室利、释智藏、天竺亡名、佛驮多罗、释尊法等人。

无极高是中印度人，梵名阿地瞿多，他于唐高宗永徽三年（652）正月自西印度背负梵夹来到长安，高宗敕令在慈门寺安置。由长安高僧16人与英公李世勣、鄂公尉迟德等12位王公贵族协助，在慧日寺浮图院建陀罗尼普集会坛，传授佛法。永徽四年（653），在慧日寺从《金刚大道场经》中撮要而译成一部佛经摘要本，命名为《陀罗尼集经》，共12卷。[1]

地婆诃罗是中印度人，他在咒术方面比较突出，唐高宗年间来到中原，在仪凤四年（679）五月上表，请求允许他翻译背负而来的梵文佛经，唐朝廷按照当年对待唐玄奘的译经僧待遇，将地婆诃罗安置在大寺的别院中，调配几个高僧帮助他完成译事。（图13－6）[2]

武则天垂拱末年，地婆诃罗在太原寺、广福寺等地，先后译出《大乘显识经》、《大乘五蕴论》等18部佛经。参与译经的不仅有洛阳、长安的名僧大德，还有来自西域地区的战陀般若、提婆等人。地婆诃罗中文法号是日照，他每翻译出新的经典，武则天的赏赐都非常丰厚。他是一位勤勉的翻译者，最后也是在他从事翻译的那个小房中去世的，享年75岁。[3]

在地婆诃罗的译场中，还有一个关键人物，他就是释慧智，是一个精通汉语和梵语的翻译高手。

释慧智是在中原地区出生、长大的印度人，他的父亲是印度婆罗门种，据说是因为做使者而滞留在唐王朝的政治中心，在长安生下了释慧智。正是由于出身于这样的家庭，所以释慧智对天竺文字非常精通，可能梵语说得不是很好，毕竟是在汉语言环境下长大的。所以，当时长安地区译经的印度僧人们都请他去做证经人，如地婆诃罗、提云若那、宝思惟等的翻译工作中，释慧智都被请去做证经人或度语人。他

---

〔1〕《宋高僧传》卷2《唐西京慧日寺无极高》。
〔2〕邯郸市文物研究所：《邯郸古代雕塑精粹》，文物出版社2007年版，图版73。
〔3〕《宋高僧传》卷2《周西京广福寺日照》。

图 13-6　唐代砂石菩萨

是在高宗时期出家为僧的,后来在武则天长寿二年(693)于洛阳佛授记寺自译《观世音颂》1卷,后不知所踪了。[1]

在译经事业中,释慧智的另一个合作者就是阿俑真那。

阿俑真那是北印度迦湿密罗国人,刹帝利中他的汉语法号是"宝思惟"。

据说他在幼年就舍亲出家,以禅诵为业。受具足戒后,专精律品,对于咒术的学习,也很是下了一番工夫。他于武则天长寿二年来到洛

〔1〕《宋高僧传》卷2《周洛京佛授记寺慧智》。

阳洛都,被安置在天宫寺,开始翻译佛经。到神龙年间(705—707),他在佛授记寺、天宫寺、福先寺等佛寺,先后译出《不空绢索陀罗尼经》等7部佛经。

睿宗大极元年(712)四月,太子洗马张齐贤等将《不空绢索陀罗尼经》缮写进呈内庭,唐睿宗李旦敕令礼部尚书晋国公薛稷、右常侍高平侯、徐彦伯等,将之纳入官方判定的佛经目录之中,弘通流行。

自武则天神龙年间之后,阿儞真那就不再从事佛经翻译的事业,而是专心致力于礼诵修福的修炼。他在每天早晨都要磨香为水,涂浴佛像,然后再饮食,开始一天的修炼生活。后来在洛阳龙门山按印度制式修建一座佛寺,就命名为"天竺寺",与其门徒长居此寺。开元九年(721),阿儞真那终老于天竺寺,享年百余岁。[1]

阿儞真那的译场中,出生在长安的印度人释慧智因为语言方面的优势,发挥了别人无法替代的作用。其实在长安、洛阳这些当时世界上有名的国际化大都市中,有很多因为经商、做朝廷使者等原因而滞留的外国人,印度人当然也不会少,释慧智是其中之一,而另一位叫释智藏的印度僧人,其家族留居长安的时间可能更为久远。

释智藏是西印度种族,他家从其祖父那一代就定居中原,并且世代在朝廷中做官。不仅如此,他家还有了中原姓氏,姓皮氏。可见其家族的中华化要比释慧智家族更为彻底。释智藏的活动主要在唐代宗大历年间到唐宪宗元和年间(766—820)。他精通律藏,曾在唐德宗贞元年间追随大寂禅师,后在浙江杭乌山撰著《华严经妙义》。元和十四年(819)无疾而终,享年79岁。显然,释智藏已经完全中华化,虽然是天竺移民的后裔,但是梵文、梵语对他而言已是外国语了。[2]

牟尼室利、佛驮多罗和释尊法是7—9世纪参与佛经翻译的印度僧人,但影响都有限。华言寂默,其为人也,神宇高爽,量度真率。[3]

牟尼室利是北印度人,曾在中印度那烂陀寺出家学习,唐德宗贞

---

[1]《宋高僧传》卷3《唐洛京天竺寺宝思惟》。
[2]《宋高僧传》卷6《唐越州暨阳杭乌山智藏》。
[3]《宋高僧传》卷3《唐京兆慈恩寺寂默》。

元九年(793)自那烂陀寺出发东来,直到贞元十六年(800)才到长安,在路上整整走了 8 年。到长安先后在兴善寺、崇福寺、醴泉寺、慈恩寺等驻锡,翻译出《守护国界主陀罗尼经》10 卷,还向唐朝廷进呈了《六尘兽图》。元和元年(806)卒于慈恩寺。

佛驮多罗是北天竺罽宾人,在洛阳白马寺译出《大方广圆觉了义经》。[1] 释尊法是西印度人,于唐高宗永徽年间(650—655)译出《千手千眼观世音菩萨广大圆满无碍大悲心陀罗尼经》1 卷后不知其终。[2]

文献中能记载的外来僧人数量毕竟有限,况且在当时的僧人管理制度下,那些没有进入官方管理的寺院之中的外来僧人,其社会地位其实是比较低的。如《宋高僧传》中就记载了这样一位"天竺亡名"僧,其人未详何印度人也。相貌恶陋,缠乾陀色缦条衣,穿革屣,曳铁锡,化行于长安。王公贵戚之家斋僧,此僧往往不请自来,因为当时斋僧请僧人的规矩是"僧必历寺,连名请至",所以没有寺院可属的僧人往往不受重视,甚至还会被歧视。[3]

---

〔1〕《宋高僧传》卷 2《唐洛京白马寺觉救》。
〔2〕《宋高僧传》卷 2《唐尊法》。
〔3〕《宋高僧传》卷 19《唐西域亡名》。

14　西域商人与胡僧

　　佛教在印度的发展,同商人的关系非常密切,佛经中有大量的关于释迦牟尼佛及其弟子们同商人密切交往的记载。

　　据《释迦谱》的说法,悉达多太子出生时,就有大商人从海上采宝而归,到王宫来祝贺,并根据《瑞应本起经》为太子起名为悉达多[1]。而据《方广大庄严经》卷10《商人蒙记品》记载,释迦牟尼刚刚成佛时,最先向他奉献食品的也是北天竺国的两个商人履富婆和婆履,此二人是兄弟,为"众商之主"[2]。

　　因而,佛教创始人乔达摩·悉达多的成长与修道都同商人有密切的关系,他在讲经中说"譬如在于旷野之中,而欲欺诳商人导师,众生堕大黑暗之中,茫然不知所止住处,菩萨为然大智慧灯"[3]。释迦牟尼将商人称作"导师",并且预言欺诳商人要"堕入黑暗之中",可见他本人对于商人是敬重有加的(图14-1)[4]。

　　在《佛本行经》[5]、《中本起经》[6]、《佛所行赞》[7]等经书中,都有关于佛陀与商人交往活动的记载。季羡林先生在《商人与佛教》一文中对此作了很详尽的考察,指出由于印度商人和佛教徒在经济利益和思想方面都有许多共同之处,所以他们结成了水乳交融的关系[8]。

---

[1]《释迦谱》卷1,《大正新修大藏经》第50册《史传部二》。

[2]《方广大庄严经》卷10《商人蒙记品》,《大正新修大藏经》第3册《本缘部上》。

[3]《释迦谱》卷3,《大正新修大藏经》第50册《史传部二》。

[4]敦煌研究院:《敦煌石窟全集4·佛传故事画卷》,商务印书馆(香港)2004年版,第158页。

[5]《佛本行经》卷4《转法轮品》,《大正新修大藏经》第4册《本缘部下》。

[6]《中本起经》卷上,《大正新修大藏经》第4册《本缘部下》。

[7]《佛所行赞》卷3《阿惟三菩提品》,《大正新修大藏经》第4册《本缘部下》。

[8]季羡林:《商人与佛教》,载《季羡林文集》第7卷,江西教育出版社1998年版,第177-197页。

图 14 - 1　二商人奉食佛陀，五代，莫高窟 61 窟北壁下部

14.1　西域商人与佛教传播

西域商人在史书中常常被用"商胡"或"贾胡"这样的字眼来称呼。他们携带着大量的异域奢侈生活品，用"金钱和米酒"开道，贿赂中国的各级官员们给他们行商的方便，因而，他们的势力几乎渗透到了中国社会结构的各个角落。自然，早期主要来自西域的传教僧人也是他们的亲密伙伴和支持对象。

西域商人的东来，是一种东西物质文明交流的历程，同时也是文化交流的历程。佛教的传播，就是同商路的开辟和发展密切相关的。

西域商胡在中国的活动情况，由于"以农为本"的立国观念根深蒂固，来自西域的商人除了要受到风沙、盗劫等灾难的威胁外，贪暴的地方官吏和豪族恶霸对商人财物的劫夺，也是他们遭受损失的主要原因之一。然而，即使这样，通商中原所带来的丰厚利润，还是吸引大批的西域商人前赴后继地来到当时的国际贸易桥头堡——凉州，并由此继续东进南下，到洛阳、邺城、长安等大型城市贩卖他们的商品，如毛毯等（图 14 - 2）[1]。

---

〔1〕刘玉权：《敦煌中世纪动物画》，上海人民出版社 2007 年版，第 68 页。

·欧·亚·历·史·文·化·文·库·

图 14－2　商人与驮货物的驴,盛唐,莫高窟 45 窟南壁西侧

　　由西域到中原地区的商路的开拓,也就是佛教传播之路的开拓。这个过程可能是相互作用的。不远万里求取厚利的西域商人是这条道路的开拓者,他们将那些虔诚的西域或印度佛教徒带到了中原。而也许正是这些佛教徒,在沿路或到达目的地之后,又以文化使者的特殊身份,给西域商人谋求到了方便的生存环境。

　　西域商人在中国经商,有着自己的商业网络,确切说,主要是以姑臧、敦煌为桥头堡,向广大的中原地区铺展扩散。

　　自张骞出使西域之后,西域同中国之间的商业往来就非常频繁,《后汉书》有"驰命走驿,不绝于时月;商胡贩客,日款於塞下"的记载。[1] 三国时期,仓慈做敦煌太守期间,对西域商人实行了非常开明而宽容的政策,[2]保证了从敦煌到姑臧、金城直至洛阳的商业贸易得以顺利进行,这条商路的畅通,其实也就保障了佛教东传的顺利。仓慈本身就是佛教徒,所以他对西域商人的态度,可能就同他对佛教的信

---

〔1〕《后汉书·西域传》。
〔2〕《三国志》卷 16《魏书十六·仓慈传》。

仰有密切联系。这本身也从一个方面说明西域商人对于佛教传播的重要性。

1907年在敦煌西北长城烽燧(编号 T. XII. a)出土的8件粟特文信札,有利于我们了解3—4世纪西域商人在这条商路上的情况。其中最完整的二号信札,墨书,全文36行,按内容可分为9段。这件文书现藏大英图书馆,编号 Or. 8212/92～101,是一个名字叫做纳奈凡达克的粟特商人头目写给远在撒马尔干的上层商主纳奈德巴尔的信,汇报在中国的经商情况。关于这份文书的年代,学界有东汉末年说和西晋末年说两种看法,[1]王素、李方先生著的《魏晋南北朝敦煌文献编年》将其确切年代定在公元311年稍后,此时正是匈奴刘曜、刘粲攻破长安,西晋朝廷灭亡的历史转折关头。

这封信中提到了11个城市,依自西向东的次序为敦煌、酒泉、姑臧、金城、长安、洛阳、南阳、邺城、黎阳、淮阳、蓟城,这是驻扎在凉州首府姑臧的粟特商人头目纳奈凡达克所负责的商业网络所达到的地方。如果我们将这张商业网络地图同同时期的高僧活动行迹相比较,就可以看出,其实这些城市也是当时佛教高僧的主要活动地点。因而,西域僧人的传教活动是同西域商人的所到达之地密切相关的。

从这封信来看,西域商人在整个中原地区有很完整的商业链条和组织,他们是一个很具规模的商业组织,有国内的最高管理者和委托人"大人",还有驻在敦煌和姑臧的商业头目,负责对前往中原其他地方的商人的管理工作,他们的身份可能就是佛经中所说的"商主",直接对在西域的"大人"负责。

14.2　西域商人与来华传教胡僧

正是由于西域商人具有严密的商业链条和体系,也为来华传教的西域、天竺等地的佛教徒提供了很好的帮助。

---

[1]林梅村:《敦煌出土粟特文古书信的断代问题》,载《中国史研究》1986年第1期;陈国灿文载《敦煌学史事新证》,甘肃教育出版社2002年版,第56–72页。

早期传教僧人有的是靠惊人的记忆力将一些不是很长的佛经背诵下来,到中原后再口述译出。但是这只能局限于较短的佛经或者佛经的某一部分内容,对于很长的经典,就需要有来自古印度地区的"梵本"或来自中亚诸国的"胡本"经书。

这些文字书写的经书来到华夏地区,有3个途径:一是东来传教的天竺、西域僧人背负而至,此乃送经;二是中原地区的僧人万里迢迢到天竺或中亚诸国取经;三是通过天竺、西域商队将经书捎带过来。

经书的传递有赖于西域商人,西晋时期的佛经翻译家竺法护就曾依靠西域商人的商团组织传递过佛经。竺法护是在古代敦煌地区土生土长的月氏人,他的名字按音译应该是"昙摩罗刹"或"竺昙摩罗刹",法护是他的法号。他家世居敦煌郡,因为译经弘法的光辉业绩,而被世人称作"敦煌菩萨"。

晋武帝时代,竺法护曾随其老师竺高座到西域求法,取得多种胡本佛经东归,自敦煌至长安,沿路传译。其中,他带来的《渐备经》一直没能翻译出来。竺法护去世后,《渐备经》滞留在凉州很多年一直无人问津。直到东晋孝武帝泰元元年(376),凉州僧人释慧常才将此经辗转送到了时在襄阳的释道安手中。[1]

释慧常就是利用了粟特商人的商业网络来为释道安传送经书,先是由"互市人"康儿将经书从凉州带到长安,然后转交给在长安的安法华,安法华又派人把经书送到互市,再由别的"互市人"把经书送达在襄阳的释道安之手。"互市"是中原政权同边境诸族交易的地方,一般设在边境地区。此处所说的"互市"是在凉州、长安这样的城市中,显然就是指当时居住在这些地方经商的西域商人的居所或商业点。从姓名来看,康儿、安法华这两个人都是粟特人。那么文中所说的"互市人",也就是对西域商人的称呼。

佛陀耶舍在从长安返回罽宾后,曾托商人传递过佛经。佛陀耶舍在十六国时期来到中原,先后到达姑臧、长安,并同竺佛念等翻译《长

---

〔1〕《出三藏记集》卷9《渐备经十住梵名并书叙第三》。

阿含》等经典。他后来回归罽宾后,通过西域商人将《虚空藏经》1卷带回凉州交给凉州僧人,[1]说明在西域同凉州僧人以及中原之间有一个托付于西域商人网络的佛经传播渠道。

西域商人同佛教徒的密切关系,我们还可以从以下几方面得到印证:

一是来自西域和印度的僧人往往都同西域商队结伴而行,天竺僧人僧伽跋摩、耆域都是同西域商人、南海诸国商人关系密切的僧人。

僧伽跋摩是天竺人,少年时期弃俗出家,善解三藏,尤精《杂心》。宋元嘉十年跋涉流沙之地,来到南朝宋的都城建邺,曾在长干寺同招集学士翻译佛经。元嘉十九年,他随西域商人乘船舶返回天竺,不详其终。[2]

求那跋摩是罽宾人,但他在师子国、阇婆国游历。元嘉八年,求那跋摩到达建邺,他所坐的船是师子国商人竺难提的。

正是因为这种旅途上的共生关系,所以一些胡僧同西域商人的关系是很密切,如耆域返回西域后,就碰到了商人胡湿登,而这个胡湿登经商到中原后,就把碰到耆域的事情告诉了在中原的西域僧人。可见商人与僧人不仅仅是旅途上的伴当,而且是相互传递消息的主要渠道。[3]

二是有部分传教僧人本身就出身于在中原经商的西域商人之家。

如康僧会,祖先是康居人,世代居住在天竺。其父因经商而举家移于交趾。康僧会10多岁的时候,二亲并亡,于是他出家为僧,传教东吴。[4]

法度也是这种情况。南朝宋元嘉年间,法度的父亲、天竺商人竺婆勒在广州与天竺往返经商,就举家住在广州。法度就是在广州出生的,他后来出家为僧,为昙摩耶舍的弟子。法度相貌上虽是天竺人,但是已

〔1〕《高僧传》卷2《晋长安佛陀耶舍》。
〔2〕《高僧传》卷3《僧伽跋摩》。
〔3〕《高僧传》卷9《耆域》。
〔4〕《出三藏记集》卷13《康僧会》。

经完全汉化。[1]

在来华的西域商人中,还有人是一边经商一边传播佛教,东汉时期来自安息的佛教居士安玄就是这样的人。

安玄是安息国人,在东汉灵帝末年到洛阳经商,可能他曾立过功勋,所以被东汉政府封以"骑都尉"这样一个武职称号。安玄性格温和谦恭,经商之外,以传播佛教、翻译佛经为己任,慢慢掌握了汉语,经常同僧人们讲论道义,后来他与僧人严佛调共同翻译出《法镜经》。[2]

大约在南朝梁天监年间,来自康居国的商人道仙放弃商务,在竹林寺出家为僧。释道仙,本康居国人,初以游贾为业,后来在经商途中听到僧达禅师讲经说法,幡然顿悟人生的价值所在,于是依然将其携带准备购买货物的两船金银珠宝沉于江水之中,辞别妻儿,投灌口竹林寺出家为僧。[3]

三是来自西域的僧人可能在不同程度上都得到了在中原经商的本国商人的照顾和善待。

如西域僧人昙摩难提在秦建元二十年到长安,得到了"外国乡人"的善待。[4] 能在长安居住的"外国乡人",只能就是驻扎在当地的商团成员,因而,在长安的外国人同东来的外国僧人关系是相当密切的。

---

〔1〕《出三藏记集》卷5《小乘迷学竺法度造异仪记第五》。
〔2〕《高僧传》卷1《支娄迦谶》。
〔3〕《神僧传》卷5《道仙》。
〔4〕《出三藏记集》卷9《增一阿含经序第九》。

15　传教胡僧中的西域王子

在来华的西域胡僧中,有不少僧人都自称是西域诸国的王族成员,他们有的是退位的国王,有的是让位的王子,有的是王室成员或后裔。

由于在传统的正史记载中,对外来僧人这一具有民间性质的东来者缺乏记载,而僧史资料则往往因为传教的需要,总是想尽办法在这些高僧的家族出身、智力水平、文化修养、医术等方面或夸大或神化,往往在可靠的资料方面又附会一些很不可靠的记述。这就导致这些胡僧的王族家庭背景记录的可靠度大大降低。但是,毫无疑问,他们中肯定有一些确实是西域那些多如牛毛的小国的王族成员。

从东汉时期开始,到中原传教的西域、印度僧人中,自称与西域或印度大陆各个古代国家的王室有亲密联系的有安世高、帛尸梨蜜多罗、鸠摩罗什、求那跋摩、善无畏。

15.1　帕提亚古国与两个同名的安息王子

安世高据说是安息国太子,故号"安侯"。按《高僧传》的说法,安世高是"安息国王正后之太子",[1] 那就是法定的王位继承人,可是他后来让国与其叔叔,出家为僧。他在汉桓帝(147—167)初年来汉地译经,先后译出《阴持入经》、《人本欲生经》、《大十二门经》、《小十二门经》等39部经典。汉灵帝末年,因避战乱而到江南,后来在会稽被斗殴者误伤而亡。

中国古代文献中的安息国,就是西方文献中的西亚古国帕提亚王

---

〔1〕《高僧传》卷1《安清》。

国,地处伊朗高原东北部,公元前 3 世纪独立,建阿萨息斯王朝,米特拉达悌一世对外扩张,占领整个伊朗高原及两河流域,一跃成为西亚大国。初都尼萨,后西迁至赫卡顿比勒和忒息丰,为丝绸之路必经之地。226 年为波斯萨桑王朝所取代(图 15 - 1)[1]。

图 15 - 1　帕提亚君王冈多法勒斯铜币,公元前 1 世纪,塔克西拉博物馆藏

安世高来到中原活动的时间即汉桓帝初年到汉灵帝末年这个时间段,如果他真是一位已经继承王位的安息王子,那么他在帕提亚王

〔1〕穆罕默德·瓦利乌拉·汗:《犍陀罗——来自巴基斯坦的佛教文明》,陆水林译,五洲传播出版社 2009 年版,第 133 页。

国称王的时间就在 147 年之前不远的年头。对比帕提亚王国的国王世系,在米特拉达梯四世(128—140)之后,先后有两个国王即位,一位是名字失传的国王(140—147),其后就是沃洛吉斯四世(147—192)。

有意思的是,按《高僧传》卷 1《安清》的记载,安世高是在继承王位之后才出家为僧的,而恰恰就在米特拉达梯四世谢位和安世高来到中原之前的这一个时段里,帕提亚王朝的国王失传了名字,而在安世高于 147 年到达中原时,帕提亚王朝的新国王沃洛吉斯四世即位,这预示着安世高可能就是那个帕提亚王朝失传了名字的国王。

从在位时间来讲,米特拉达梯四世在位 13 年,沃洛吉斯四世在位 45 年,而失传名字的国王仅仅在位 7 年,而据《高僧传》的记载,安世高其实不仅仅是安息国王子这么简单的身份,他是继位了的国王。《高僧传》的原文是"王薨,便嗣大位。乃深惟苦空,厌离形器,行服既毕,遂让国与叔,出家修道"。[1] 就是说,安世高在前国王去世后,继承了王位,等主持国丧等活动结束后,才出家为僧人的。当然,这些都是根据中国方面的僧史文献的臆测,西方历史学家并没有在西方文献中找到同安世高相符的这样一位安息王子或国王。

在西亚存在了 400 多年的帕提亚古国,并不是一个完全统一的帝国,而是由众多小国组成的一个联合体,安世高也可能是这些小国中某个国家的王子或退位国王。

还有一个可能是文献记载产生了混乱,因为在东汉后期,在洛阳的朝廷中,还有一个作为"安息国质子"的安息王子安世高。这个安世高来自安息,但不是僧人。

《魏书》记载说他是东汉时期以安息王子的身份到洛阳的。西晋亡乱,这个安息王子安世高家族为避乱移居辽东,其后代有个叫安屈的,曾做过前燕慕容暐的殿中郎将。370 年,慕容暐被前秦苻坚所灭,安屈的好朋友公孙眷的妹妹被苻坚赐大将刘库仁为妻,于是安屈等人算是有了靠山,安屈的儿子安同也随公孙眷做起了商贩生意,后来成

---

〔1〕《高僧传》卷 1《安清》。

189

了北魏大将。[1]

这两个安世高来到洛阳的年代都差不多,并且又都是安息王子,但是身份却截然不同,一个是出家僧人,一个是到长安做人质的王子。

15.2 莎车、龟兹与乌荼国王子

有两位莎车王子虽然未曾踏上中原的土地,但是对于中原大乘佛经的传播发挥了至关重要的作用,所以有必要介绍。这两位莎车王子,一位叫须利耶跋陀,一位叫须利耶苏摩,是亲兄弟俩,他们是引导鸠摩罗什由小乘僧人转向大乘的老师。时间大约在东晋永和十二年(356)。

当时,鸠摩罗什随母亲从罽宾返回龟兹途中,从355—357年在疏勒国学习佛学及杂学经典的这段时间里,他正式受教于两位著名的高僧大德,一位是出身婆罗门贵族之家、学富五车的罽宾僧人佛陀耶舍,一位是王族出身的须利耶苏摩。佛陀耶舍是一个对大小乘经典都很有研究的高僧,他熟读大小乘经典数百万言,可能是他第一次让鸠摩罗什接触了大乘理论,但是真正让鸠摩罗什由小乘学转向大乘学的,是由于须利耶苏摩的点化和引导。

鸠摩罗什到疏勒国的时候,须利耶跋陀和他的弟弟须利耶苏摩两人在疏勒传教,苏摩在佛学教养上要远远优秀于他的哥哥跋陀。据说苏摩才智绝伦,当时非常有名,他的哥哥跋陀和很多僧侣、佛教学者都拜苏摩为师。鸠摩罗什到达疏勒国后,同须利耶苏摩有"英雄相见恨晚"的那种感觉,关系非常密切,但是由于鸠摩罗什是小乘学者,而须利耶苏摩是大乘,因而鸠摩罗什又有"恨学业不同不得从就"的遗憾。

须利耶苏摩后来为鸠摩罗什说《阿耨达经》,鸠摩罗什听到阴界诸入皆空无相,怪而问道:"此经更有何义而皆破坏诸法?"须利耶苏摩一一为之讲解,鸠摩罗什方知理有所归,遂转向大乘,他曾长叹道:"吾昔

---

[1]《魏书》卷30《安同传》。

学小乘,如人不识金,以鍮石(黄铜)为妙。"从此跟随须利耶苏摩学习了《中论》、《百论》及《十二门论》等。

龟兹国是佛教东传中国的重要中介站,文献中明确记载的龟兹王子就是著名的"高座法师"——帛尸梨蜜多罗。

帛尸梨蜜多罗是在西晋永嘉年间(307—313)来到江南地区的,当时人们把他称呼为"高座"。僧传中说他是龟兹国"国王之子,当承继世,而以国让弟"。[1] 晋咸康(335—342)中以80多岁高龄在江南去世,当时,另一个"龟兹王世子"帛延在东晋咸和三年(328)尚在凉州译经。如果说他们两人都是龟兹王族的话,那么二人必有亲缘关系。据目前可查的世袭,永嘉(307—313)前后之间的龟兹国,国王是白山,但是在285—326年之间,也就是东晋咸和六年(328)之前,[2]龟兹被焉耆征服,国王白山被焉耆王龙会所杀,龙会在自此之后的很多年做龟兹国王,那么自焉耆王龙会破龟兹国始,龟兹王族尤其是国王直系子弟之外逃,则是其必然选择。帛尸梨蜜多罗如果真是"国王之子",那么在时间段上可能是龟兹国国王白山同辈,至于其东来中原,就同龟兹被焉耆灭国的事件有关。

另外,鸠摩罗什的母亲是龟兹王帛纯的妹妹,所以鸠摩罗什也是龟兹王室的直系血亲。

到唐代,最著名的王子出家为僧的就是善无畏了。善无畏是中国佛教密宗创始人之一,与金刚智、不空并称"开元三大士"。他祖籍中天竺摩揭陀国,刹帝利种姓。兄弟4人,他是最小一个。但是其德艺双全,10岁统军,13岁继承乌荼国王位。诸兄不满,发动变乱,遂萌生厌世弃俗之心,于18岁舍弃王位,至南方海滨殊胜招提出家为僧。

他于开元四年到达长安,受到唐玄宗的礼遇和尊崇,迎入内道场供养,擅长工艺技巧,博通各科知识,曾铸造金铜灵塔,世称绝妙。(图

---

[1]《高僧传》卷1《帛尸梨蜜多罗》。
[2]刘锡淦、陈良伟:《龟兹古国史》,新疆大学出版社1996年版,第68页。

191

15 - 2)[1]

图 15 - 2　阿旃陀石窟印度王子生活

　　关于东印度的乌荼古国,唐玄奘在《大唐西域记》卷 10 中的记载比较详细,国土周 7000 余里,都城周 20 余里,土地膏腴,谷稼茂盛。树上的果实要比周边诸国都大,异草名花,难以称述。气候温暑,风俗犷烈。人貌魁梧,容色厘黮(黧黑)。言辞风调,异于中印度。人民好学不倦,多信佛法。有佛寺百余所,僧徒万余人,并皆学习大乘。当然不仅仅有佛教,乌荼古国的都城内也是异道杂居,有塔寺 10 多所。

　　除了唐玄奘曾到过乌荼国留下记载外,唐代佛教界同乌荼国有相当频繁的交往,据《宋高僧传》卷 3《唐莲华传》记载,唐德宗贞元十一

〔1〕玛瑞里娅·阿巴尼斯:《古印度——从起源至公元 13 世纪》,刘青等译,中国水利水电出版社 2006 年版,第 213 页。

年(795),乌荼国国王献书大唐天子,书信中说:"手自书写《华严经》百千偈中所说善财童子五十五圣者、善知识入不思议解脱境界普贤行愿品。谨奉进上,愿于龙华会中奉觐云。"这部乌荼国国王手写的《华严经》,就是《华严经》后分40卷,于贞元十二年由罽宾三藏般若等在长安崇福寺译出。

15.3 罽宾国王子求那跋摩

罽宾,在中国古代历史文献中是没有一定界说的,在佛教文献中,罽宾就是迦湿弥罗。迦湿弥罗位于印度东北境,喜马拉雅山的西麓,即今天的克什米尔地区。

佛教最早传入罽宾的时间在公元前259年前后,到4世纪,罽宾同东方各国在政治、商业方面交往频繁,佛教也日渐兴盛,尤其是说一切有部的学说,在罽宾非常兴盛,很多外国的僧人都到这里去学习有部知识。从晋代以来,有大批罽宾僧人来到中原,而求那跋摩则是其中的特殊者——一个传说中的王子。

求那跋摩本为罽宾王族,年20出家,精于戒律和禅学。历游师子国、阇婆国等。南朝宋元嘉元年,文帝应精师沙门慧观、慧聪等请,敕令交州刺史泛舶致书延请。元嘉八年正月到达建康,受文帝及王公英彦之供奉,住祇洹寺,开讲《法华》及《十地》。又译出《菩萨善戒》、《四分比丘尼羯磨》、《优婆塞五戒》等10部18卷。

按《高僧传》的记载,求那跋摩本刹帝利种姓,其家族累世在罽宾国为王,但他家并不是嫡系,从他的祖父呵梨跋陀开始,就被排挤出王权中心,被迁移出王城。他的父亲僧伽阿难则潜隐山泽。

求那跋摩14岁的时候就表现出来了他的善良和机敏。他的母亲想尝尝野味,于是让求那跋摩去找人打猎,求那跋摩劝他的母亲说:"有命之类,莫不贪生。夭彼之命,非仁人矣。"母亲一听大怒,说:"如果因杀生而得到报应,由我来为你承担罪过。"过了几日,求那跋摩煮油,不小心把滚烫的热油浇在了手指上,他就去对母亲说:"代儿忍痛。"母亲回答说:"痛在汝身,吾何能代?"跋摩曰:"眼前之苦尚不能代,况三途耶?"[1]母亲由此悟,终身断杀。

求那跋摩在 20 岁那年出家为僧,诵经百余万言,尤其精于戒律与修禅,被罽宾僧界称为"三藏法师"。到他 30 岁的时候,罽宾王去世,因为他没有后代,大臣们便商议:"跋摩帝室之胤,又才明德重,可请令还俗,以绍国位。"群臣数百再三固请,求那跋摩拒不接受。为躲避大臣们的劝进,于是遁入山林。[2]

此后求那跋摩先后到师子国和阇婆国游历。在阇婆国,求那跋摩同国王的关系非常密切。

据传说,在求那跋摩尚未到达阇婆国的前一夜,阇婆国国王的母亲夜晚梦见一高僧坐飞船进入阇婆国。第二天早晨,求那跋摩到了阇婆国,所以国王的母亲对求那跋摩敬重万分,认为他是圣僧。在母亲的影响下,阇婆国国王也奉命受戒。

大约在元嘉八年,求那跋摩从阇婆国来到了广州。

求那跋摩在师子国的时候,就有一个叫做竺难提的忠实的信徒跟随着他。这个竺难提是一个船主,求那跋摩从师子国到阇婆国乘的是他的船,从阇婆国到广州,乘的也是竺难提的船。当求那跋摩到达建康时,竺难提又奉求那跋摩之命,返回师子国载来铁萨罗等 11 位比丘尼。

求那跋摩不仅为江南的比丘尼受戒,还在始兴虎市山灵鹫寺中宝月殿北壁画《罗云像》和《定光儒童布发之形图》,可见他还擅长于作画。到建康后,求那跋摩住在祇洹寺,开讲《法华》《十地》等经。

宋元嘉十一年九月二十八日中,食未毕,求那跋摩在祇洹寺谢世,享年 65 岁。

15.4 月婆首那、菩提达摩与"王子式菩萨"造像

来到华夏大江南北的"王子僧人"中,月婆首那的王子身份容易被

[1]《高僧传》卷3《求那跋摩》。
[2]《高僧传》卷3《求那跋摩》。

忽略,因为他没有安玄、善无畏那么高的名声和影响。

月婆首那是中天竺优禅尼国的王子,大约在东魏初年就来到中原地区了。此人不仅精于佛经义理,而且洞晓音韵、兼善方言。魏元象年中(538—539),他在邺城(今河北临漳西南)司徒公孙腾的府邸中译出《僧伽吒经》等3部7卷,由沙门僧昉笔受。

梁武大同年间(535—546)月婆首那南渡长江,来到梁都建康,译出《大乘顶王经》一部,梁武帝敕命月婆首那总监外国僧人往还的使命。到太清二年(548),于阗僧人求那跋陀带来《胜天王般若》梵本,月婆首那请求允许翻译此经,可惜正值侯景之乱,没能完成此事。直到梁朝灭亡后,在南朝陈天嘉年间,方将此经在江州兴业寺翻译出来。[1]

关于月婆首那后来的事迹,文献中失载,不知所终。

与月婆首那相比,菩提达摩就是声名赫赫了,他在南朝宋初年(479年前)来到江南,与梁武帝一言不合,无奈渡江北上。后来停留在著名的少林寺,面壁坐禅9年,被中国禅宗尊为初祖。这个开创中国禅宗的印度僧人,据说就是南天竺香至国的王子。

据说东天竺高僧、天竺禅宗第27祖般若多罗行化至南印度一个国家,这个国家的国王名叫香至,所以就把这个国家称之为"香至国"。香至国国王对般若多罗崇奉有加。香至国国王有3个王子,按排行大小分别叫月净多罗、功德多罗和菩提多罗。般若多罗以同样的话题同这3个王子交谈,发现只有三王子既聪慧又善辩。般若多罗问他:"诸物中何物最高?"他回答说:"诸物中人我最高。"问他:"诸物中何物最大?"三王子回答说:"诸物中法性最大。"这样高明的回答,使得般若多罗认定三王子菩提多罗正是他要寻找的传递禅宗心法的继承人,但由于时机不成熟,般若多罗并没有急于传法给菩提多罗。

等香至王去世后,王公大臣、后妃王子都悲痛欲绝,只有三王子菩提多罗在父王的灵柩前入定,过了整整7天,才出定,向般若多罗请求出家为僧。等受了具足戒,般若多罗就传禅宗心法给他,说:"如来以

---

[1]《续高僧传》卷1《拘那罗陀》。

正法眼付大迦叶,如是辗转,乃至于我。我今嘱汝。"并给他说了传法偈语:"心地生诸种,因事复生理。果满菩提圆,华开世界起。"据说,菩提多罗在天竺香至国得到心法传授,改名菩提达摩的时间,正是中国南朝宋孝武帝孝建元年(454)。到了大约479年,达摩搭乘商船,东渡中华,开始了传教中国的历程。[1]

之所以有这么多的西域胡僧自称出自王族,可能有几方面的原因:一是佛教创始人释迦牟尼本人就是王子,从印度到西域诸国,大多情况下佛教本身就依赖于王权而存在,在王公贵族中的影响深厚,有诸多王子出家为僧,是完全可能的。二是古印度大陆和西域地区小国林立,那么有数量众多的王子存在就是自然而然的了。三是如果有托名的情况存在的话,也是可以理解的,高贵的身份和王族背景,既有利于取得信任,也在关键时刻能保证安全。

"王者"的身份或形象有利于得到认同和信任,这是不言而喻的。我们从早期的犍陀罗造像中的佛像或菩萨像中,就可以看到这种情况。如2—3世纪的犍陀罗佛立像,佛陀穿通肩袈裟,这种袈裟与罗马时期雕塑中皇帝们的长袍非常相似,而佛陀器宇轩昂,也颇具王者气象(图15-3)[2]。

犍陀罗菩萨像的创造是犍陀罗艺术的重大贡献。虽然也受到希腊化艺术的影响,但犍陀罗菩萨像更富于印度色彩,一般带有印欧混血儿的特征,通身高贵的气派和豪华的服饰,酷似贵霜时代风度翩翩的印度王子(图15-4)[3]。沙巴兹出土的片岩雕刻"王子菩萨像",是犍陀罗印度王子式菩萨像的典型。而创作于十六国时期的金铜菩萨立像(图15-5)[4],与犍陀罗的"王子菩萨像"有着异曲同工之妙。金铜菩萨的佩戴、衣着和手势都酷似王子菩萨。

〔1〕《佛祖历代通载》卷8,《大正新修大藏经》第49册《史传部一》。

〔2〕穆罕默德·瓦利乌拉·汗:《犍陀罗——来自巴基斯坦的佛教文明》,陆水林译,五洲传播出版社2009年版,第265页。

〔3〕Charles F Chicarelli, *Buddhist Art: An Illustrated Introduction*, Silkworm Books, 2004, p.72.

〔4〕金申:《海外及港台藏历代佛像珍品纪年图鉴》,太原:山西人民出版社2007年版,第376页。

图 15 - 3　佛陀等身立像,2—3 世纪,白沙瓦博物馆

·欧·亚·历·史·文·化·文·库·

图 15 – 4　王子形象的弥勒菩萨,100—300 年,巴基斯坦犍陀罗博物馆藏

图 15 - 5 王子式菩萨立像,十六国时期

·欧·亚·历·史·文·化·文·库·

16　胡族僧人与舍利信仰

公元前480年,释迦牟尼灭度后,弟子信众们按照当时的葬俗仪轨,将他火葬,火葬之后的遗骨就是佛骨舍利。在佛像没有产生之前,佛陀火化后的遗骨或安置佛骨舍利的塔就成为信徒崇拜礼敬的对象,这就是"舍利崇拜"的来源。

舍利崇拜是偶像崇拜之前的一个重要阶段,佛陀偶像的出现处于佛教美术发展的最后一个序列位置,是在1—3世纪才出现的。在此之前的佛教美术作品中,要表现佛陀的地方,都用佛足印、法轮、菩提树、墓塔或空出来的宝座来象征。佛是不能被表现、描绘的,这是早期印度派佛教艺术家遵守的一个不可动摇的"创作金律"。因而,目前考古学和艺术史研究所公认的发展序列是,最早在公元1世纪的犍陀罗或秣菟罗才出现佛的造像。正是因为佛的不可表现,所以对佛骨舍利的塔供养,是早期佛教徒崇拜礼敬佛陀的最主要形式,印度山奇大塔就是这种塔供养的圣迹。在犍陀罗石刻佛教艺术品中,对佛骨舍利的塔供养表现得非常生动细致。绕塔礼拜佛陀成为一种风习,至今,在新疆和中原石窟寺中存在的那些具有中心柱的洞窟的形制,及藏传佛教的信徒绕塔转经和转山都可见到这种崇拜方式的影响

16.1　传说中的"八王分舍利"

"舍利"一词来自梵文,原来是译作"舍利罗",后来就简称为舍利。大概但凡火化后的遗骨都可以称作舍利,但是佛教徒对舍利的崇拜肯定是源于对释迦牟尼遗骨的崇拜,这是毫无疑问的。但是,佛教徒在无限扩大,佛教传播的地域也在扩张,不可能有那么多的佛骨舍利供信徒们供养,于是,可以供养的舍利的概念就渐渐扩大了。舍利可以分为

佛骨舍利和法舍利两种,佛骨舍利当然主要指的是释迦牟尼的遗骨,但是也包括诸佛的舍利,包括佛顶骨、指骨、佛牙、指爪、头发;法舍利就是指佛经(图 16 - 1)[1]。

图 16 - 1　彩绘舍利盒,6—7 世纪,库车苏巴什佛寺遗址出土

佛骨舍利的向外传播,最早的就是佛经中所说的"八王分舍利"。

按佛经的记载,释迦牟尼涅槃后,弟子们依据转轮圣王的葬礼,用金棺收敛释迦牟尼的圣体。据传,当时大迦叶远游在外,闻讯赶回,悲痛不已。这时佛陀从金棺中伸出足来,大迦叶顿然意会,以首顶礼佛足,誓愿担负弘扬圣教的大任,佛足随即收回金棺,并自引三昧真火荼毗(荼毗,意为焚烧烧身)。这个细节在犍陀罗石刻佛传图中都有生动细致的表现。

佛陀当时灭度于拘尸那国,佛陀荼毗后留下的舍利,为拘尸那城的末罗族王所得,不愿分与其他国王。诸国的国王得知后,商议决定以兵力强行分取,战事一触即发。经过香姓婆罗门的调解,当时参与争夺的八国国王:王舍利的阿阇世王,毗舍离城的离车族,迦毗罗卫城的释迦族,遮罗颇的跋利族,罗摩伽的拘利族,毗留提的大梵王,波婆的末罗族与拘尸那城的城主都推举香姓婆罗门为代表,为大家分取舍利。香

[1]Gilles Beguin, *Buddhist Art:An Historical and Cultural Journey*, River Books Co. Ltd. 2009,p. 236.

姓婆罗门用金杯量取,将舍利分为八件,八国各取一份,建塔供养。

据佛教中记载,这八处建塔的地方分别是:迦毗罗卫城蓝毗尼国(佛生处),摩揭陀国尼连禅河畔菩提树下(成道处),迦尸国波罗奈城鹿野苑(初转法轮处),舍卫城祇园精舍(现大神通处),桑迦尸国曲女城(从忉利天下降处),王舍城(化度分别声闻处),毗舍离城(思念寿量处),拘尸那城婆罗林双树间(入涅槃处)。

此后,还有阿育王造八万四千塔,遍分舍利的传说。[1] 当然这些都是传说,但是在佛教越过葱岭传播的岁月里,佛骨舍利也传到了西域直至中原。

当然,中原地区有很多佛骨舍利,有的都是代替品,有水晶的、珊瑚的,有的就是珍珠,但是在信徒们看来,即使是代替品,其庄严也是无与伦比的。各种舍利的来源,当然与天竺、西域僧人有着密切的关系,尤其是早期文献记载中的舍利,主要是胡族僧人奉请来的。

16.2 康僧会与"感应舍利"

在东汉熹平年间(172—178),虽然中国的南方地区就有了胡族僧人的造像,汉晋之际在钱树上就有了形象非常逼真的佛像作装饰,但是佛舍利作为一种信仰实物的出现,却要晚得多。文献中最早的关于请佛舍利来崇拜的实例就是三国时期的康居僧人康僧会在建业请得"感应舍利"的记载。

康僧会祖籍康居,世居天竺,其父因商贾移居交趾。10余岁父母双亡,即出家。三国吴赤乌十年至建业。在他来之前,吴地官民其实早就接触过佛教,当时来自大月氏的居士支谦在孙权的支持下于建业翻译佛经,很有社会影响力。但是当时的东吴之地,却从没见过来自异域的出家僧人,也没有专门用来崇拜佛像、诵经传道的寺庙,本土当然更不会有人出家做僧人了,所以康僧会这样一个出家僧人的到来,在当

---

〔1〕《大唐西域记》卷8《摩揭陀国》。

时的东吴引起了轰动性效果(图 16 - 2)^[1]。

图 16 - 2　康僧会下江南,中唐,莫高窟 323 窟北壁东

　　康僧会是职业的宗教人员、受戒的出家人,所以到建业的第一件事,就是修建了简陋的茅舍做寺庙,布设佛像,传道授经。这种传教的阵势和康僧会的剃发易服的僧人形象,是吴地人非常诧异的,觉得康僧会可能是个异数、不太靠谱。地方官员奏闻吴主孙权:"有胡人入境,自称沙门,容服非恒,事应检察。"孙权猜度说:"昔汉明帝梦神号称为佛,彼之所事,岂非其遗风耶?"随后就召见了康僧会,诘问道:"有何灵验?"康僧会回答说可以请来佛骨舍利。在孙权看来,康僧会这就是在虚妄夸口,于是说:"若能得舍利,当为造塔。如其虚妄,国有常刑。"康僧会满口答应,以 7 日为期,于是洁斋静室,在几案上安置好准备接舍利的铜瓶,开始烧香礼请。结果 7 日之后,铜瓶内空空无也;于是又许下 7 日之限,期满之后,还是没请来舍利。孙权以为康僧会是在欺骗他,一怒之下要治他的罪。康僧会再三请求,孙权又答应再给他 7 天时

　　〔1〕敦煌研究院:《敦煌石窟全集 12 · 佛教东传故事画卷》,商务印书馆(香港)1999 年版,第135 页。

间(图 16 – 3)[1]。

图 16 – 3　孙权观五色光芒舍利子,中唐,莫高窟 323 窟北壁东

　　在三七的最后一天,太阳落下之时,仍然一无所得,信徒弟子们当时已经是心惊胆战,惹怒孙权那是要掉脑袋的。康僧会却一点也不灰心,继续诵经祈请,到当夜五更天,忽然听到铜瓶中叮当作响,康僧会自往视,果获舍利。第二天将祈请的舍利面呈孙权,举朝集观,见那颗舍利五色光炎照耀瓶上。孙权亲自手执铜瓶将这颗舍利倒入铜盘,结果舍利将铜盘冲碎。孙权这才异常震惊,起身连呼:"希有之瑞也。"这时候的康僧会又向孙权解释说:"舍利威神,岂直光相而已,乃劫烧之火不能焚,金刚之杵不能碎。"孙权命人试一下是不是这颗舍利有这么坚固神奇,于是乃置舍利于铁砧上,使力士者用锤打击,结果铁砧、铁锤都打出坑来,而舍利却毫发无损。孙权大为叹服,随即兑现自己的诺言,

_____

　　[1]敦煌研究院:《敦煌石窟全集 12·佛教东传故事画卷》,商务印书馆(香港)1999 年版,第136 页。

为此舍利建供养塔,并为康僧会建立佛寺。因为这是东吴有佛寺的开始,所以就把这座寺庙起名为建初寺,建初寺所在的这个区域,命名为佛陀里。

自此之后,东吴佛法大兴。

这种用匪夷所思的神秘手段祈请舍利的举动,目的在于征服统治者和信众,至于这种"感应"而得的舍利到底来自何处,就不好断定了,可能是西域高僧从异域带来的。不过像康僧会这样,用整整21天的时间作法事祈请舍利,还要等到五更天才请到,可能其间会有些幻术之类的手段。再说了,21天时间足以想出各种应付的办法来。

16.3　连眉禅师祈请舍利

用祈请感应的方式请来舍利的不止康僧会一人,可能在当时的传教条件下,这是一个最能赢得统治者和皈依者信任、叹服的方式之一。所以传教的西域僧人自然会有一套这方面的知识和经验来成功地做成这种事情。

南北朝时期来到南朝宋都城建康的罽宾僧人昙摩蜜多也成功地祈请过舍利。昙摩蜜多曾历龟兹、敦煌等地。元嘉元年经由四川、湖北到达京师,于元嘉十二年营建了有名的定林上寺。自元嘉元年至元嘉十八年(424—441),译出《五门禅要用法》、《观音贤菩萨行法经》、《禅秘要经》等12部17卷经书。元嘉十九年(442)七月卒于定林上寺。[1]

昙摩蜜多有很多神异的传说,据说他长得就有点异样,两道眉毛连在一起,所以又被称作"连眉禅师"。在龟兹的时候,龟兹王将之延请入王宫供养崇奉,但是喜好游方的他,还是谢绝了龟兹王的挽留,渡流沙之地,来到敦煌,于闲旷之地建立精舍,植树千株,开园百亩,房阁池沼,极为严净。

随后,他又到了凉州,兴建佛寺,传道授经。

---

〔1〕《高僧传》卷3《昙摩蜜多》。

·欧·亚·历·史·文·化·文·库·

他祈请舍利的事情发生在蜀地,南朝宋元嘉元年,他来到了荆州长沙寺,在这里主持修建了禅阁,并诚心祈请舍利,用了 10 多天时间作法祈请,终于请得舍利一枚。这枚舍利同康僧会在东吴建业请得的舍利一样,其突出特征就是"冲器出声,放光满室",可见是既坚硬又光明。这次祈请舍利的成功,自然使得传教授经的影响更为深厚广大,是"门徒道俗,莫不更增勇猛,人百其心"[1]。

从康僧会和昙摩蜜多祈请舍利的实例可以看出,祈请舍利的举动至少最初是出于要解决一个传道难题,就是传道受到了阻碍或处于低迷状态,需要这样一个极为神奇的事情来作为转折点,冲破权势者的阻力,或鼓励皈依者的信念。

祈请感应舍利的举动,跟阿育王造八万四千塔,遍分舍利的传说有一定关系。八万四千塔,不是一个小数,所以虽然没有史实依据,佛教信众们仍然会认为在中原地区甚至在更为偏远的江南、岭南地区都会有曾经存在过的阿育王塔,这就为感应舍利的出现打下了一个基础(图 16-4)[2]。

16.4　阿育王塔舍利与古铜像舍利

阿育王建立宝塔供养舍利的传说,大约在 4 世纪以后就在中国很流行,尤其是江南和山东地区。南朝刘宋的宗炳(375—443)写了《明佛论》这篇著名的文章,其中就提到了在山东临淄就有阿育王寺的遗址。唐代道宣编集的《广弘明集》则记载各地共有阿育王塔 17 处(图16-5)[3]。

僧史文献中记载有在江南发现阿育王塔的事情,见于《高僧传》卷13《释慧达传》。

---

〔1〕《高僧传》卷3《昙摩蜜多》。

〔2〕穆罕默德·瓦利乌拉·汗:《犍陀罗——来自巴基斯坦的佛教文明》,陆水林译,五洲传播出版社 2009 年版,第 71 页。

〔3〕敦煌研究院:《敦煌石窟全集 12·佛教东传故事画卷》,商务印书馆(香港)1999 年版,第44 页。

图 16－4　迦腻色伽青铜舍利盒，1 世纪，白沙瓦博物馆藏

　　释慧达是东晋僧人，本名叫刘萨诃，并州（治所在今山西太原）西河离石人，年轻的时候喜好打猎，31 岁的时候忽然莫名死去，死去一天之后又活了过来，据说见到了地狱的种种苦厄，于是跟随一高僧出家做沙门，法号慧达。

　　不知道出于什么原因，慧达的老师让他到会稽吴郡去寻找阿育王塔和阿育王造像。

　　东晋宁康（373—375）中，慧达来到京师建康，住在长干寺。在此

图 16-5　阿育王拜佛塔,中唐,莫高窟 323 窟北壁

之前,晋简文帝在长干寺造了一座三层塔,塔成之后,每天晚上都会放光,颇具吉祥之相。而慧达则发现此塔刹最高处放出来的光色最为妙色吉祥,于是便去塔下诵经礼拜。入夜时分,当见到塔刹有瑞光发出时,就告诉寺僧,一起到塔下挖掘,结果在入地一丈多的地方挖出了 3 块石碑。中间的那块石碑下放置着一个铁函,打开之后,铁函中又有银函,银函里放置金函,金函里有 3 颗舍利,还有 1 个爪甲及 1 束头发,头发长数尺,卷则成螺,光色炫燿——这样的头发显然就是佛陀的螺发。高僧大德们一致认为,此处就是周敬王时期阿育王修造的八万四千塔中的一个。于是,在旧塔之西,又新造了一个塔安放佛舍利。到了晋太元十六年(391),孝武帝将这个安置舍利的塔加建为三层塔。

　　显然,僧史文献中关于在江南发现的阿育王塔舍利与阿育王造像,都与胡僧传道有密切联系。晋咸和中(326—334)丹阳尹高悝在张侯桥浦里掘得一尊铜像,缺光趺,然而制作甚工,像前面有梵文"阿育王第四女所造"的题记,此像被放置在长干寺。不料很多年以后,有个渔夫在近海海口发现了一个铜莲花光趺,正好可以安在长干寺这尊阿育王第四女所造铜像上。再后来,来了5个西域僧人,指认这尊像正是他们带到江南的阿育王造像(图16-6)[1]。

更为有趣的是,由西域僧人带到中原来的金铜像,也是获得佛舍利的来源之一。据《高僧传》卷5《释道安》的记载,释道安传教中原地区的时候,十六国前秦王苻坚派遣使者送来高七尺的西域金佛像,此外还有金坐佛像、结珠弥勒像、金缕绣像、织成像。每当讲经和聚会传道的时候,释道安都将这些佛像一一请出供养,并且布置幢幡,珠佩迭晖,香烟弥漫,使得道场异常庄严。僧俗弟子顿生敬心。然而,在所有的这些佛像中,有一尊西域铜像形制古异,僧俗弟子对此不太喜欢,释道安察觉到了弟子们的不敬之心,于是吩咐说:"像形相致佳,但髻形未称。"命令弟子修正一下这尊佛像的发髻部分,结果上冶炼炉一过火,佛像发髻顿时发出耀眼光芒,照得满堂焕彩,仔细一看,原来此尊铜像的佛发髻中安放着一颗舍利,这时候僧众们才明白释道安的用意,顿时都惭愧无比。

[1]穆罕默德·瓦利乌拉·汗:《犍陀罗——来自巴基斯坦的佛教文明》,陆水林译,五洲传播出版社2009年版,第67页。

图 16 - 6 阿育王石柱

17　西域僧人与海上航行

据《汉书·地理志》的记载,在海洋航行方面,远在公元前 2 世纪汉武帝统治时期已经有船从徐闻(今广东徐闻县)、合浦(今广西合浦县)出发,经过东南亚到达印度和锡兰。

在魏晋南北朝时期,中国人的海洋知识与视野显然有所扩展,在这个过程中,从印度等地前来传教的佛教僧人和通过海路到其他地方传教或者求取经典的本土僧人,发挥了一定的作用。

从海路来到中国传教的僧人,一般都是搭乘商船前来。古代海洋知识的扩大,同商人的关系最为密切。至少在中古时期的中国,以交趾、广州为中心的同南洋国家如印度、越南、斯里兰卡等国的商业交往,拓展了人们的海洋视阈与增加了人们的知识。魏晋南北朝时期僧人在海上的航行活动,其实大都也发生在以交趾、广州为中心之一的南洋航线上。僧人虽然并不是当时海洋航行的主体,但是他们是当时商业航行中的见证者。虽然有众多的商人在海洋的风波里频繁出没,但是只有这些僧人留下了关于海洋航行的记载。

早期来到洛阳传教的僧人是否有从海路过来的,没有明确记载,我们自然也就不能多作推断。3 世纪中叶来到建康的康僧会,他的祖上原来是康居人,后来又到了天竺,世代经商,并移居到了中国交趾。交趾是当时南海商人的主要聚居地,可以推断,康僧会或者其家人肯定有很丰富的海洋航行经验。西晋太康二年(280),西天竺僧人娄至来到广州,译出了《十二游经》。[1] 这个娄至是从陆路还是海路而来,由于史料记载简单,无法作出判断。就一般情况而言,娄至没有在其他

---

〔1〕《佛祖统纪》卷 36。

·欧·亚·历·史·文·化·文·库·

地方游历驻扎的记载,这很可能预示着他是由海路来到广州的。[1]

其实到了西晋时期,很多天竺僧人在中国大陆活动,他们中的一些人应该就是从海路而来的,只不过没有留下明确的记载罢了。

17.1 汉唐之际西域僧人的海洋航行

在汉唐之际的海洋航行中,商人是主角。丰厚的利润驱动南海、天竺等国家的商人们冒着船毁人亡的生命危险,在中国广州等港口与扶南、林邑、师子国之间的航道上出没。在这些商船上,传教的西域等国的僧人也是不可或缺的角色。虽然僧人加入航海,其目的并不在于对海洋的探索和商业的逐利,而在于传教、送经像等宗教目的,但他们的航行经历和所做的记载,无疑丰富了中古时期的海洋知识。

汉唐之际,由海路到中国传教的西域僧人,文献中有记载的有:天竺僧人耆域、北天竺僧人佛驮跋陀罗、罽宾僧人求那跋摩、中天竺僧人求那跋陀罗、中天竺僧人求那毗地、西天竺僧人拘那罗陀、天竺僧人金刚智、天竺僧人不空金刚及北天竺迦毕试国僧人释智慧、诃凌国僧人若那跋陀罗、中印度僧人释极量、师子国僧人迦蜜多罗等。其中,耆域、佛驮跋陀罗、求那跋摩、释智慧的海洋航行有一定的代表意义。

就现有文献记载来看,耆域是最早由海路来到中国的天竺僧人。

耆域是西晋光熙元年(306)到达洛阳的,那么他到达中国的时间也大概就在该年。《高僧传》关于耆域海洋航行的记载比较简单,耆域是从天竺到扶南,再从扶南沿着海岸线一路来到了交趾、广州,[2]然后前往襄阳。他到达襄阳后,已经是衣衫褴褛,可见耆域的海上航行确实是历经了千难万险。耆域是以"神异"著称的僧人,他既会驯化老虎等野兽,据说还善于分身术,并且又善于治病,他的这些本领也可能在帮助他搭载商船方面发挥了一定的作用。耆域在洛阳主要以为人治病而享有盛名,后逢"洛阳兵乱,辞还天竺"。所以,可以推定他在中国的

---

[1]我对这个判断并没有一定的把握,娄至也完全有可能是从陆路来到广州的。

[2]《高僧传》卷9《耆域传》。

活动时间大概在 306—316 年之间。

耆域返回天竺是从洛阳出发，取道西域，据《高僧传》，有商人曾在西域流沙碰到了西返的耆域，"贾客胡湿登者，即于是日将暮，逢域于流沙，计已行九千余里。既还西域，不知所终"。[1]

在来华僧人中，佛驮跋陀罗是有丰富的海洋航行经验和知识的一个僧人。

佛驮跋陀罗出身于商人之家，他原本姓释氏，迦维罗卫人，他的祖父曾经在北天竺经商，所以后来就移居到北天竺。佛驮跋陀罗皈依佛教后，以博学群经而著称，尤其在禅律方面造诣颇深，享有盛名。佛驮跋陀罗在游学罽宾的时候，正好后秦僧人智严也在罽宾，受智严邀请，佛驮跋陀罗决定来华传教。

佛驮跋陀罗的来华路线，是先过葱岭，由陆路到达交趾，然后又从交趾搭乘商船来到广州。

从《高僧传》中的记载来看，佛驮跋陀罗似乎对于海洋航行有相当丰富的经验，在由交趾到广州的海洋航行中，有两件事表现出了佛驮跋陀罗对海洋航线的了解。商船从交趾循海而行，当经过一座岛时，佛驮跋陀罗手指有山的地方说："可止于此。"但是船主认为搭船的商人都急着赶路，又难得遇上好的顺风天气，所以没听佛驮跋陀罗的话，而是继续航行。走了 200 余里，忽然顺风转逆，船又被吹着飘到了佛驮跋陀罗建议停船的那个小岛。这时候，船主和商人们才知道佛驮跋陀罗不是个一般僧人，于是都以师礼待他，听他的吩咐。当风小一点的时候，一同栖止在小岛港湾的其他商船纷纷起航，只有佛驮跋陀罗认为不能着急走，这次船主就听他的，结果时间不长，那些先出发的商船纷纷又被暴风吹了回来。但是停到大半夜的时候，佛驮跋陀罗让这些商船们趁夜赶路，那些船主们哪里肯听，只有佛驮跋陀罗所乘的这艘船独自出发，结果，海盗随后就袭击了这个港湾，留下来的那些商船人财

---

〔1〕《高僧传》卷9《耆域》。

两空,无一幸免。[1]

　　由此看来,佛驮跋陀罗不仅对交趾到广州途中的海洋风向的变化有十足的把握,而且对这一带海域海盗的活动情况似乎也了如指掌。[2] 这是一件让人很迷惑的事情,来自天竺的佛驮跋陀罗是如何掌握这一远在千里的海域的情况的? 当然,僧传中之所以记录这些事情,无非是为了说明佛驮跋陀罗是如何神异,但是事情并非如此简单。这需要我们从佛驮跋陀罗的家庭背景作一些探讨。佛驮跋陀罗出身于商人之家,虽然从3岁的时候就因为父亲早亡而沦为孤儿,但是他同商团之间应该有一些割不断的联系。这一点推测我们可以从僧传记载的佛驮跋陀罗的另一件神异的事情去了解。佛驮跋陀罗到达长安后,曾对弟子说:"我昨见本乡有五舶俱发。"这样的远隔万里所作的预言,当然没人会相信,可是一年之后,佛驮跋陀罗"复西适江陵,遇外国舶至,既而讯访,果是天竺五舶先所见者也"。如果抛却其中的神异成分,是不是我们可以推断,佛驮跋陀罗同他家乡的商团之间应该是有比较密切的联系的。如果这一点确定的话,那么他对于由交趾到广州之间航线上的海风及海盗活动情况有所了解,就可以得到解释了——可能频繁往来于这条航线上的家乡商团,应该就是佛驮跋陀罗海洋知识的来源。

　　佛驮跋陀罗大约是在晋义熙年间(405—418)来到长安,到元嘉六年(429)71岁辞世,在中国佛界活动10多年。他的关于海洋的一些经历和知识及同天竺商团的关系,应该对他身边的僧人有一定的影响。如邀请佛驮跋陀罗来华的西凉僧人释智严,不仅陪伴佛驮跋陀罗从天竺来到中国,而且修习禅律的释智严,觉得自己"积年禅观而不能自了",[3] 所以又再次乘坐商船到天竺学习禅律,最终以78岁的高龄在罽宾辞世。智严的两度由海路来往于天竺与中国之间,似乎应该同乃师佛驮跋陀罗的知识和相关背景有一定关系。

---

〔1〕《高僧传》卷2《佛驮跋陀罗》。
〔2〕《高僧传》卷2《佛驮跋陀罗》。
〔3〕《高僧传》卷3《释智严》。

虽然我们只有很少的例证,但是我们无法绕过这样一个现象:那就是由海洋来华的天竺僧人大多都具有一些神异的法术,并且是咒术的主要传授者。如耆域在华的主要行迹就是神异的法术和以咒术治病;佛驮跋陀罗本人受到长安僧人集团的排挤,最主要的一个原因也就是他作了那种神奇的预言;至于求那跋摩,从罽宾到师子国、阇婆国,再到南朝宋,最引人注目的就是他一路用咒术治病;[1]求那跋陀罗最著名的事迹也是在由天竺来华的船上以密咒降雨。除了这些僧人的密教背景外,我们是否可以推断,也许正是这样的有实用性质的技能,才使得这些僧人能很顺利地搭上商人的船只。

　　佛驮跋陀罗的海洋风向知识和对海盗情况的了解,使得他所乘坐的那个商船避免了两次大的可能性灾难,一次是避开了风暴的颠覆,一次是躲开了海盗的杀戮;而求那跋陀罗则是预言了海上信风雨水的到来,解决了全船的缺淡水问题。[2] 这两个事例表明,至少这两个僧人具有一定的气象知识,对于风雨有一定的预报能力。

　　僧人所具备的这种应付海上意外情况的知识,应该是他们能同商人结伴而行的背景之一。此外,商人对于佛教的信仰可能也是一个主要原因。如中天竺僧人求那毗地就是这样的僧人,他不但聪慧强记,而且兼学外学典籍,明解阴阳之术,善于占卜,所以"南海商人咸宗事之"。[3]

　　当然,也有的僧人自己有雄厚的财力,他们乘船远航,可能并不是搭商人的顺路船,而可能是自己出钱雇的船只,唐德宗建中初年来到广州的北天竺僧人释智慧就是一个显例。

　　释智慧,梵名般剌若也,姓憍答摩氏,北天竺迦毕试国人。颖悟天资,7岁出家为僧,跟随高僧调伏军学习,教诵《四阿含》满10万颂,《阿毗达磨》3万颂。受具足戒之后,又到中天竺那烂陀寺,学习大乘《唯识》、《瑜伽》、《中边》等论及《金刚般若经》、《因明论》、《声明论》、《医

<hr>

[1]《高僧传》卷3《求那跋摩》。
[2]《高僧传》卷3《求那跋陀罗》。
[3]《高僧传》卷3《求那毗地》。

215

明论》、《王律论》等。当释智慧听到文殊菩萨的道场在大唐王朝的清凉山时,就从海上出发,向广州而来,不料遇上暴风,船只飘到了师子国。不得已,释智慧在师子国筹集资金粮草,重修巨舶,遍历南海诸国。

唐德宗建中初年,释智慧乘坐的船只再次靠近番禺海面,然而风涛遽作,船毁人亡,整船人只有释智慧侥幸活了下来。于贞元二年辗转到达长安,找到了在长安做神策军正将的罗好心。罗好心乃留在唐朝廷为官的北天竺人,此人是释智慧舅舅的儿子,他将释智慧请到家中供养,[1]并推荐他同长安高僧一起合作翻译佛经,后终于长安。

17.2 天竺僧人那伽仙在中国与扶南航道的航行

在南朝宋时期,天竺僧人竺枝曾撰有《扶南记》,该书早佚,但是在《水经注》、《艺文类聚》和《太平御览》中保存有一些零星文句,岑仲勉先生曾作过专门的辑佚。[2] 存文共有 8 条,内容涉及扶南地理及其周边的林邑、顿逊、林杨、金陈、毗骞、林那、安息等国,对这些国家的具体位置、同扶南的距离及其风俗等情况作了记述。《扶南记》既然由南朝宋时期的竺枝所撰,显然可以推断竺枝应该也是来自天竺的僧人,那么他应该有海上航行的经历,这一点可以从现存文字中得到证实,他所记述的"顿逊国"就在海上。但是,由于没有更多的资料和缺乏直接的证据,对于竺枝的航海,我们无法作出进一步的考察。

在竺枝稍后来到中国的天竺僧人那伽仙,是以扶南国使者的身份由海路来到中国大陆的天竺僧人。

据《南齐书》的记载,南朝宋末年,扶南王姓侨陈如,名阇耶跋摩,派遣商人贩货至广州,时在广州传教的天竺道人那伽仙就搭乘这艘扶南商船,想从海路返回天竺。那伽仙至少在南朝宋末年的时候就来到

---

〔1〕《宋高僧传》卷2《唐洛京智慧》。
〔2〕岑仲勉:《晋宋间外国地理佚书辑略》,见《中外史地考证》(上),中华书局 2004 年版,第 180－182 页。

了中国的广州,至于他是否从海路而来,我们不得而知,但是他返回的时候是走海路的。然而,这艘商船在海上遇到了暴风,没有按既定航线直达扶南,被风吹到了林邑,林邑国国王不仅掠夺了扶南王商船的全部货物,而且将那伽仙的私人财物也掠夺一空。后来那伽仙辗转到了扶南,并向扶南王讲述了当时中国的情况。于是,那伽仙没回天竺,而变成了沟通南朝宋与扶南交往的使者。

南齐永明二年(484),扶南王阇耶跋摩派遣那伽仙乘商船至广州,[1]并带来了给南朝的上表文书。阇耶跋摩在文书中期望南朝齐王朝能帮助扶南征讨其敌对国林邑,所以,这次航行,扶南王还带给南朝齐皇帝大批海珍宝贝,其中包括金镂龙王坐像一躯、白檀像一躯、牙塔二躯、古贝二双、瑠璃苏鉝二口、璕珇槟榔科一枚等佛教造像与南海特产的奇珍异宝。[2]

那伽仙随后又作为南齐的使者为扶南王带去了齐武帝的诏书,[3]为两国海上交往的加强作出了杰出贡献。那伽仙在中国与扶南之间的航行与出使,显然增加了当时的中国对扶南、林邑国家的政治与经济状况的了解。

在南朝至隋唐时期的广州等地,像那伽仙这样的有过海路航行经历的天竺僧人应该是有一定数量的,并且一些扶南国僧人也曾乘船到中国来,文献中有记载的来到中华的扶南国僧人有僧伽婆罗、曼陀罗等。

僧伽婆罗,扶南国人,精于《阿毗昙论》,在南海诸国有一定声望。当他听说南朝齐佛法盛行,于是搭乘商船来到建康,住在正观寺中,师从天竺高僧求那跋陀,研读大乘经典,学会了天竺等语言。[4] 齐梁替

---

〔1〕《佛祖统纪》卷36有"永宁元年版,扶南国王遣使,同西竺沙门那伽仙,进缕金龙坐佛象牙塔"的记载,将那伽仙来华定在西晋惠帝年间,与《南齐书》的记载冲突,显然是错误的。谭中、耿引曾先生《印度与中国》一书中沿袭了这一错误,将那伽仙来华定在300年(《印度与中国》,商务印书馆2006年版,第256页)。

〔2〕《南齐书》卷58《东南夷》。

〔3〕《南齐书》卷58《东南夷》。

〔4〕《续高僧传》卷1《僧伽婆罗》。

代后,僧伽婆罗在江南从事佛经翻译,于普通五年(524)因病去世,享年 65 岁。

另一位扶南国僧人曼陀罗在南朝梁代初年背负梵本经典前来贡献,梁武帝萧衍敕命他与僧伽婆罗共同翻译《宝云》、《法界体性》、《文殊般若》这 3 部经,共 11 卷。曼陀罗虽然参与了译经,但是由于他并不精通汉语,所以译出的经典并不流畅,影响自然有限。[1] 南朝陈初年,有个扶南国僧叫须菩提,于扬都城至敬寺译出《大乘宝云经》8 卷。

17.3 释慧深的跨洋航行与"扶桑国"

据《梁书》的记载,在 5 世纪末叶,有位叫慧深的僧人曾到达过"大汉国东两万余里"的"扶桑"这个地方,很多学者们认为这个"扶桑"就是今天的墨西哥。关于这个记载,确实有许多比较令人迷惑的地方,下面我们将这份资料完整列出:

> 扶桑国者,齐永元元年,其国有沙门慧深来至荆州,说云:"扶桑在大汉国东二万余里,地在中国之东,其土多扶桑木,故以为名。扶桑叶似铜,而初生如笋,国人食之,实如梨而赤,绩其皮为布以为衣,亦以为绵。作板屋,无城郭。有文字,以扶桑皮为纸。无兵甲,不攻战。其国法,有南北狱,若犯轻者入南狱,重罪者入北狱,有赦则赦南狱,不赦北狱者。男女相配,生男八岁为奴,生女九岁为婢。犯罪之身,至死不出。贵人有罪,国乃大会,坐罪人于坑,对之宴饮,分诀若死别焉。以灰绕之,其一重则一身屏退,二重则及子孙,三重则及七世。名国王为乙祁,贵人第一者为大对卢,第二者为小对卢,第三者为纳咄沙。国王行有鼓角导从。其衣色随年改易,甲乙年青,景丁年赤,戊己年黄,庚辛年白,壬癸年黑。有牛角长,以角载物,至胜二十斛。车有马车、牛车、鹿车。国人养鹿,如中国畜牛。以乳为酪。有桑梨,经年不坏。多蒲桃。其地无铁有铜,不贵

---

[1]《续高僧传》卷1《僧伽婆罗》。

金银。市无租估。其婚姻,婿往女家门外作屋,晨夕洒扫,经年而女不悦,即驱之,相悦乃成婚。婚礼大抵与中国同。亲丧,七日不食;祖父母丧,五日不食;兄弟伯叔姑姊妹,三日不食。设灵为神像,朝夕拜奠,不制缞绖。嗣王立,三年不视国事。其俗旧无佛法,宋大明二年,罽宾国尝有比丘五人游行至其国,流通佛法、经像,教令出家,风俗遂改。"

慧深又云:"扶桑东千余里有女国,容貌端正,色甚洁白,身体有毛,发长委地。至二、三日,竞入水则妊娠,六七月产子。女人胸前无乳,项后生毛,根白,毛中有汁,以乳子,一百日能行,三四年则成人矣。见人惊避,偏畏丈夫。食咸草如禽兽。咸草叶似邪蒿,而气香味咸。"天监六年,有晋安人渡海,为风所飘至一岛,登岸,有人居止。女则如中国,而言语不可晓;男则人身而狗头,其声如吠。其食有小豆。其衣如布。筑土为墙,其形圆,其户如窦云。[1]

这份文献给我们的信息主要有以下几条:第一,慧深和尚是扶桑国人,在公元499年不远万里来到了中国荆州,并对扶桑国的情况作了比较详细的描绘。第二,扶桑国在中国东两万余里的地方,其国土特征可以概括为以下几点:植物多桑木,多葡萄;没有城郭;国家设有南北两种监狱;有自己特殊的法律体系;动物方面有角比较长的牛,养的鹿比较多;婚姻以女性为主体,有走婚的性质;等等。第三,根据慧深的描述,扶桑国没有很明显的本土宗教,在宋大明二年(458)之后,有5位来自古印度的僧人开始了佛教的传播,此后佛教在扶桑国扎下了根。那么就是说至少据慧深来到荆州,佛教在扶桑国的传播已经经历了至少40多年的时间。

应该说,以上这3点是我们读这份文献可以很清晰地得出的一些基本看法。可是自从1761年法国汉学家金勒向法国文史学院提交了《美洲海岸中国人航迹之寻究》一文,提出《梁书》所记载的这个"慧深"是中国僧人,他所到达的"扶桑国"就是今天的墨西哥。这个报告

---

[1]《梁书》卷54《东夷传》。

一经提交发表,就引起了人们极大的兴趣。此后,围绕这段史料所展开的讨论主要围绕两个问题进行:第一,慧深到底是扶桑国人还是中国人? 第二,慧深所描述的"扶桑国"是否就是今天的墨西哥?

关于慧深及其"扶桑国",我们所能见到的史料,只有两部分,一部分就是我们上面所引的这一段,这也是被各方学者想尽办法曲折解读的主要部分;另一段史料来自《高僧传》,文字非常简单,刚刚 21 个字——"沙门慧深,亦基之弟子,深与同学法洪,并以戒素见重"——这只是提到宋文帝时的高僧慧基有几个出类拔萃的弟子,其中一个叫慧深罢了。

很明显,《梁书》的这段资料明确说明慧深是来自扶桑国的僧人,那么在没有扎实的关联证据之前,我们要推翻这个最原始的记载,将慧深推定为中国人,恐怕不是很稳妥的办法;至于《高僧传》中所提到的那个慧深,就更不能随便安在讲述"扶桑国"的这个慧深头上,同名的僧人俯拾皆是,哪能随便将两个毫无关联迹象可言的人捏合在一起。当然,前贤之所以断言"慧深"应该是中国僧人,也有自己推断的道理,我们在后面将会顺便讨论这个问题。

《梁书》的这段史料记载,如果说有可讨论空间的话,那就是到底这个"扶桑"是否是墨西哥,因为慧深列举了这个"扶桑国"的政治、刑罚制度、动植物、矿物质、婚姻习俗等方面比较独特的地方,如果作进一步深入的对比,倒是有可能作出一些建设性的判断来。

我们在这里对这段史料记载有一个小问题需要作些特别说明:

慧深所说的扶桑国的政治身份等级制度——"名国王为乙祁,贵人第一者为大对卢,第二者为小对卢,第三者为纳咄沙"。此处所提到的"大对卢"为扶桑国最尊贵的大官,而当时的高句丽,其最大的官也是"大对卢",《周书》卷 49《异域上·高丽》:"大官有大对卢,次有太大兄、大兄、小兄、意俟奢、乌拙、太大使者、大使者、小使者、褥奢、医属、仙人并褥萨凡十三等,分掌内外事焉。其大对卢,则以强弱相凌,夺而自为之,不由王之署置也。"

由此,我们可以怀疑,是否关于慧深航行的这段史料有僧人为夸饰其广游博闻而结合自己的海上经验编造的嫌疑。无论如何,即使历史时期曾有过文化方面的交往或联系,高句丽同远在美洲的墨西哥在对于官员的称呼上恐怕不会如此雷同,此其一;其二,这种现象是否也正好说明了慧深可能是来自离高句丽不会太远的一个地方。

根据金健人先生的研究,在隋代之前,中国大陆同日本之间的航线还没有形成,到日本都是要经过朝鲜半岛中转的。[1] 这就说明,当时船舶的航行能力及导航技术还不能支持这种定向性很好的穿越远洋的航行。当时的很多航行都是以近海航行为主的,这一时期,在导航方面似乎主要还是以"陆标导航"为主,如耆域来到中国,就是"自发天竺至于扶南,经诸海滨爰及交广",完全就是沿海岸航行。即使这样,一旦遇到风或洋流,当时的船只也不得不随风而飘,所以我们在该时期的文献中所见到的一些外来商船有的就是遇风而"飘"来的。如天竺高僧求那跋摩原本是要从天竺出发到一个小国去,结果在海上遇到了大风,也就顺水行舟,飘到广州来了;而那伽仙本来是要从广州返回天竺,结果却飘到了林邑;高僧法显搭商人船舶回来的时候,本来商船是要去广州的,结果在海上遇到风暴和阴雨天,不得不向西北行,而飘到山东半岛。

种种迹象都表明,在当时的条件下,舟船要通过这种近乎"漂流"的方式从美洲航行到中国大陆来,应该是一件相当令人震惊的事情,那么这个"慧深"应该在佛界有一定的影响力,可是,我们在佛教著作中找不到他的踪影。此外,既然慧深提到"大对卢"这个官号,我们就不能不怀疑,慧深是不是综合了朝鲜半岛等地的一些材料和见闻编造了这些故事;还有一个疑点是:当时但凡外来僧人,一般都会记载其音译的名字,可是这个来自"扶桑国"的慧深居然用的是中国僧人的法号,这就难怪学者要断定他是中国人了。

---

[1]金健人:《古代东北亚海上交流史分期》,载《社会科学战线》2007 年第 1 期。

18　西域僧人的神异传教手段

　　"神僧"这个称呼起于梁代僧人慧皎,他在撰《高僧传》一书时,将那些以"神异"手段传教的僧人称之为"神僧",其中以来自龟兹的佛图澄(Buddhasimha)最为有名。当然,很多未列入"神异"类的僧人在传教中也往往会使用一些幻术、魔法等令人称奇的手段,这是宗教传播过程中的一个普遍现象。宗教要取信于人、获得信徒的支持,免不了要使用一些出人意料的小手段。为人治疗疾病是常用的办法,而幻术和魔法的使用更是极为常见。幻术和魔法的神奇与变幻莫测,更容易使得传教的僧人神化自己、征服信徒。

　　什么是幻术?幻术可以对应到今天人们常看的魔术,也包括杂技。什么是魔法?这个就比较复杂了,应该包括一些心理引导术、化学或医学技术以及气功之类的手段或技艺。

18.1　龟兹神僧佛图澄

　　佛图澄的传教,所依仗的主要手段就是幻术与魔法,再加上他精妙的医术和善于在权势阶层中纵横捭阖的应对能力。

　　佛图澄是龟兹人,文献记载他俗姓帛,"帛"这个姓也被写作"白",一般被认为这是龟兹国王族的姓氏,譬如五胡十六国时期的一位龟兹国王叫"白山",就跟这个佛图澄同为一族。

　　佛图澄在晋怀帝永嘉四年来到洛阳。然而,他来的不是时候,永嘉五年六月,匈奴人刘曜与石勒、王弥联军攻破洛阳,晋怀帝被俘,后被掳到平阳斩杀。刘曜等破洛阳时,纵兵烧杀抢掠,洛阳宫殿官府被纵火烧毁,王公百姓被杀者3万余人,繁华文明的洛阳城,在旦夕之间全部化为灰烬。佛图澄立寺的愿望也就没法实现,只好"潜泽草野以观世变",[1]也就是仓仓皇皇地逃出洛阳城,在周边的荒村野店避开兵锋、权保性命。

灯枯油尽的西晋朝廷轰然倒台,骑马驰骋于黄河流域的匈奴各种族部落兵锋所及,血流成河。其中,羯人石勒所率胡兵的杀戮最为疯狂,很多僧人都倒在他的屠刀之下。

大概在永嘉五年(311)年底,在荒村野店游荡了一阵子的佛图澄开始向石勒靠近,试图说服石勒停止对僧人的无辜杀戮。当然,聪明的佛图澄绝不会把自己贸然送到石勒的刀口下,他先投奔到了石勒的大将郭黑略帐下,在他家住了下来。

自此之后,郭黑略追随石勒南征北战,再也不像以前那样就是个一股劲的猛将,而是变得有勇有谋,对每次战争的胜负都预先了然在胸,这让石勒很是吃惊。石勒探问缘故,郭黑略就乘势讲出他对战局的判断都来自西域神僧佛图澄。石勒大喜,立刻召见佛图澄,问道:"佛法有什么灵验的地方啊?"佛图澄知道要是讲高深的佛理给这些粗鄙的武夫,那无异于自取其辱,他毫不犹豫地选择了用小戏法来征服他们,立马就给石勒和他的将军们表演了一个小小的幻术——水中生莲。[2]

佛图澄用一个容器盛了水,然后点燃佛香,念了一通咒语,随着他抑扬顿挫的梵声,只见从那水中袅袅地生出一朵光色耀目的青莲花来。这样无中生有的神奇法术,让石勒和他的将军们看直了眼,立刻就信服了佛法的灵验之处。于是佛图澄乘机劝谏石勒,要他做一个以"德化"治理国家的真正"王者",而不是一个以杀戮而违背上天的暴虐军头。佛图澄不畏生死,以神奇的法术赢得了石勒的信服,确实值得佩服。

自此,佛图澄就以"神僧"的面貌出现在中国早期佛教传播史上,

---

[1]《高僧传》卷9《竺佛图澄》。
[2]《高僧传》卷9《竺佛图澄》。

他不断地用各种各样的神异手段吸引、规劝石勒和他的继任者们。

18.2 佛图澄的神奇幻术与高明医术

佛教在关中得到广泛信仰,并开始得到国家政权的支持,要归功于佛图澄的不畏艰险和自身素质。在佛教传扬的前期,教义的明朗化本身并不重要,关键是怎么能得到信徒的信服,所以早期传教僧人的个人知识储备和智慧程度就显得相当重要,像佛图澄这样的所谓"神僧"就为后来专门译经讲经的义学僧人开辟了道路。

《高僧传》说佛图澄"以麻油杂胭脂涂掌,千里外事皆彻见掌中如对面焉",这显然都是虚饰夸大之词,但是他的医术和劝谏统治者的技巧还是相当高的:"凡应被诛余残,蒙其益者,十有八九,于是中州胡晋略皆奉佛。时有痼疾世莫能治者,澄为医疗应时瘳损,阴施默益者不可胜记。"石勒好杀成性,正是因为佛图澄的及时劝谏,使得不知多少人免于被杀,正是这一点,使得中原的胡人、汉人感念于他的慈悲,开始信奉佛法,而他的医术更为其传播佛教尤其在一般民众中传教发挥了很大的作用。

佛图澄对于佛教在中国北方地区的发展自然是功不可没,关于他的种种神异能力也被广泛传诵。就说岁数吧,按佛图澄自己的说法是:"生处去邺九万余里,弃家入道一百九年。"[1]他是龟兹人,并且可能是龟兹王族这是没问题的,但是要说他自己遁入空门就100多年,那也实在太出人意料了。关于他的神异能力,唐代僧人在诗中这样赞颂:"乳孔光一室,掌镜彻千里。道盛咒莲华,灾生吟棘子。"[2]而《晋书》的概括更为全面,说佛图澄"少学道,妙通玄术……自云百有余岁,常服气自养,能积日不食;善诵神咒,能役使鬼神;腹旁有一孔,常以絮塞之,每夜读书,则拔絮,孔中出光,照于一室;又尝斋时,平旦至流水侧,从腹旁

---

[1]《高僧传》卷9《竺佛图澄》。

[2]《常州弘善寺宣法师三首·奉和窦使君同恭法师咏高僧二首》,《广弘明集·通归篇》卷10—30,《大正新修大藏经》第52册《史传部四》。

孔中引出五脏六腑洗之,讫,还内腹中;又能听铃音以言吉凶,莫不悬验"。[1]

就是说,100多岁的佛图澄至少有以下6种不同于凡夫俗子的本领:(1)可以不食人间烟火而生存;(2)能诵咒驱使鬼神;(3)举起手掌就能看到千里之外发生的事情;(4)肚子上有发光的小洞,可以照亮居室,在夜晚轻松看书;(5)五脏六腑能随时拿出来到水中清洗一番;(6)能通过听塔庙风铃发出的声音来判断事情的凶吉。

文献记载中的这些真真假假的预言能力和表演技术,当然有其自身的知识背景,人类在极端或特殊的条件下,总会激发出生理或智能上的全部能力,运用在求生存的过程中。佛图澄当时所处的环境非常恶劣,稍不小心就可能身首异处,当然会使出浑身解数来。刚刚从洛阳烽火中回身的石勒此时在军事上已经坐大,风头正劲,虽然容纳了幻术超群的佛图澄,但对他并不非常信任,曾数次突如其来地试探佛图澄的本领,并曾萌生杀意。

有一天夜晚,石勒披甲执刀坐在帐中,派军卒去给佛图澄报信说:"今晚不知道大将军到哪里去了,请给我们找一找。"结果那个报信的军卒刚到佛图澄住的地方,还没来得及开口说话,佛图澄就迎了出来说:"回去问问大将军,无贼无寇,大半夜披甲执刀地干什么呢?"军卒大惊,回去如实告知,石勒对佛图澄的预测能力有所相信。即使这样,石勒也没有泯灭跟僧人作对的想法。有一次也是夜晚,石勒在一怒之下,准备剿杀僧人,佛图澄也可能事先得知了消息,赶忙跑到郭黑略家躲了起来,并告诉徒弟们说:"如果大将军派人来找我,就说不知道我到哪里去了。"石勒遍寻佛图澄不得,心下大惊,认为佛图澄这样未卜先知的圣人预先洞晓了自己的恶意,永远离开他另寻出路了,顿生悔意。佛图澄知道石勒已经心生后悔,第二天早上就来拜见石勒,石勒问道:"昨夜为何连夜遁走?"佛图澄回答说:"公有怒心,昨故权避。公今改意,是以敢来。"石勒大笑,对佛图澄的态度有了改变。在石勒从葛

---

[1]《晋书》卷95《佛图澄》。

·欧·亚·历·史·文·化·文·库·

陂撤军准备到襄国的途中,由于佛图澄的及时提醒和建议,石勒的军队成功地防范并击破了敌军对营地的夜袭。自此之后,石勒对佛图澄开始刮目相看,佛图澄被石虎奉为"大和上",参与军国大事的谋略。

西晋永嘉六年(312),石勒采用了部下张宾的建议,回师华北的中心地带,占据了襄国。初到襄国,佛图澄又施展过一个幻术类的魔法手段。襄国城护城河水源在城西北五里的地方,水源突然枯竭,石勒问佛图澄:"何以致水?"佛图澄回答说:"下命令给龙啊。"石勒字世龙,以为佛图澄是拿他的名字来戏说,无奈地回答说:"正以龙不能致水,故相问耳。"佛图澄赶紧申明道:"此诚言,非戏也。水泉之源,必有神龙居之,如今去水源处下敕命,水必可得。"于是佛图澄与弟子法首等数人至泉源上,那个地方因为干涸时间太久了,没有半点会出水的迹象。同去的人都非常失望,怀疑佛图澄在这个地方能生出水来的说法。佛图澄不慌不忙,坐在绳床上,点燃安息香,咒愿数百言,一连做法三日,慢慢有水从泉源处流了出来,并且有一长五六寸的小龙,随水而出。佛图澄的那些弟子们竞往视之,澄曰:"龙有毒,勿临其上。"随后,水流逐渐增大,直至滔滔奔流,涌满了护城河。

当然,佛图澄的所有法术之中,"听铃音以言吉凶"是僧史文献中记载最多的一个特异能力。在河北传教的岁月中,他曾多次施展这种魔法来预言即将发生事情的成败凶吉,最典型的至少有以下这么4次。

第一次是鲜卑人段波率兵攻打石勒,兵强马壮,石勒心中对此役之胜负毫无把握,于是去征询佛图澄的意见,佛图澄说:"昨天我听寺中风铃的响声,说今天早晨吃早饭的时候一定会生擒段波。"石勒登城远望,但见段波的鲜卑兵前后相拥、浩浩荡荡,不禁大惊失色道:"鲜卑军前进的脚步震得大地都颤抖,我又如何能生擒其主帅呢?这是大和尚在安慰我啊。"他心有不甘,又派人去咨询佛图澄,佛图澄回答说:"现在这个时候,应该已经将段波生擒了。"果然,这时候城外传来消息,石勒埋伏在北城的一支伏兵出其不意地活捉了鲜卑主帅段波。

第二次在光初十一年(328),前赵皇帝刘曜率兵攻洛阳,石勒打算亲自率兵拒敌,内外僚佐无不力谏阻止。石勒没了主见,于是向佛图澄讨主意,佛图澄回答说:"我听到佛塔相轮上的铃音云:秀支替戾冈仆谷劬秃当。此羯语也。秀支,军也;替戾冈,出也;仆谷,刘曜胡位也;劬秃当,捉也。此言军出捉得曜也。"有了这个预言,石勒就留下长子石弘在佛图澄的辅助下镇守襄国,自己亲率中军步骑,直指洛阳城。两军一交锋,刘曜的军队就迅速溃败。被裹在乱军中的刘曜因战马陷入河水动弹不得,被石勒大将石堪生擒。

第三次在建平四年(333)四月,天静无风而塔上一铃独鸣,佛图澄对弟子信众们说:"铃音云:国有大丧,不出今年矣。"这年七月,石勒病死,在石虎的挟持下,石勒的儿子石弘袭位。过了不久,执掌重兵的石虎废弘自立,于335年迁都于邺(图18-1)[1]。

图18-1 佛图澄听铃声辨吉凶,初唐,莫高窟323窟北壁

第四次在建武十四年(348)七月,石虎的两个儿子石宣、石韬为争权而图谋相杀。当时石宣、石韬前后相继到邺城佛寺拜会佛图澄,塔上一铃独鸣,佛图澄就对石宣说:"解铃音乎?铃云:胡子落度。"意思是他们兄弟必将相残。果然,不久石宣即派刺客将石韬在佛寺内杀害。

---

〔1〕敦煌研究院:《敦煌石窟全集12·佛教东传故事画卷》,商务印书馆(香港)1999年版,第142页。

石虎得知真相后,大怒,以酷刑诛杀了石宣及其妻子,属下300多人也横遭杀戮。石氏父子兄弟的这种相互残杀,使得建立不久的后赵元气大伤。

像这种通过听某些声音而预知事情的说法,可能在古代不同地域和民族的文化中都有传说,譬如据说先秦时期孔子的弟子公冶长就懂鸟语,能从鸟的交流声中获取信息。

最有趣的是,佛图澄据说还有千里路上紧急遥控灭火的能力。据说有一次,佛图澄与石虎正在朝堂上说闲话,突然,气定神闲的佛图澄大惊失色道:"不好,幽州城失火了。"他让人取来酒水,当空洒去。过了一会儿,笑着说:"好了好了,终于把这场大火给扑灭了。"石虎觉得,佛图澄的这桩用酒水扑灭远在千里的幽州城大火的法术有点不太靠谱,于是赶紧派人快马到幽州查验,结果幽州官员报上来的消息说:"那天的大火从四门烧起,正在火势汹涌的当口,有一片乌云从西南方向飘来,在城门倾注下瓢泼大雨,烈火一时而息。奇怪的是,雨水中还带有淡淡的酒气。"石虎一听,算算日子、时辰与方向,正与佛图澄在朝堂上扬洒酒水灭火相吻合(图18-2)[1]。

佛图澄显然不仅仅是靠着这些现在看来不靠谱的戏法获得生存空间的,他有深厚的佛学功底,幼年就在西域出家为僧,并且曾到当时说一切有部的最高学术中心罽宾地区学习,其知识结构自然不是那么简单化,他的随机应变与因地制宜宣讲佛法的技能都根植于他这种丰富的知识根底。譬如石虎当政的时期,曾很疑惑地问过佛图澄一个问题:"什么是佛法?"佛图澄既没有高深莫测地充圣人,也没有长篇大论地掉书袋,而是简洁干脆地回答说:"佛法就是不杀戮。"石虎反问道:"我身为皇帝,要一统天下就免不了杀戮。如果杀戮就不能得到佛法的真谛和祈福,我即使诚心向佛,又有什么作用呢?"佛图澄不慌不忙地讲出一番道理来:"帝王事佛,应看他的心地如何,能不做暴虐之事,

〔1〕敦煌研究院:《敦煌石窟全集12·佛教东传故事画卷》,商务印书馆(香港)1999年版,第140页。

图 18 - 2　佛图澄灭幽州大火，初唐，莫高窟 323 窟北壁

不滥杀无辜就好。至于对于有罪者或作恶者的惩罚，那就当杀就杀。如果暴虐滥杀，虽然花费巨资扶持佛教，那就没什么福报可言了。陛下应该以慈悲为怀啊。"对佛图澄的这番说道，石虎虽然不会全部照办，但至少在一定程度上遏制了他滥杀无辜的行为。

佛图澄不但对于事情发展的趋向与后果有敏锐的判断力，而且他的医疗能力在当时的中原地区，也是相当不错的，当然，佛图澄也把他的医术披上了魔法的外衣。

据说石勒最钟爱的儿子石斌忽然暴病身亡，已经过了两天了，石勒才想起来应该找佛图澄这个会法术的高僧看看。佛图澄拿杨柳枝做法念咒，结果这个石斌居然神奇地死而复生。此后，石勒就把他的那些年幼的儿子寄养在佛图澄在襄国的寺庙里，就是看中了佛图澄妙手回春的医术。

不过，石勒对于佛图澄所宣扬的佛法并不是非常认同，而他的儿子石虎即位后则对佛教更为亲近，对佛图澄也是尊敬有加，他下诏说："和上国之大宝，荣爵不加，高禄不受。荣禄匪及，何以旌德。从此已往，宜衣以绫锦，乘以雕辇。朝会之日，和上昇殿，常侍以下悉助举舆，太子诸公扶翼而上。主者唱大和上至，众坐皆起，以彰其尊。又敕伪司空李农旦夕亲问，太子诸公五日一朝，表朕敬焉。"

·欧·亚·历·史·文·化·文·库·

在石虎的支持下,佛教在后赵已经非常兴盛,以致引起了传统汉族士大夫的排斥情绪,石虎的中书著作郎王度上书,认为"佛是戎神",不适合华夏人供奉信仰,要求皇帝发布诏令,禁止后赵民众到佛寺中烧香拜佛和出家为僧。但是石虎却欣欣然说自己生在边疆,本来就是个"戎人",所以正好可以供奉佛这种"戎神",至于那些"夷赵百蛮",只要自己乐于信仰佛教,就只好让他们自由选择了。石虎的回答给了王度一个不大不小的软钉子,此诏一下,"慢戒之徒因之以厉",[1]佛教在北方之发展,在胡族统治者的鼓动下,自此一发而不可收,并进而传遍大江南北。此后相继建立的北方诸胡人政权,都开始在国家提倡下信仰佛教,尤以凉州为中心的河西诸小国及北魏等北朝政权为代表,使中国佛教走上了一个兴盛时期。

东晋永和四年,高龄 117 岁的佛图澄在邺宫寺辞世。在中原传教的 38 年中,佛图澄创建佛寺 893 所,先后有上万的僧人弟子追随他学习佛法,培养出了释道安、法雅、法汰、法和等一批佛教高僧。

18.3 鸠摩罗什在凉州使用的幻术

鸠摩罗什在西域龟兹的时候,也使用过一些神异手段,如说他"妙达吉凶,言若符契",[2]这说明他在龟兹的时候就以善于预言凶吉而闻名。

到中原后,鸠摩罗什对幻术等神异手段主要是在停留凉州的 17 年中用得较多,这些事例在僧佑《出三藏记集》和慧皎《高僧传》中都有记载。

385 年,鸠摩罗什被吕光掳掠东向中原,在吕光率军东归的途中,中原地区的政治形势发生了急剧的变化。建元二十一年(385)七月,在同东晋大军决战的淝水之战中,前秦王苻坚亲率的 90 余万大军被谢石、谢玄统率的东晋军队打败,苻坚被擒。同年八月,苻坚被后秦王姚

---

〔1〕《高僧传》卷 9《竺佛图澄传》。
〔2〕《高僧传》卷 2《鸠摩罗什》。

苌缢杀。九月,吕光的军队到达姑臧,听到了苻坚兵败被杀的消息,于是,吕光一方面三军缟素,哀悼苻坚,一方面兵驻姑臧,自称凉州牧。到386年十月,正式在姑臧建立地方政权,建号太安,历史上把他建立的这个政权称作后凉。

鸠摩罗什在后凉京城姑臧施展的神异手段可以归纳为5类:相地、望风、预言、幻术、祥瑞。

相地是对地理形势的判断,通过观察地理条件来决断人事,此事例发生在鸠摩罗什随吕光大军东行中原的道上:

> 光还中路,置军后山下,将士已休,什曰:"不可在此,必见狼狈,宜徙军陇上。"光不纳,至夜果大雨,洪潦暴起,水深数丈,死者数千。光始密而异之。

这样的判断能力应该说算不上什么神异之术,但是能将地势判断与气象预测结合在一起,也不是一般人就能做到的,尤其是在并不熟悉当地环境的情况下,这样的判断自然略显神异。也正是因为这次建议,吕光才对鸠摩罗什"密而异之",一改对鸠摩罗什轻视、戏弄的态度。抵达凉州后,由于吕光父子并不信佛,所以鸠摩罗什只能充当一个政治顾问的角色,通过他掌握的一些杂学知识来取得吕光父子的保护。

望风跟观云一样,是一种古老的判断凶吉、预言人事的法术。如太安元年正月,姑臧大风。什曰:"不祥之风,当有奸叛,然不劳自定也。"果然不久就有梁谦、彭晃的叛乱,但不久叛军即瓦解。古代社会的社会控制能力极差,一旦有自然灾害,动乱发生的可能性就比较大。姑臧地处沙缘,自然生态环境尤其薄弱,再加上吕光当政残暴不仁而刚愎自用,一贯赖于武力而无丝毫文治之策,手下的那些大将和凉州地区的土霸王们发动的叛乱时有发生,如386—389年3年内就有张大豫叛乱、李隒叛乱、康宁叛乱、彭晃叛乱等,因而,鸠摩罗什根据姑臧一场大风就预言有叛乱,在事理上有其可以实施推断的必然逻辑。

不过,对于风的观察,其实也是术数之主要门径。在佛教经典中,对于风有各种分类,如佛经中对福地、宝地的描绘中有"香风"、"凉风",而恶地、凶地则有"恶风"、"热风"、"暴风"。如《长阿含经》云:

"阿耨达池侧皆有园观浴池,众花积聚。种种树叶,花果繁茂。种种香风,芬馥四布。"[1]"阎浮提所有诸龙,皆被热风、热沙著身,烧其皮肉,及烧骨髓以为苦恼。唯阿耨达龙无有此患。阎浮提所有龙宫,恶风暴起,吹其宫内,失宝饰衣。龙身自现以为苦恼。"[2]由此可以判断,鸠摩罗什望风的这些知识应该来自佛教经典。

预测术其实是一种综合性判断技艺,其准确与否同预测者事前所掌握的信息完备程度和经验有关,鸠摩罗什对于后凉的军事行动作过一些预测。

后凉龙飞二年(397),张掖卢水胡人且渠男成与从弟且渠蒙逊起兵对抗后凉政权,并公推京兆人段业为大都督、凉州牧,在张掖(今甘肃张掖市)建立了历史上称为北凉的地方政权。吕光派遣庶子吕纂率5万精兵前往征讨,当时吕光的谋士、将军们都认为段业、且渠蒙逊都只不过是些乌合之众,没能力同吕纂的5万大军相抗衡。只有鸠摩罗什认为"观察此行,未见其利",吕光没有听从鸠摩罗什的建议,结果吕纂吃了败仗。这种出兵打仗的事,如果事先对形势与双方的力量有所了解的话,还是能作出一些正确的事前判断来的。不过我们对勘《晋书》中的相关记载,证明鸠摩罗什的这个预言并不那么准确,吕纂出兵平定且渠氏叛乱,还是胜多于败的,至少鸠摩罗什预言的397年的这次吕纂出兵征讨且渠蒙逊,是取得了胜利的。吕纂与且渠蒙逊战于匆谷(今甘肃省山丹县境内),结果蒙逊大败,引随从六七人逃往山中。

烧绳成灰的还原幻术。

吕光非常器重的大臣中书监张资病重,吕光四处为之求医诊治。当时有个来自西域的出家人叫罗叉的,自告奋勇地说能治好张资的病。吕光大喜,给赐甚重。鸠摩罗什知道这个罗叉不过是在欺骗他们,于是就劝告张资说:"您的这个病谁也治不好,罗叉更没有这个本领,只不过是白白浪费钱财罢了。如果您不相信的话,我们可以向神灵验

---

〔1〕《佛说长阿含经》卷18,《大正新修大藏经》第1册《阿含部》上。
〔2〕《佛说长阿含经》卷18,《大正新修大藏经》第1册《阿含部》上。

证一下。"于是他乃以五色线搓成一个绳子,按特定的手法结成绳结,然后在火上将之烧成灰,投入水中,说:"灰若出水还成绳者,病不可愈。"果然,片刻之后,眼看着那烧焦的绳灰自动团聚成绳结从水中浮起来,打开一看,五彩绳子完好无损。果然,医者云集,但张资还是不治身亡。此为早期文献记载中鸠摩罗什所施展的最典型的幻术。

18.4　早期僧史文献中的各类神僧及其神通

从佛经记载来看,佛陀对于幻术、魔法这一套并不认同,他要求他的信徒要"不幻不伪,贤善质直"[1],因而在追求最终智慧解脱的佛陀来看,幻术是一种邪行,是应该受到杜绝的技艺。

既然如此,佛教僧侣应该不用幻术才对。但事实并不是如此,为了传教的需要,天竺、西域佛教僧团普遍使用了幻术和魔法手段。虽然不同的僧人有着自己不同的宣道传教能力,但是,他们所发挥"神异"的地方,无非就是在当时技术落后的环境下,使用一些取巧的小手段,或以某些不为人知的技术为信徒或民众解决一些难题。甚至,我们在文献中见到的一些"神异",其实可能就是一种"善意的吹牛",如"日行千里"什么的。

要征服那些古代社会中满脑子神神鬼鬼的上层统治者,光靠说理不行。三国时期在东吴传教的康居国僧人康僧会说服孙权支持佛教靠的就是这种小把戏。

康僧会是三国时期僧人,据《出三藏记集》卷 13、《高僧传》卷 1、《开元录》卷 2 等载,他祖籍康居,世居天竺。其父因经商而移居交趾。10 余岁父母双亡后即出家。三国吴赤乌十年至建业,因请得舍利而令孙权叹服,为之立建初寺,是为江南佛寺之始。僧史文献中记载的康僧会"请舍利"的事件极具戏剧性,可能就是一个幻术的施展。

吴赤乌十年,康僧会到建业,营立茅茨,设像行道。但是当时的东

---

[1]《大正新修大藏经》第 2 册《阿含部》下。

233

吴之地,只见过佛教信仰居士,从没见过像康僧会这样剃发易服的出家僧人,所以纷纷怀疑他不是个得道之人。于是,孙权召见康僧会,他们之间有一段很有趣的对答:

> (孙权)召会诘问:"有何灵验?"会曰:"如来迁迹,忽逾千载。遗骨舍利,神曜无方。昔阿育王起塔乃八万四千,夫塔寺之兴以表遗化也。"权以为夸诞,乃谓会曰:"若能得舍利,当为造塔。如其虚妄,国有常刑。"

而康僧会随后恭请舍利的举动更为惊心动魄,几乎就是一个无中生有的幻术表演:

> 洁斋静室,以铜瓶加几,烧香礼请……既入五更,忽闻瓶中枪然有声,会自往视,果获舍利。明旦呈权,举朝集观,五色光炎照耀瓶上。权自手执瓶泻于铜盘,舍利所冲,盘即破碎。权大肃然,惊起而曰:"希有之瑞也。"……由是,江左大法遂兴。

文献中康僧会请舍利的这个记载,是他在做法三七,到了21天之后才进奉孙权的。要么舍利是其预先带来,要么就是在这21天之内又想了别的办法达到了目的,总之,他的行为必须包装在"作法"这样一个仪式上,用这种看起来"无中生有"的幻术类手段才能征服为难他的权势者孙权。

法术中最普遍应用的,就是日行千里、灭火、出水、通鸟兽语、伏虎等。

(1)通鸟语的安世高与能伏虎的竺佛调

僧人传教与修道,无论在山寺还是行进在途中,跟一般人相比,同飞禽走兽单独或面对面接触的几率要高得多,所以他们至少要掌握一些应对野生动物的知识和能力。如佛陀耶舍13岁的时候,跟随老师于远行旷野逢虎,他老师想避开卧虎走别的道路,佛陀耶舍判断说:"此虎已饱,必不侵人。"虎一会儿果然离去了。这个事例说明,远行传道的僧人所具备的对于野兽行为的判断力,是一项必须具备的能力。

东汉末年,大约在汉桓帝时期活跃在大江南北的安息国僧人安世高,就有许多神异传说。僧传说他精通外国典籍及七曜五行医方异术,最为称道的是精通鸟兽之声。据说他在西域的时候,跟一同修道的僧人们在道上前行,忽然见到一群燕子叽叽喳喳地飞过,安世高就对同伴们说:"燕云应有送食者。"走了不久,果然有信众来迎接他们,送来了食物。[1]

伏虎最有名的是来自天竺的竺佛调和耆域。竺佛调是东晋十六国时期僧人,据《高僧传》记载,他是佛图澄的弟子,住常山(治所在今河北真定),后不知所终。竺佛调跟他的老师佛图澄一样,也有高明的医术,所以所居山寺附近的信徒往往都到他的寺中就医。令弟子和信徒们不解的是,竺佛调经常自己单独进山,很长时间才回来,大家都不知道他做什么去了。有一次就有人偷偷跟在他后面,山行数十里地,到天暮时分大雪纷飞,之间竺佛调进入山岩间的老虎窟中借宿。一会儿,老虎也回来了,跟竺佛调一起在虎穴中相安无事地各自休息,只听得竺佛调对老虎说:"我夺汝处,有愧如何。"[2]老虎闻声居然乖乖地起身下山了,躲在一边看的弟子直吓得心惊胆战。另一个伏虎有名的耆域是晋代僧人,晋惠帝末年自天竺经扶南来华。据说在从襄阳过江后到洛阳的途中,耆域迎面碰到了两只老虎,本来八面威风的兽中之王见到耆域竟两耳收敛、尾巴下垂,一副乖乖虎的模样。耆域上前摸摸虎头,两只老虎下道而去。耆域的这一举动,立刻引起了道上行人的注目,都纷纷跟他前行。[3]

(2)日行千里的佛陀耶舍、耆域和求那跋摩

能日行千里是每一个长途跋涉的人最渴望的,徒步走过千山万水,到几万里之遥传教的僧人们,更是期望自己能有这样的本领。既能快速到达目的地,又可以在面临权势者的追杀或强盗的劫掠、自然界风雨雷电的肆虐时,也能瞬间逃脱,安然传道。所以,那些千辛万苦到达中原的西域僧人们,有时候也免不了善意地夸大一下自己的长途跋涉能力。

---

[1]《高僧传》卷1《安清》。

[2]《高僧传》卷9《竺佛调》。

[3]《高僧传》卷9《耆域》。

鸠摩罗什的老师、罽宾僧人佛陀耶舍就有这样的传说。佛陀耶舍从罽宾东适龟兹,法化甚盛。当时已经到达河西姑臧的鸠摩罗什邀请他到中原,佛陀耶舍备好盘缠粮食,准备出发,但是龟兹国信徒不让他走,只好留了下了。一年以后,佛陀耶舍对身边的弟子说:"吾欲寻罗什,可密装夜发,勿使人知。"弟子担心被龟兹国人追上又走不了,于是佛陀耶舍乃取清水一钵以药投入,咒数十言,同弟子用念过咒的药水洗足,连夜就偷偷上路了,等到第二天天明的时候,已经行走了数百里路程。佛陀耶舍问弟子:"何所觉耶?"弟子的回答是:"唯闻疾风之响,眼中泪出耳。"[1]等第二天龟兹国人再追赶他们,还哪里能追得上。

有日行千里传说的当然不止佛陀耶舍,耆域和求那跋摩据说也有这样的本领。求那跋摩展示他的这种本领不像佛陀耶舍那样是一夜数百里疾走,而是在他所修禅的禅室和山寺之间,两者相距数里,据说他无论狂风雨雪,都能"或冒雨不沾,或履泥不湿",简直就是飘一样,所以,时众道俗,莫不肃然增敬。

耆域的神奇本事则更为厉害,他在晋惠帝末年到达襄阳的时候,要坐船过江,但是船人见他衣服弊陋,看不起他而不愿意让他上船。但是等到渡船到达北岸的时候,耆域早就神不知鬼不觉地先头到达北岸了,也不知道他用了什么方法。

最为神奇的是,晋末洛阳兵乱,他要辞还天竺之时,同道与弟子们为他送行,看他在前面走得很慢,但大家就是追不上,耆域又拿手杖在地上画线曰:"于斯别矣。"据后来有人说,就在送别的当天日落时分,有一个叫胡湿登的西域商人在距离洛阳9000多里地的流沙碰到了耆域和尚[2]。

传道僧人们要走很长的路才能到达传道的地方,渴望一日千里就是很自然的事情了。虽然不能一日千里,但制造些神奇传说,总会为那些在漫漫险道上跋涉的信仰者提供无上的鼓励和希望。

---

[1]《高僧传》卷2《佛陀耶舍》。
[2]《高僧传》卷9《耆域》。

18.5 "开元三大士"的魔幻传说

很多神僧施展手段都跟密教典籍有关,在密教经典中咒法最多,而种种神异手段的施展,都少不了诵咒作法。当然并非但凡诵咒之术都跟密教有关,然而如佛图澄、求那跋摩等东来胡僧,都是早期中国密教典籍的翻译者或密法的施展者,所以具有魔幻色彩的诵咒作法、祈雨出水、伏兽疗疾等手段,都同密教有紧密联系。

到了唐代中期,来自天竺的善无畏、金刚智、不空"开元三大士"创立了密宗,他们对于咒法的使用就更具魔幻色彩,毕竟,诵咒念真言是密宗的根本法门。

善无畏自中印度经西域诸国来到中原,一路上留下了不少神异的传说。

据说中印度大旱,国王请善无畏求雨,人们都看见观音在日轮中手执水瓶向大地倾倒瓶中之水,水化作雨滋润万物。在西域,善无畏途中遭寇,劫匪举刀连砍善无畏三刀,只听到砰砰的声音,善无畏却毫发无损,就像砍在铜像上一样。到高昌过大河,驮经的骆驼陷入泉水之中,善无畏也随之而下,到龙宫中说法三日,随骆驼而出,经卷毫无沾湿损伤。

最神奇的是,开元年间天气大旱,唐玄宗派遣中官高力士令善无畏马上祈雨,善无畏回答说:"今旱数当然也,若苦召龙致雨,必暴,适足所损,不可为也。"唐玄宗说:"人苦暑病矣,虽风雷亦足快意。"善无畏见无法推辞,于是盛一钵水,以小刀搅之,以梵言数百咒诵。须臾,有物如龙,像人的指头那么大,红色的身体,头部高昂着,在水钵中上浮下潜地游动。善无畏一边用小刀搅动钵中的水,一边继续念诵密咒,只见有白色气柱腾空而起。善无畏对一旁的高力士说:"赶快回去报告陛下,雨来了。"高力士疾马飞驰,回头但见那股白气在身后盘旋腾空,既而天色昏霾,大风震电。高力士才及天津桥,风雨随马而骤,长安街中大树多被疾风拔出。等高力士入宫奏报时,衣尽沾湿。唐玄宗帝稽首

欧·亚·历·史·文·化·文·库·

迎接善无畏,再三致谢。

这样的祈雨,金刚智也同样表演过一次。

720年的关中平原,天旱无雨,到洛阳的金刚智所做的第一件能表明印度僧人神奇之处的事情,就是为洛阳祈雨。据说本地的术士们遍告山川雨水之神,都没什么动静,于是唐玄宗就下诏要金刚智作法。金刚智用了"不空钩依菩萨法"这样一种密教的祈请法门,筑坛并躬绘七俱胝菩萨像,开始祈雨,直到第七天的上午仍然是赤日炎炎、天无片云,可是到下午时分,忽然刮起西北风,飞瓦拔树,崩云泄雨,远近惊骇。据说金刚智结坛的那块地儿,暴雨成河,都把那个屋子给泡了。

关于不空的神异能力,流传的最活灵活现的就是他祈请光明天王救西凉府的传说。天宝中,吐蕃围攻西凉府,皇帝诏不空商议对策。不空为此作法,祈请毗沙门天王领兵救安西。据说安西守军果然在当日见到城东北30许里,云雾间见神兵降临,鼓角喧天,山地崩震,蕃部惊溃,城北门楼有光明天王怒视,蕃帅大奔。自此之后,诸道城楼都开始安置毗沙门天王像(图18-3)[1]。

不空金刚在天宝五年(746)也同样有过一次祈雨。这年夏天大旱,玄宗诏令祈雨,并且要求雨既不能下得太少,也不能下成暴雨。不空乃孔雀王坛,祈请不到三日,即细雨纷纷,缓解旱情。据说不空凡应诏祈雨,但设一绣座,手中拿个数寸见方的木神子,念咒后将其掷出,雨即会立至。

这种祈雨的场景,敦煌莫高窟第323窟南壁有初唐所绘隋文帝恭请昙延法师祈雨的壁画,画面中,在城池内有一个临时的棚子,昙延法师坐在高高的座上,隋文帝坐在矮床榻面对昙延。城池上空已经是乌云密布、大雨即将到来的样子(图18-4)[2]。这幅绘于初唐的求雨壁画,应该可以让我们形象地看到唐代皇帝与西域高僧当时求雨的实际

〔1〕敦煌研究院:《敦煌石窟全集12·佛教东传故事画卷》,商务印书馆(香港)1999年版,第77页。

〔2〕敦煌研究院:《敦煌石窟全集12·佛教东传故事画卷》,商务印书馆(香港)1999年版,第167页。

图 18-3　毗沙门天王与恭御陀天女，中唐，莫高窟 154 窟南壁西侧下部情景。

　　据说金刚智求雨的本事不及不空，有次请金刚智设坛祈雨，结果风雨不止，以至于长安城内有因暴雨成灾溺水而死者，树木也被狂风拔出或摧折。无奈之下,急召不空来止雨。不空在所住寺院当庭用泥巴捏出五六个泥婆婆来,一边淋水一边念诵梵语咒言,不一会儿,就云开雨止、阳光灿烂了。

这种求雨的事情,古人是当真的。不过谁能求雨灵验,就看对于天气的判断能力和运气了。僧人们作这种感动神灵、获得恩惠或赐予的法事,往往以 7 天作为一个循环周期,7 天达不到目的,就再来个 7 天。只要民众或权势者有足够的耐性,总会有碰上好运气的时候。当然也有倒霉的,无数个 7 天过去,所求之事总是杳无音信,那就得想点别的办法圆场了。看来"开元三大士"都是运气很好的僧人,唯一美中不足的是金刚智求雨太暴,以至于不得不请他的弟子不空来收场。

图 18 - 4　隋文帝恭请昙延法师祈雨,初唐,莫高窟 323 窟南壁

19　天竺与西域僧人的医疗活动

佛教在初期传播过程中使用了多种辅助方式,包括置田产、经商、做医生、算卦、巴结权贵、使用幻术、聚敛钱财等等。其中,医疗手段是最有效延揽信众的方式之一。尤其是来自西域或天竺的一些胡僧,他们在传教过程中以法术、咒语等宗教手段为辅助而进行的医疗活动,丰富了中古时期中原地区的医疗知识,他们的医疗手段,所用的异域药物和带来的天竺、西域医学典籍和药方,融入了中国传统的中医体系。

19.1　传入中原的古印度耆婆医学著作
与婆罗门药方

印度古典医学的主流体系——生命吠陀,对中古时期的西域医学和中国传统医学具有深远的影响,它的传播与应用,与佛教的东传息息相关。生命吠陀所依据的哲学体系和药材系统,都同以儒、道哲学为基础的中国传统医学体系有很大的差别。因而,生命吠陀在西域和中国的传播,主要归功于来自印度、西域的佛教传教僧人及其弟子,当然,部分商人也发挥了一定作用。陈寅恪先生认为:"吾国旧时医学,所受佛教之影响甚大。"[1]

在《隋书·经籍志》中,记载了一些传入中原的印度古典医学和西域医学有密切关系的医方,或者说就是古印度医学或西域医学典籍的翻译本:《摩诃出胡国方》10 卷,摩诃胡沙门撰;于法开撰《议论备豫方》1 卷,《支法存申苏方》5 卷,《龙树菩萨药方》4 卷,《西域诸仙所说

---

〔1〕陈寅恪:《崔浩与寇谦之》,载《金明馆丛稿初编》,上海古籍出版社 1982 年版,第 113 - 114 页。

·欧·亚·历·史·文·化·文·库·

药方》23 卷,《西域波罗仙人方》3 卷,《西域名医所集要方》4 卷,《婆罗门诸仙药方》20 卷,《婆罗门药方》5 卷,《耆婆所述仙人命论方》2 卷,《龙树菩萨和香法》2 卷,《龙树菩萨养性方》1 卷。[1]

随佛教而传入中国的天竺医学,最具有代表性的是耆婆的医术与医药典籍的传入。据《高僧传》的记载,东晋时的僧人于法开所学的就是耆婆医学。

耆婆是古印度草药医生中的优秀者,拥有"医王"的称号。在东汉安世高译的《佛说李女耆婆经》中,有关于耆婆身世的传说。说佛陀在世的时候,维耶离国王花苑中,自然生出一李树来,枝叶繁茂,果实丰满,香美非凡。国王非常喜欢这株李树,不是他后宫中的尊贵美人,是吃不到这种李子的。维耶离国有个富甲天下、聪明博达而又才智超群的居士,国王非常器重他,请到朝中辅佐治理天下。一次宫廷宴饮,得到了国王赏赐的这种珍贵的李子。这个居士知道这种李子非常难得,就向国王讨了一株小树苗回家种植,他用牛乳为树苗浇灌,在他的精心培植下,这株李树苗很快苗壮成长,结出来的李子比王宫里面那棵树的还要好吃。但是不久,在树上面长了一个很大的瘤节,日日增长,直到长到地七丈,竟然分枝长成一个华盖般的巨大园圃,里面生出一个美轮美奂的绝世佳人来。等这个美女长到 15 岁的时候,来自远方的王子们争相得到这个美丽纯洁的姑娘,但是只有那个最幸运、最机灵的萍沙王赢得了姑娘,生下了高贵的医王耆婆。这样具有童话色彩的故事,确实非常吸引人。从这个故事来看,耆婆的身世是非常不幸的。[2]

在《善见律毗婆沙》中,关于耆婆的身世就没有什么美丽的李女生下耆婆王子的说法,按《佛说李女耆婆经》的说法,耆婆就是国王的亲生儿子,而《善见律毗婆沙》又说耆婆是那些风尘女子所生的弃儿,只不过得到了国王的收养。[3]

---

〔1〕《隋书》卷 34《经籍志三》。

〔2〕《佛说李女耆婆经》,东汉安世高译,《大正新修大藏经》14 册《经集部一》。

〔3〕《善见律毗婆沙》卷 17,萧齐外国三藏僧伽跋陀罗译,《大正新修大藏经》24 册《律部三》。

在佛教传说中,国王往往是一个很重要的角色,包括安世高、鸠摩罗什在内的很多来自天竺或西域的僧人,往往被说成是国王的儿子,这可能一方面确实跟当时天竺、西域小国林立的现实状况有关,一方面也不能避免有附会的成分。无论怎么样,耆婆的身世非常坎坷是毫无疑问的。在佛经中,有耆婆为释迦僧团疗病的一些事例。据说佛陀的大弟子阿难背上生痈,佛陀命耆婆为阿难治疗所患。耆婆告诉佛陀:"不敢以手近阿难背。"佛陀告诉耆婆:"但治勿疑,我自当与阿难说法,令其不觉痛。"佛为阿难说如来身如金刚不可败坏,三千二百福功德所成。阿难目视不倦,耳听不厌,心念不散。虽然耆婆在阿难背上敷膏药,阿难也没感觉到疼痛。[1] 阿那律很多天没有睡觉,结果眼睛看不见了,于是到耆婆那儿请他治疗。耆婆问阿那律为什么眼睛会失明,阿那律告诉他多日没睡觉的事情,耆婆告诉他说:"睡眠就像是眼睛的食物,长时间不入眠,就像眼睛没吃饭一样啊,会饿死的。"[2]

耆婆应该同佛教创始人释迦牟尼是同时代人,耆婆无论在古印度的世俗社会还是僧团内部,地位都是很高的。随着佛教的东传,耆婆医术体系也传到了中国,最主要的就是耆婆所作的医典和使用的一些药方被中国草药医生们所认可。(图 19 – 1)[3]

耆婆所作的关于医药的典籍,流传到中国并得到记载的大概有《耆婆所述仙人命论方》2 卷,《大素本草》,[4]《耆婆六十四问》1 卷,《耆婆要用方》1 卷,《耆婆脉经》3 卷,《耆婆五藏论》1 卷。[5] 关于耆婆《五脏论》,有出土于吐鲁番的汉文文书残片,该文书藏德国国家图书馆,编号 Ch.3725,残片全文 6 行,最后一行标明"焉(耆)婆五脏论一卷"。[6] 这块残片,应该是《龙树五脏论》的一个总论部分。此外,在中医药典籍及出土文献中,还可以见到耆婆的一些医药典籍及验方,

〔1〕《分别功德论》卷 3,《大正新修大藏经》25 册《释经论部》上。
〔2〕《维摩义记》卷 2,沙门慧远撰,《大正新修大藏经》38 册,《经疏部六》。
〔3〕金申:《海外及港台藏历代佛像珍品纪年图鉴》,山西人民出版社 2007 年版,第 579 页。
〔4〕《孔雀经音义》上卷,日本东山坐禅沙门记,《大正新修大藏经》61 册《续经疏部六》。
〔5〕《宋史》卷 107《艺文志六》。
〔6〕陈明:《殊方异药——出土文书与西域医学》,北京大学出版社 2005 年版,第 158 页。

·欧·亚·历·史·文·化·文·库·

图 19 - 1　初唐菩萨立像,新疆图木休克出土,德国国立印度美术馆藏

如《耆婆治恶病论》[1]、《耆婆书》[2]、耆婆万病丸[3]、耆婆汤[4]等。上面所列的几种耆婆医药典籍中,有几种在《隋书·经籍志》和两《唐书》均无载,而《宋史》却作了收录。这说明其传入有两种可能性:一种情况是在民间流传,没有进入《唐书》之前的目录编纂者的视野,直到撰写《宋史》才被收入国家目录;另一种情况是这些医籍的传入时间要在两《唐书》成书之后的历史时段内,因而不能收入。

在佛教传播的同时,天竺婆罗门教也有相当数量的传道者来到中国,依托医术等手段,传播其教义。《隋书·经籍志》所载《婆罗门诸仙药方》20 卷与《婆罗门药方》5 卷,各家医籍没有提及,孙思邈在《备急

---

[1]王肯堂:《证治准绳》卷 27。

[2]陈明:《殊方异药——出土文书与西域医学》,北京大学出版社 2005 年版,第 311 - 334 页。

[3]孙思邈:《备急千金要方》卷 12《胆腑》。

[4]《外台密要方》卷 38。

千金要方》之《按摩法》中首先就提到了婆罗门按摩方法,将之列在"老子按摩法"之前,称之为"天竺国按摩,此是婆罗门法"。[1] 在《外台秘要方》中,也收录了一些治疗风疾、耳聋等病症的婆罗门药方。[2] 隋唐时期,来自印度的一些婆罗门在医药、音乐方面对中国文化所作的贡献也是非常突出的。

19.2 龙树菩萨的医疗典籍
与行医中原的胡僧医方

作为大乘学说的创始人,龙树得到后人的无比崇敬,关于他的生平,有不少附会的传说。据玄奘的记载,龙树因为得到了长生术,使得信仰他的皇帝长命不死,迫不及待继承王位的王子就逼迫龙树自杀了。吕澂先生认为龙树的生年应该是公元3—4世纪,他的汉译著作可信的有17种,在西藏文译本中,龙树的著作保存得相当多,鸠摩罗什的《龙树菩萨传》还是可信的。在《龙树菩萨传》中,记载龙树"弱冠驰名独步诸国,天文地理图纬秘谶,及诸道术无不悉综"。并且说他在青年时代就对药的判断有极高的天分,因而曾得到术士的指点。从这些迹象来看,龙树在医药方面确实是有一定造诣的。龙树菩萨的医疗典籍有一部分可能是托名之作,但是这些也都毫无疑问是属于佛教僧人医学著作之列的。[3]

托名龙树的佛教医学典籍,影响也是比较大的,除《隋书·经籍志》所载的《龙树菩萨和香法》2卷、《龙树菩萨养性方》1卷和《龙树菩萨药方》4卷,《宋史》卷207《艺文志》中尚有《龙树眼论》1卷,《宋史》卷157《选举志》有《龙树论》。据《宋史》所载,《龙树论》在草药医学教育体系中具有重要的地位,被列为宋代医学教育三科之中的主要教

---

〔1〕孙思邈:《备急千金要方》卷82《养性》。

〔2〕《外台秘要方》卷19、卷30、卷31。

〔3〕参见《龙树菩萨传》,载《大正新修大藏经》50册《史传部二》;吕澂《印度佛学源流略讲》,上海世纪出版集团、上海人民出版社2005年版,第88-96页。

材,与《巢氏病源》、《千金翼方》并称为脉科的"小经",[1]可见其地位之重要。

以龙树为标志的天竺医学体系,在针灸方面也可能具有重要的指导意义,如《银海精微》卷下《开金针法》中开篇就将龙树列出,显然是将龙树当成了针灸这个医疗技术行业的一个代表性人物,由此可见龙树的医籍无论在基本的诊病理论还是在用药、针灸方面都有自己独特的体系,对中国医学有深刻的影响。

此外,汉唐时期有一些行医中原的西域胡僧在医疗实践中留下了一些医疗典籍或有名医方。如撰著的《摩诃出胡国方》和支法存、仰道人的《支法存申苏方》就是个典型。

《摩诃出胡国方》的作者摩诃胡沙门应该就是中天竺僧人求那跋陀罗,据《高僧传》:"求那跋陀罗,此云功德贤,中天竺人。以大乘学故世号摩诃衍。本婆罗门种,幼学五明诸论,天文书算医方咒术靡不该博。"求那跋陀罗世号"摩诃衍",并且非常精通医方咒术。求那跋陀罗自公元435年来到中国,在中国传教译经30多年,在此期间,他所具有的医学药物知识,应该得到了很好的发挥。

支法存是东来传教僧人中,医学知识最为丰富,也是最有影响的一位医僧。在有限的文献记载中,往往将支法存、仰道人相提并论,可能他们应该是一道行医的同伴,或者说他们之间可能具有医学传承关系。

医学典籍中关于二人的记载非常简单,孙思邈在《备急千金要方》中记载了这两位医僧,按孙思邈的说法,古代医籍虽记载有"脚弱"也就是今天的脚气病,但是对这样的症状没有基本的认识和诊治。这是自西晋南渡之后由于北方人迁居南方,随着生存条件的变化而产生的新的病种。这种病只有支法存和仰道人能治疗,他们在这方面是处在最前沿的专家。

仰道人是否是来自天竺的僧人,除了上引孙思邈的记载,再没有

---

〔1〕《宋史》卷157《选举志》。

其他记载,因而我们不得而知。支法存其人,南朝宋刘敬叔的《异苑》有一个详细记载[1],根据这个记载,我们知道支法存是生长在广州的外来僧人,他依靠医术成为巨富,可见他同一般僧人是不一样的。因为支法存拥有稀世珍宝,引起了广州刺史王琰之子王邵之的垂涎,在多次索要不果的情况下,王琰居然以"豪纵"为借口,构陷支法存,将之杀害并且被抄没了财产。王琰是《冥祥记》一书的作者[2],他本人是个虔诚的佛教徒,因而他在广州的时候同当地僧人的交往应该是比较密切的。《隋书·经籍志》集部有《王邵之集》,其作者应该就是劫夺支法存财物珍宝的那个王邵之。

支法存的医药学著作,《隋书·经籍志》有"《支法存申苏方》五卷"的记载,可见支法存当时所用的一些药方曾有比较广泛的流传,可能就是治疗脚气病的专门药方。

19.3　在中原行医的天竺与西域僧人

传统的草药医疗技术同传统的巫术是分不开的,因而,从事医药研究和诊疗的人,以各种术士和修炼者为多。中国古代史籍中所记载的草药医生,往往都是精通方术者。对诞生于印度大陆的佛教而言,医术也是僧团成员必不可少的必修课之一,这一方面是因为僧团内部诊疗的需要,另一方面也是为了传教的方便。来自天竺和西域的僧人们很多都是这方面的专家。僧传中记载的在医疗方面有名的天竺、西域僧人有安世高、耆域、佛图澄、昙无谶、求那跋摩、师贤等人。(图19-2)[3]

安世高是东汉末僧人,本为安息国太子,后来让国与其叔叔,出家为僧。博通三藏,尤精阿毗昙学。汉桓帝初年来汉地译经,先后译出《阴持入经》、《人本欲生经》、《大十二门经》、《小十二门经》等39部经

---

〔1〕《异苑》卷6。

〔2〕鲁迅:《古小说钩沉》,载《鲁迅全集》第8卷,人民文学出版社2005年版。

〔3〕国家文物局国家文物鉴定委员会:《文物藏品定级标准图例·造像卷》,文物出版社2011年版,第95页。

图 19 - 2　观音,成都万佛寺遗址出土,唐代

典。汉灵帝末年,因避战乱而到江南,后来在会稽被斗殴者误伤而亡,在江南各处留下许多传说。[1]《高僧传》说他精通"医方异术",但是没有他诊疗病人的任何纪录。

耆域是西晋僧人,据《高僧传》记载,西晋光熙元年,天竺僧人耆域从天竺转扶南,经交州、广州、襄阳,抵达洛阳。他是第一个由海道来中国的天竺僧人。在洛阳,耆域为人治病,疗效非常好。当时的衡阳太守滕永文因为患有脚挛屈症,多年行走不便,寄住在洛阳的满水寺里治疗,经过耆域的治疗,恢复了正常。此外,这个耆域还治好了另一个即将死亡的病人。《高僧传》记载的这个"耆域",其主要特征就是有很神

---

〔1〕《高僧传》卷7《安世高》。

奇的法术。按《高僧传》的说法,滕永文的病是耆域用简单的"咒术"治好的。《高僧传》还说耆域有分身术,等等。耆域后来返回西域后就不知所终。耆域作为一个具有神奇医术的人物,现存医典中也留下了他的一些药方。如《针灸资生经》卷3:"治小肠气方甚多,未必皆效。耆域方、夺命散、良方仓猝散,皆已试之效者。"卷7《产后余疾》又有"耆域方如圣散"。《普济方》卷423《痢论》有"诸痢惟耆域方,用厚朴、罂粟壳末最佳",同卷又有"耆域蜜公丸"。

佛图澄是来自西域的龟兹高僧,他少年时代在乌苌国信奉佛教,310年来到洛阳,后赵政权建立后,佛图澄来到后赵都城襄国,在后赵大将郭黑略的帮助下,以神奇的鬼神方术取得了后赵统治者石勒、石虎的信任,并参与后赵的军国大计的谋划,被尊称为"大和上"。在暴虐的后赵统治下,佛图澄利用统治者对他的尊敬和信任,经常劝诫石勒、石虎,以至于很多人得以幸免于残暴的屠刀;在此期间,佛图澄还广施医术,救治了很多人。

佛图澄运用医疗技术诊疗病人的著名医案有两则。

石虎的儿子石斌,是石勒最疼爱的孙子,有一日忽然暴病而亡。已经过了两天了,思孙子心切的石勒突然记起了大和上佛图澄:"朕闻扁鹊能起死回生,大和上佛图澄是神僧,也一定有起死回生的本事,赶快去请他来。"佛图澄被请来后,拿着杨树枝念诵咒语,结果太子石斌居然坐起来复活了。从此之后,后赵皇帝石勒的未成年儿子都寄养在佛图澄的寺庙里抚养。[1] 佛图澄仅仅用简单的咒术就将已经死去两天的石斌救活,实属不可思议。这个记载显然有些故弄玄虚,但是抛开这种神话色彩,还是不难发现,如果这个医疗个案真的曾经发生过的话,那么佛图澄的医疗主要也是采取了一些巫术的手段,但这只是表象,真正起作用的应该是他所掌握的来自天竺医学体系中的草药医疗技术。

还有一次,石邃的儿子得病。太医殷腾和外国道士看后认为可以

---

〔1〕《高僧传》卷9《竺佛图澄》。

治疗,但是佛图澄告诉他的弟子法雅说:"就是圣人复出,也无法治愈此病。"过了三天,这个孩子果然不治身亡。[1]

这两个医案事例,从不同的方面证明了佛图澄确实是具有比较专业的医疗水平的僧人医疗者,他不仅能治疗一些疑难杂症,而且对于疾病种类与程度的判断也是非常专业的,以至于超过了当时的皇家太医。

昙无谶是中天竺人,自幼年就随达摩耶舍诵经读咒,明解咒术,西域将之称为大咒师。来华年代不详,大约在 414 年前后,取得了北凉沮渠蒙逊的支持,翻译佛经。昙无谶的医疗专长据说是能驱使鬼为人治病。他到鄯善的时候,自云能使鬼治病,令妇人多子,与鄯善王妹曼头陁林私通,被发觉后仓皇奔逃到凉州。沮渠蒙逊非常宠信他,号之曰"圣人"。昙无谶以男女交接之术教授北凉的贵族妇女。[2] 可见,昙无谶所擅长的是"房中术",这也是传统方术中的一个主要组成部分。北魏太武帝拓跋焘可能感兴趣的就是他的房中术,所以逼迫沮渠蒙逊将昙无谶交出,这才引来了昙无谶的杀身之祸。昙无谶被害于 433 年,终年 49 岁。

关于昙无谶的房中术问题,李零先生有专文《昙无谶传密教房中术考》论及这个史实。[3] 在李零先生的文章中,对佛教密宗神咒的传播作了简单讨论,并指出昙无谶东来传教是印度房中术传入中国之始。

求那跋摩为罽宾国王族,20 岁的时候就出家受戒,到他 30 岁的时候,罽宾王去世,没有王子,群臣想让求那跋摩返俗继承王位,他坚决拒绝,并开始游历诸国,先后到过师子国、阇婆国。元嘉八年他由广州抵达南朝宋的京都建康,得到了宋文帝的召见。求那跋摩的医疗事例,《高僧传》记载了两则,都是发生在他来到广州之前在阇婆国的事情。其一为阇婆国国王率兵作战,被流矢伤脚,跋摩为咒水洗之,据说一宿就痊愈了;其二为阇婆国国王率众为求那跋摩修建精舍,让建筑材料

---

〔1〕《高僧传》卷 9《竺佛图澄》。

〔2〕《魏书》卷 99《卢水胡沮渠蒙逊》。

〔3〕李零:《中国方术续考》,中华书局 2006 年版,第 294－299 页。

给伤到了脚趾，"跋摩又为咒治"，[1]结果也是一宿就痊愈了。

师贤是来自罽宾国的僧人，师贤在中国北方的活动年代，大概在北魏太平真君六年（445）到北魏和平初年（460）之间。北魏太武帝灭佛，虽然时间很短，但是措施非常严酷，[2]在高压政策下，师贤也不得不假装还俗，以行医来处世。文成帝452年继位复兴佛法后，师贤和他的同伴才结束了专职医生的经历，再次进入寺院，并担任了北魏王朝僧人管理机构的最高僧官道人统。师贤能假托医术而逃避迫害，说明当时来自西域、印度的很多传教僧人，都具有比较杂的学术知识背景，医学是他们得以立足的一个主要手段。

来自异域的僧人在从事医疗的过程中，既拯救了生命，也顺利地传播了佛陀的思想，可是由于他们在医疗活动中大量而普遍地使用了咒语、巫术，并曾真诚地坚信通过念诵佛经等活动会减轻或治疗信徒的疾病，这样的信仰和行为，可能会大大降低他们在疾病治疗方面的准确度，从而延误疾病的治疗。

---

〔1〕《高僧传》卷3《求那跋摩》。

〔2〕《魏书》卷114《释老志》。

后 记

  这本书是我申请的国家社科基金"汉唐时期来华西域胡僧研究"课题的一个阶段性成果。该课题是希望在考察各类来华西域胡僧的基础上,就西域胡僧与佛教发展的关系作出探索。本书只是对来自西域国家的传教僧人的基本状况作了归类和简单介绍,但是,这些内容已经足以让我们对汉唐之际来华传教胡僧的概貌有一个具体形象的了解。

  为了这个课题,近两年一直在学习、积累资料。由于僧史文献的杂乱和记载方面的神性思维,要将之非常合适地作出解读,是一件非常不容易的事情。我的基本想法是,至少在工业革命之前的好几千年岁月里,无论是东方人还是西方人,从上层建筑到烦琐世俗,甚至在卑微的生活中,神性思维都如影随形。现代生活不需要过多的神性思维,事实上过去的历史也证明了,过头的神性思维不但束缚了个体的自由,而且在很多方面还为整个社会的发展带来了阻力甚至破坏。然而,那些曾经在人类社会漫长的生存时段中发挥过作用的神性思维及其结果,大量地保留在古代的各类文献之中。要研究古代史或宗教史,就无法避开它们。这些西域胡僧在传教的过程中,自觉不自觉地制造了很多具有魔幻色彩的神异事迹,如何解读这些故事或者说编出来的传奇,我在这本书中作了一些尝试。

  生活清苦、衣衫褴褛地在黄沙弥漫的古道上一步一步前行的西域僧人们,面临着柔弱的人之肉身根本上不堪抵抗的风雨雪雹、高山冰河、盗贼劫匪及狼虫虎豹的威胁。有的僧人在这样的路途上花费了整整 10 年的时间,目的就是到东方大国传播佛教,这需要坚强的意志和近乎无坚不摧的金刚身躯。于是皮肤黝黑干枯的他们,向人们诉说着如何腾云驾雾日行千里躲避权势者追捕的神奇经历,描述如何听懂了路途上飞过的大雁叽叽喳喳的语言,如何掉到了冰冷的河水中又如何被龙王请去做客的故事以及如何在濒临死亡时得到了菩萨的救助。

用现代工具武装起来的人们尽可以嘲笑这些似乎荒唐的说法,然而正是这些荒唐的说法,支撑着我们的祖先顽强地生存下来,支持着那些勇敢的先哲们为传播思想而不惜生死。读到刘放桐先生的一句话:"把人类历史视为上帝救世的过程,实际上表明人作为弱小的有缺陷的存在物的这样一种需要和自觉:只有通达于作为人和世界造物主并因而眷顾着人和万物的绝对价值,人才能超越自身攀升到完满的永恒的境界,获得价值和意义。"我想把这句话献给那些用美妙的神奇传说支撑柔弱的"肉身"传道的西域贤者们,在艰辛、乏味、残酷的冷兵器时代,开阔的思想和温暖的神话给了人类不同于动物的自信和愉悦,我们才一代代地变得越来越趋向那温暖、阳光的人,而免于沉沦为本能食利的动物。

作为一个部头近乎巨大的学术杂志的编辑,大部分的时间耗费在无休无止的错别字纠正的工作中,颇有筋疲力尽的感觉。人生的时间是个固定总量,在这儿花费多了,在那儿就会减少,所以总是挤占家庭的时间,用来研究和工作。这其实是一个很不讲究的做法,所以要感谢我的妻子晏宗杰的辛苦。

2500 多年前的灵山法会上,大梵天贡献金婆罗花,释迦牟尼佛不发一语而拈花示众,诸菩萨弟子皆默然而立,唯有大迦叶心会佛意,破颜微笑。自此,以心心相印为特征的"实相无相,不立文字"的禅法就流传于世间。

面对这个日益宽容、开放、多元的全球化世界,面对一花一草,我们何不放下一切该放下的,温暖一切该温暖的,心心相印,破颜一笑呢?

2012 年 4 月 9 日于长春

参考文献

〔东晋〕法显.法显传校注.章巽,校注.北京:中华书局,2008.

〔北魏〕杨衒之.洛阳伽蓝记.北京:中华书局,2006.

〔梁〕慧皎.高僧传.汤用彤,校注.北京:中华书局,1992.

〔梁〕僧祐.出三藏记集.苏晋仁,等,点校.北京:中华书局,1995.

〔唐〕释道宣.续高僧传.//大正新修大藏经.第50册,史传部二.

〔唐〕玄奘,辩机.大唐西域记.季羡林,等,校注.北京:中华书局,2000.

〔梁〕释宝唱.比丘尼传校注.王孺童,校注.北京:中华书局,2006.

〔宋〕赞宁.宋高僧传.范祥雍,点校.北京:中华书局,1987.

〔英〕奥雷尔·斯坦因.古代和田.巫新华,等,译.济南:山东人民出版社,2009.

中国新疆文物考古研究所,日本佛教大学尼雅遗址学术研究机构.丹丹乌里克遗址——中日共同考察研究报告.北京:文物出版社,2009.

〔巴基斯坦〕穆罕默德·瓦利乌拉·汗.犍陀罗——来自巴基斯坦的佛教文明.陆水林,等,译.北京:五洲传播出版社,2009.

赖永海.中国佛教通史.南京:江苏人民出版社,2010.

任继愈.佛教大词典.南京:江苏古籍出版社,2002.

王镛.印度美术.北京:中国人民大学出版社,2010.

林保尧.山奇大塔——门道篇.新竹:财团法人觉风佛教艺术文化基金会,2009.

李零.中国方术续考.北京:中华书局,2006.

尚永琪.3—6世纪佛教传播背景下的北方社会群体研究.北京:科学出版社,2008.

尚永琪.鸠摩罗什.昆明:云南教育出版社,2009.

金申.海外及港台藏历代佛像珍品纪年图鉴.太原:山西人民出版社,2007.

马炜,蒙中.西域绘画9.重庆:重庆出版社,2010.

中国敦煌壁画全集编辑委员会.中国敦煌壁画全集·西魏.天津:天津人民美术出版社,2002.

天水麦积山石窟艺术研究所.中国石窟·麦积山石窟.北京:文物出版社,1998.

乾陵博物馆.丝路胡人外来风——唐代胡俑展.北京:文物出版社,2008.

甘肃省博物馆编,韩博文主编.甘肃丝绸之路文明.北京:科学出版社,2008.

新疆维吾尔自治区文物管理委员会,等.中国石窟·克孜尔石窟3.北京:文物出版社,1997.

中国敦煌壁画全集编辑委员会.中国敦煌壁画全集·麦积山炳灵寺.天津:天津人民美术出版社,2006.

汤用彤.汉魏两晋南北朝佛教史.北京:北京大学出版社,1997.

敦煌研究院.敦煌石窟全集12·佛教东传故事画卷.香港:商务印书馆,1999.

苏北海.丝绸之路与龟兹历史文化.乌鲁木齐:新疆人民出版社,1996.

王琳.印度艺术.石家庄:河北教育出版社,2003.

甘肃省文物考古研究所.河西石窟.北京:文物出版社,1987.

中国新疆壁画艺术编辑委员会.中国新疆壁画艺术.第5卷.乌鲁木齐:新疆美术摄影出版社,2009.

索　引

259

Z

欧亚历史文化文库

已经出版

林悟殊著:《中古夷教华化丛考》	定价:66.00 元
赵俪生著:《弇兹集》	定价:69.00 元
华喆著:《阴山鸣镝——匈奴在北方草原上的兴衰》	定价:48.00 元
杨军编著:《走向陌生的地方——内陆欧亚移民史话》	定价:38.00 元
贺菊莲著:《天山家宴——西域饮食文化纵横谈》	定价:64.00 元
陈鹏著:《路途漫漫丝貂情——明清东北亚丝绸之路研究》	
	定价:62.00 元
王颋著:《内陆亚洲史地求索》	定价:83.00 元
〔日〕堀敏一著,韩昇、刘建英编译:《隋唐帝国与东亚》	定价:38.00 元
〔印度〕艾哈默得·辛哈著,周翔翼译,徐百永校:《入藏四年》	
	定价:35.00 元
〔意〕伯戴克著,张云译:《中部西藏与蒙古人	
——元代西藏历史》(增订本)	定价:38.00 元
陈高华著:《元朝史事新证》	定价:74.00 元
王永兴著:《唐代经营西北研究》	定价:94.00 元
王炳华著:《西域考古文存》	定价:108.00 元
李健才著:《东北亚史地论集》	定价:73.00 元
孟凡人著:《新疆考古论集》	定价:98.00 元
周伟洲著:《藏史论考》	定价:55.00 元
刘文锁著:《丝绸之路——内陆欧亚考古与历史》	定价:88.00 元
张博泉著:《甫白文存》	定价:62.00 元
孙玉良著:《史林遗痕》	定价:85.00 元
马健著:《匈奴葬仪的考古学探索》	定价:76.00 元
〔俄〕柯兹洛夫著,王希隆、丁淑琴译:	
《蒙古、安多和死城哈喇浩特》(完整版)	定价:82.00 元
乌云高娃著:《元朝与高丽关系研究》	定价:67.00 元
杨军著:《夫余史研究》	定价:40.00 元

梁俊艳著:《英国与中国西藏(1774—1904)》　　　　　　定价:88.00 元

〔乌兹别克斯坦〕艾哈迈多夫著,陈远光译:

　《16—18 世纪中亚历史地理文献》(修订版)　　　　定价:85.00 元

成一农著:《空间与形态——三至七世纪中国历史城市地理研究》

　　　　　　　　　　　　　　　　　　　　　　　　定价:76.00 元

杨铭著:《唐代吐蕃与西北民族关系史研究》　　　　　　定价:86.00 元

殷小平著:《元代也里可温考述》　　　　　　　　　　　定价:50.00 元

耿世民著:《西域文史论稿》　　　　　　　　　　　　　定价:100.00 元

殷晴著:《丝绸之路经济史研究》　　　　　定价:135.00 元(上、下册)

余大钧译:《北方民族史与蒙古史译文集》　　定价:160.00 元(上、下册)

韩儒林著:《蒙元史与内陆亚洲史研究》　　　　　　　　定价:58.00 元

〔美〕查尔斯·林霍尔姆著,张士东、杨军译:

　《伊斯兰中东——传统与变迁》　　　　　　　　　　定价:88.00 元

〔美〕J.G.马勒著,王欣译:《唐代塑像中的西域人》　　定价:58.00 元

顾世宝著:《蒙元时代的蒙古族文学家》　　　　　　　　定价:42.00 元

杨铭编:《国外敦煌学、藏学研究——翻译与评述》　　　定价:78.00 元

牛汝极等著:《新疆文化的现代化转向》　　　　　　　　定价:76.00 元

周伟洲著:《西域史地论集》　　　　　　　　　　　　　定价:82.00 元

周晶著:《纷扰的雪山——20 世纪前半叶西藏社会生活研究》

　　　　　　　　　　　　　　　　　　　　　　　　定价:75.00 元

蓝琪著:《16—19 世纪中亚各国与俄国关系论述》　　　　定价:58.00 元

许序雅著:《唐朝与中亚九姓胡关系史研究》》　　　　　定价:65.00 元

汪受宽著:《骊轩梦断——古罗马军团东归伪史辨识》　　定价:96.00 元

刘雪飞著:《上古欧洲斯基泰文化巡礼》　　　　　　　　定价:32.00 元

〔俄〕Т.Б.巴尔采娃著,张良仁、李明华译:

　《斯基泰时期的有色金属加工业——第聂伯河左岸森林草原带》

　　　　　　　　　　　　　　　　　　　　　　　　定价:44.00 元

叶德荣著:《汉晋胡汉佛教论稿》　　　　　　　　　　　定价:60.00 元

王颋著:《内陆亚洲史地求索(续)》　　　　　　　　　定价:86.00 元

尚永琪著:

　《胡僧东来——汉唐时期的佛经翻译家和传播人》　　定价:52.00 元

敬请期待

李鸣飞著:《玄风庆会——蒙古国早期的宗教变迁》

马小鹤著:《光明的使者》

许全胜著:《黑鞑事略汇校集注》

张文德著:《朝贡与入附——明代西域人来华研究》

篠原典生著:《西天伽蓝记》

桂宝丽著:《可萨突厥》

张小贵著:《祆教史考论与述评》

贾丛江著:《汉代西域汉人和汉文化》

王冀青著:《斯坦因的中亚考察》

王冀青著:《斯坦因研究论集》

王永兴著:《敦煌吐鲁番出土唐代军事文书考释》

薛宗正著:《汉唐西域史汇考》

李映洲著:《敦煌艺术论》

〔俄〕波塔宁著,〔俄〕奥布鲁切夫编,吴吉康译:《蒙古纪行》

〔德〕施林洛甫著,刘震译校:《叙事和图画
    ——欧洲和印度艺术中的情节展现》

王冀青著:《斯坦因档案研究指南》

〔苏联〕巴托尔德著,张丽译:《中亚历史》

徐文堪编:《梅维恒内陆欧亚研究文选》

〔苏联〕K.A.阿奇舍夫、Г.A.库沙耶夫著,孙危译:
    《伊犁河流域塞人和乌孙的古代文明》

徐文堪著:《古代内陆欧亚的语言和有关研究》

刘迎胜著:《小儿锦文字释读与研究》

李锦绣编:《20世纪内陆欧亚历史文化研究论文选粹》

李锦绣、余太山编:《古代内陆欧亚史纲》

郑炳林著:《敦煌占卜文献叙录》

陈明著:《出土文献与早期佛经词汇研究》

李锦绣著:《裴矩〈西域图记〉辑考》

王冀青著:《犍陀罗佛教艺术》

王冀青著:《敦煌西域研究论集》

李艳玲著:《公元前2世纪至公元7世纪前期西域绿洲农业研究》

许全胜、刘震编:《内陆欧亚历史语言论集——徐文堪先生古稀纪念》

·欧·亚·历·史·文·化·文·库·

张小贵编:《三夷教论集——林悟殊先生古稀纪念》

李鸣飞著:《横跨欧亚——马可波罗的足迹》

杨林坤著:《西风万里交河道——明代西域丝路上的使者与商旅》

杜斗诚著:《杜撰集》

林悟殊著:《华化摩尼教补说》

王媛媛著:《摩尼教艺术及其华化考述》

〔日〕渡边哲信著,尹红丹、王冀青译:《西域旅行日记》

李花子著:《长白山踏查记》

王冀青著:《佛光西照——欧美佛教研究史》

王冀青著:《霍恩勒与鲍威尔写本》

王冀青著:《清朝政府与斯坦因第二次中国考古》

芮传明著:《摩尼教东方文书校注与译释》

马小鹤著:《摩尼教东方文书研究》

段海蓉著:《萨都剌传》

〔德〕梅塔著,刘震译:《从弃绝到解脱》

郭物著:《欧亚游牧社会的重器——鍑》

王邦维著:《玄奘》

冯天亮著:《词从外来——唐代外来语研究》

芮传明著:《内陆欧亚中古风云录》

王冀青著:《伯希和敦煌考古档案研究》

王冀青著:《伯希和中亚考察研究》

李锦绣著:《北阿富汗的巴克特里亚文献》

〔日〕荒川正晴著,冯培红译:《欧亚的交通贸易与唐帝国》

孙昊著:《辽代女真社会研究》

赵现海著:《明长城的兴起
　　——"长城社会史"视野下明中期榆林长城修筑研究》

华喆著:《帝国的背影——公元 14 世纪以后的蒙古》

〔苏联〕伊·亚·兹拉特金著,马曼丽译:《准葛尔汗国史》(修订版)

杨建新著:《民族边疆论集》

〔美〕白卖克著,马娟译:《大蒙古国的畏吾儿人》

余太山著:《内陆欧亚史研究自选论集》

淘宝网邮购地址:http://lzup.taobao.com

268